REGULA MEILE

VERSCHENKE DEINE ZEIT SINNVOLL

DIE KUNST, ZEIT BEWUSST IN DAS ZU INVESTIEREN, WAS DICH ERFÜLLT

Ratgeber

Ein Buch aus dem FRANZIUS VERLAG

Cover: Simone C. Franzius
Bildlizenzen: shutterstock
Korrektorat: Sigrid Wohlgemuth
Verantwortlich für den Inhalt des Textes
ist die Autorin Regula Meile
Satz, Herstellung und Verlag: Franzius Verlag GmbH
Druck und Bindung: BoD, Norderstedt

ISBN978-3-96050-233-3 (Hardcover)

Die Deutsche Nationalbibliothek verzeichnet diese Publikation in der Deutschen Nationalbibliografie; detaillierte bibliografische Daten sind im Internet über http://dnb.dnb.de abrufbar.

INHALT

1. Einleitung

In diesem Buch geht es keineswegs darum, Selbstdisziplin zu lernen, damit du noch mehr Ziele gleichzeitig erreichen kannst. Denn, wenn wir aufrichtig sind, können wir erkennen, dass für viele Menschen in unserer westlichen Welt die Selbstdisziplin keineswegs das Hauptproblem darstellt. Das Problem ist vielmehr, dass wir uns zu viele Ziele setzen und das Gefühl haben, alle gleichzeitig erreichen zu müssen. Dass wir vor lauter Zielorientierung die Geschenke des aktuellen Moments nicht mehr wahrnehmen. Dass wir vor lauter Selbstoptimierung vergessen, wofür wir das eigentlich alles tun. Dieses Buch möchte dich vielmehr darin unterstützen, einen Gang zurückzuschalten. Unsere Lebenszeit ist das wertvollste Gut, das wir besitzen. Sie ist ein Geschenk, das wir empfangen haben und welches wir nutzen sollten, indem wir es *weiter*schenken! Durch unzählige kleine Geschenke an uns selbst und an unsere Mitmenschen! Dazu benötigt man einen achtsamen Umgang mit diesem wertvollen Gut. Wir müssen lernen, unseren Fokus auf das zu lenken, was uns in unserem Leben wirklich wichtig ist, anstatt uns mit alltäglichen Belanglosigkeiten herumzuschlagen und diesen so viel Gewicht zu geben, dass sie unser Leben dominieren. In einer Zeit, in der die Informationsfülle beinahe unendlich ist und unsere Idole und Vorbilder uns suggerieren, dass man alles unter einen Hut bringen und ein perfektes Leben führen kann, ist es oft schwierig, nicht in ein konstantes Gefühl des chronischen Zeitmangels zu geraten. Wir wollen alles, und zwar sofort! Schließlich haben uns die Motivations-Coaches aufgezeigt, dass wir uns nicht damit zufriedengeben sollten, kleine Brötchen zu backen! Wir wollen schließlich erfolgreich sein und unser Leben nach unseren Vorstellungen gestalten. Dazu braucht es nun mal Motivation, Engagement und Investment!

Dies mag alles stimmen, doch führt es viele von uns auf einen Pfad der andauernden Rastlosigkeit und des Immer-noch-mehr-Wollens. Wir sind andauernd damit beschäftigt, zehn oder zwanzig Ziele gleichzeitig zu verfolgen und fühlen uns schließlich unter Stress. Schluss damit! Bist du bereit, neue Wege zu gehen? Bist du bereit für einen Perspektivenwechsel? Du musst dazu nicht einmal dein gesamtes Leben auf den Kopf stellen. Außer natürlich, wenn du das möchtest oder sich das mit der Zeit so entwickelt. Aber hauptsächlich geht es in diesem Buch darum, einen anderen Blickwinkel auf die Dinge einzunehmen! Das bedeutet nicht, dass du dich einfach zurücklehnen und dieses Buch lesen kannst, in der Erwartung, dass sich dann alles von allein regeln wird. Eine Veränderung benötigt ein Commitment und das Dranbleiben auch im Alltag. Aus diesem Grund beinhaltet dieses Buch viele Anregungen zur praktischen Umsetzung. Es gibt Übungen, die du in deinem Alltag umsetzen kannst. Immer wieder werde ich dich auffordern, Dinge aufzuschreiben. Ich lade dich ein, dir dazu ein Zeit-Geschenk-Heft oder ein Zeit-Geschenk-Buch mit leeren Seiten zuzulegen. Wähle ein wunderschönes Buch oder gestalte den Einband selbst mit deinen Lieblingsfarben und –motiven! In diesem Buch kannst du neben den Übungen auch all deine Gedanken, Inspirationen und Erkenntnisse festhalten, welche in Zusammenhang mit den Thematiken stehen, welche wir gemeinsam angehen. Und vielleicht magst du es dann für Dinge nutzen, die über all das hinausgehen. Für die Gedanken, wie du dich im Leben ausrichtest, was dich bewegt und inspiriert oder um deine Visionen und positive Affirmationen festzuhalten! Dinge zu verschriftlichen, hilft unserem Gehirn, die notwendige Klarheit zu erlangen. Indem wir etwas schriftlich festhalten, bekommt es automatisch mehr Gewicht, wir erinnern uns eher daran und wir haben einen ersten Schritt in Richtung Handlung getan, indem wir den Stift in die Hand genommen haben. Anders als bei einem Tagebuch befassen wir uns in einem solchen Buch mit unserer Zukunft und legen erste Pfade in die von uns gewählte Richtung an.

Neben den Schreibaufgaben und den Übungen, welche du im Alltag umsetzen kannst, beinhaltet das vorliegende Buch zusätzlich zahlreiche Mini-Meditationen. Das sind imaginative Übungen, die dich darin unterstützen, voll im Moment zu sein und dich auf das auszurichten, was wichtig ist. Außerdem lernst du in diesen Mini-Meditationen beispielsweise, deine Sinne zu schärfen, um den Moment voll auskosten zu können. In solchen stillen Momenten, in welchen wir die Aufmerksamkeit nach innen richten, können wir uns Kompetenzen aneignen, die wir danach im Alltag anwenden können. Außerdem bringen sie dich zu dir selbst zurück, sodass du einen Schritt zurück machen kannst und das größere Ganze siehst, anstatt nur die zuvorderst stehenden, dringlich erscheinenden Aufgaben zu erkennen. Die Mini-Meditationen sollten jeweils ca. fünf Minuten dauern und können überall in deinem Alltag eingebaut werden, in denen du etwas freie Zeit hast und einen einigermaßen ruhigen Ort, im Notfall auch einmal die Toilette am Arbeitsplatz.

Aber halt! Das klingt doch nach noch mehr Aufgaben und somit noch mehr Stress? Ein Buch zu führen, Übungen im Alltag, Mini-Meditationen, was denn sonst noch? Und wann soll man denn die Zeit für das alles aufbringen? Da wären wir wieder bei dem Problem, das dich wahrscheinlich ursprünglich dazu gebracht hat, dieses Buch überhaupt in die Hand zu nehmen! Natürlich ist es bei diesem Buch NICHT so, dass dir irgendwelche

Empfehlungen gegeben werden, im Sinne von, »Du solltest das jetzt jeden Tag tun« und »Du wirst nichts erreichen, wenn du nicht fleißig übst« und »Du musst dranbleiben« usw. Klar, die besten Effekte erzielen Leute, die Gelerntes konsequent in die Praxis umsetzen. Aber wie genau du das machst, bleibt dir überlassen. Lass dich dabei einfach vom Lustprinzip steuern! Vielleicht sind ja die beschriebenen Übungen nur Inspirationen für dich und du leitest davon deine eigenen ab. Oder du machst ganz selten etwas davon, es dafür dann aber mit voller Freude und Hingabe. Oder du speicherst zunächst einmal die Informationen in deinem Gehirn ab, das schärft deine Wahrnehmung in deinem Alltag, du beginnst dein Denken anzupassen und plötzlich, erst einige Zeit nach dem Lesen des Buches, kommt das Bedürfnis, die eine oder andere Übung anzuwenden. Alles ist okay. Schenk dir in diesem Moment die Freiheit, nichts zu müssen! Auch wenn du teilweise mit den Formulierungen in diesem Buch zu etwas aufgefordert wirst, hier beginnt bereits die Umsetzung! Mach kein »To-do« daraus! Setze Übungen um, wenn du bemerkst, dass du diese gerne machen möchtest. Wenn du hingegen denkst, dass diese jetzt sinnvoll wären, dich die Umsetzung aber gerade überhaupt nicht reizt, dann ist wohl nicht der Moment dafür. Dann lass sie einfach los und schau, ob dir zu einem späteren Zeitpunkt die Übung wieder in den Sinn kommt und du sie dann in die Tat umsetzen möchtest. Die Art und Weise, wie du die Übungen aus diesem Buch umsetzt, ist somit der erste Schritt dazu, das Konzept in dein Leben zu integrieren. In den nachfolgenden Kapiteln wird bei den Übungen nicht mehr stehen, du sollst diese nur machen, wenn dir danach ist. Nein, du wirst aufgefordert, diese jetzt umzusetzen. Das ist bewusst so formuliert, denn wenn du das Gelernte in deinem Alltag umsetzen möchtest, dann wird es so sein, dass von allen Seiten Menschen versuchen, dich davon zu überzeugen, was du jetzt tun solltest. Und es wird dir oft sehr sinnvoll und erstrebenswert erscheinen und ein Teil von dir wird es unbedingt machen wollen. Dies sind die Situationen, in welchen du dir in Zukunft die Frage stellen solltest, ob es das ist, was du dir oder anderen in dem Moment von ganzem Herzen schenken möchtest, unter Inkaufnahme aller Konsequenzen.

Neben der Achtsamkeit dafür, an wen bzw. was du deine Zeit verschenken möchtest, liegt der Fokus dieses Buches stark darauf, den Akt des Schenkens bewusst auszukosten. Egal wofür du dich in dem Moment entscheidest – das kann zum Beispiel der Abwasch sein – du kannst es voller Hingabe erledigen. Wenn du dich in eine Erfahrung vollständig eingibst, dann gibt es keine verlorene Zeit. Es ist immer eine Frage der Bewertung der Tätigkeit und nicht eine Frage der Tätigkeit an sich. Das Ziel ist also mehr Lebendigkeit, Emotion, Intensität in deinen Alltag zu bringen und jeden Moment in dich einzusaugen, egal ob es nun der »perfekte Moment« ist oder ob da irgendetwas ist, was dir gerade nicht gefällt. Es soll ein Innehalten stattfinden, eine Pause von der Rastlosigkeit, dem ständigen Suchen und dem ständigen Streben nach mehr. So gelingt es, die Geschenke wahrzunehmen, welche unsere Umgebung gerade für uns bereithält und gleichermaßen die Geschenke, die wir in uns tragen.

Das Buch ist in drei Teile gegliedert. Im ersten Teil beleuchten wir das Problem, beschäftigen uns damit, warum wir denn ständig das Gefühl haben, keine Zeit zu haben. Im zweiten Teil wird der Lösungsansatz des Zeitschenkens vorgestellt. Und im dritten Teil werden konkrete Tipps und Impulse zur Umsetzung gegeben sowie zum Umgang mit Stolpersteinen. Um bereits während des Lesens in die Handlung zu kommen und die Erkenntnisse umzusetzen, enthält jedoch auch der erste Teil des Buches bereits

Hinweise und Aufgaben zur Umsetzung des Gelernten! Falls sich dabei Schwierigkeiten zeigen, dann gibt es natürlich immer die Möglichkeit, ein Kapitel aus dem dritten Teil des Buches vorzuziehen, welches genau diese spezifische Schwierigkeit adressiert.

2. Das Problem erkennen

Ein Morgen im Leben von Luisa

Wie so oft wacht Luisa schon einige Zeit vor dem Klingeln des Weckers auf. Noch halb im Traum, springen ihre Gedanken bereits zu der Präsentation, die sie am Nachmittag halten muss. Ob sie wirklich an alles gedacht hat, was zu besprechen wäre? Aber stopp, eigentlich hat sie sich doch vorgenommen, am Morgen immer als Erstes ihre Ziele zu visualisieren, um sich so bereits auf den Erfolg auszurichten. Also, jetzt nicht herumstudieren, was noch nicht perfekt sein könnte, sondern sich vorstellen, wie sie das Publikum mitreißt und alle an ihren Lippen hängen werden. Allerdings, bei der einen Grafik in der Präsentation könnte man noch einen Kommentar anfügen. Das könnte einen Unterschied machen, damit die Thematik leichter verständlich ist. Ja, das ist eine gute Idee! Ob sie wohl aufstehen sollte, um sich dies zu notieren? Nicht dass sie es am Ende vergisst! Aber nein, eigentlich wollte sie ausgeschlafen sein und wenn sie jetzt aufsteht, dann kann sie nachher sicher nicht mehr einschlafen. Sowieso hat sie sich vorgenommen, acht Stunden jede Nacht zu schlafen. Das schaffte sie schon wieder nicht, weil sie dazu zwanzig Minuten zu spät ins Bett gegangen war. Somit sollte sie nun zumindest noch einige Minuten schlafen. Nicht dass ihre Leistungsfähigkeit darunter leidet! Gerade am heutigen Tag, an dem die Präsentation ansteht. Also, Augen zu und entspannen. Sie sollte den Kopf abstellen. Dieses ganze Gedankenkreisen hält sie vom Schlafen ab. Da kommt ihr in den Sinn, dass sie unbedingt die Laufschuhe bereitlegen sollte. Sonst vergisst sie diese am Schluss zuhause. Und sie hat sich vorgenommen, den Heimweg als Trainingszeit zu nutzen. Ansonsten würde sie die Zeit untätig im Bus verbringen. So kann sie sich fit halten. Denn die Waage zeigt zwei Kilo mehr an als vor einem halben Jahr und die Pölsterchen an Bauch und Oberschenkeln müssen definitiv weg. Und sie kennt sich ja nur zu gut, wenn sie nicht konsequent ist, dann war es das mit den guten Vorsätzen. Da vergisst sie ein einziges Mal die Schuhe und schon hat sie am nächsten Tag eine Ausrede parat. Also, soll sie kurz aufstehen und die Schuhe bereitlegen? Ja, das wäre vielleicht das Beste, sie kann sich ja danach trotzdem noch einmal hinlegen. Luisa steht auf, holt die Laufschuhe aus dem Schrank und legt diese in den Eingangsbereich der Wohnung. Dabei bleibt ihr Blick unweigerlich an der Zwergpalme hängen und sie betrachtet deren Blätter von Nahem, um festzustellen, ob die Schädlinge, die sie entdeckt hatte, tatsächlich alle weg sind, nachdem sie das biologische Schädlingsbekämpfungsmittel angewendet hatte. Die Palme hatte sie gerade erst angeschafft, im Rahmen ihres Projekts, die Wohnung zu begrünen. Und schon machte diese ihr zusätzliche Arbeit. Vielleicht sollte sie auf chemische Waffen zurückgreifen, so als einmalige Sache, obwohl sie eigentlich Giftstoffe aus ihrem Haushalt heraushalten möchte, nachdem sie eine Dokumentation darüber gesehen hatte, wie schädlich diese sein können. Aber da krabbeln noch immer mehrere dieser kleinen Tierchen auf der Pflanze herum! Sie muss sich sofort darum kümmern, sonst vermehren sich diese weiter! Luisa zerdrückt die Tierchen, die sie beim Absuchen der Pflanze erkennen kann, mit den Fingern. Aber was, wenn diese bereits auf andere Pflanzen übergegangen sind? Sie begibt sich ins Wohnzimmer und beginnt, die dortigen Pflanzen zu untersuchen. Wie sich diese Biester wohl vermehren? Könnten Eier an den Pflanzen kleben, die man mit bloßem Auge gar nicht erkennen kann? Piiiep … piiiep … piiiep … Das Klingeln des Weckers holt sie für einen Moment aus ihrer Gedankenwelt.

Reicht es dir? Fühlst du dich bereits genervt, wenn du das liest? Du darfst den Rest dieses Kapitels überspringen, wenn dir nicht mehr danach ist, dich weiter in Luisas Welt zu vertiefen. Wenn du dabeibleiben magst – was ich dir empfehle – dann achte beim Lesen darauf, was es bei dir auslöst. Spürst du eine leicht gereizte Stimmung? Oder einen Druck auf dem Magen? Geht dein Puls in die Höhe? Bekommst du Heißhunger auf Süßigkeiten? Was auch immer bei dir geschieht ist vermutlich das, was auch in deinem Leben oft passiert, nur nehmen wir solche Dinge im Alltag zumeist weniger bewusst wahr, weil wir zu beschäftigt mit Anderem sind. Je genauer wir die entsprechenden Signale jedoch kennen und je bewusster wir sie wahrnehmen, desto eher können wir sie nutzen, als Hinweise darauf, dass wir uns gerade in einer Situation befinden, in welcher es angebracht wäre, sein Denken, Fühlen und Handeln neu auszurichten! Also, hier geht Luisas Morgen weiter:

Ach, nun klingelt bereits der Wecker. Luisa hat also doch wieder zu wenig geschlafen. Sie schafft es einfach nie! Heute muss sie unbedingt früher ins Bett gehen. Am besten speichert sie eine Erinnerung im Mobiltelefon ab, die sie rechtzeitig daran erinnert, dass jetzt Zeit ist, zu Bett zu gehen! Luisa begibt sich in die Küche, um sich das Frühstück zuzubereiten. Während die Kaffeemaschine noch rot blinkt, macht sie schnell die Kräftigungsübung, die sie gestern im Internet gesehen hatte. Diese soll dabei helfen, ein knackiges Hinterteil zu bekommen. Wie war das schon wieder, in welchem Winkel sollten die Knie stehen? Ach, nochmal kurz nachschauen. Sie holt ihr Tablet und sucht nach dem Video. Ah, da ist es. Eine Werbeanzeige wirbt für vegane und zuckerfreie

Bio-Rohkostriegel. Wie cool! Luisa klickt auf den Link zur Homepage. Aber eigentlich hat sie jetzt keine Zeit, sich das anzuschauen. Sie kann ja die Internetseite offenlassen und sich später genauer damit befassen. Jetzt wollte sie doch das Video von gestern noch einmal anschauen. Aber unterdessen ist die Kaffee-Maschine bereit und Luisa hat ja nicht alle Zeit der Welt, bis sie das Haus verlassen muss. Also, schnell einen Kaffee laufen lassen und dann den gestern Abend bereits vorbereiteten, fett- und zuckerfreien Frühstücksbrei aus dem Kühlschrank nehmen. Noch kurz einen Apfel waschen, schneiden und die Stücke über den Brei verteilen, fertig ist das Frühstück. Ein Genuss ist das grad nicht. Ach, früher hat sie sich jeweils diese Frühstücksbowls mit Erdnussbutter, Bananen und Kakao-Knusperflocken zubereitet, das war so richtig lecker. Aber sie tut sich ja etwas Gutes mit dem fettfreien Start in den Tag. Vor Kurzem hatte sie ein Video gesehen, dass dadurch sowohl die körperliche als auch die mentale Leistungsfähigkeit gesteigert wird, weil der Körper weniger durch die Fettverdauung belastet wird. Und sie wird den Rest des Tages noch genügend leckere Dinge essen. Luisas Blick fällt aufs Mobiltelefon. Sechzehn neue Nachrichten. Die kann sie kurz durchschauen, während sie in der Küche stehend ihr Frühstück zu sich nimmt. Oh, eine der Nachrichten ist von einer Freundin, die gerade in einer Beziehungskrise steckt. Das kann sie nicht einfach unbeantwortet lassen, die Freundin wäre sicher enttäuscht, wenn sie wüsste, dass Luisa die Nachricht gelesen hat, aber so auf ihr eigenes Leben fokussiert ist, dass sie sich nicht einmal einige Minuten Zeit nehmen kann, um ihr Mitgefühl kundzutun. Sie verfasst kurz einige Zeilen und schickt sie ab. Oh, die Nachrichten von den Kollegen, mit denen sie zum Mittagessen verabredet ist, das kann sie auch nicht ignorieren. Das Restaurant, das sie ausgewählt haben, hat keine freien Plätze und es werden

Alternativen gesucht. Mit den bisher vorgeschlagenen Alternativen ist niemand so richtig glücklich. Ach, vor Kurzem hatte sie etwas gehört von einem neuen Restaurant, das sicher allen gefallen würde. Wie blöd, dass sie den Namen des Restaurants vergessen hat. War das nicht die Kollegin in der Yoga-Klasse, die das erwähnt hatte? Sie könnte diese kurz anschreiben und bei ihr nachfragen. Ein Blick auf die Uhr zeigt, dass das schnell gehen muss. Sie schreibt eine kurze Nachricht an die Kollegin und hastet dann ins Badezimmer. Schnell unter die Dusche, die Beine rasieren, die Haare waschen. Autsch, natürlich, wie das immer passiert, wenn sie sich beeilen muss, schneidet sie sich beim Beine rasieren in die Haut. »Was bist du doch für ein Tollpatsch«, flucht sie leise vor sich hin. Aber sie hat jetzt keine Zeit, darüber nachzudenken, warum ihr das ständig passiert. In Gedanken geht sie noch einmal ihre Präsentation durch, während sie die Haare schamponiert. Wird wohl der Chef aus dem anderen Team dabei sein? Der hatte das letzte Mal so doofe Fragen zur Finanzierung gestellt und sie konnte keine befriedigende Antwort geben. Das gehört nicht zu ihrem Kernbereich. Vielleicht sollte sie sich eine geschickte Antwort überlegen für den Fall, dass er dieses Thema erneut aufbringen sollte. Beim Blick auf die Shampoo-Flasche fällt Luisa ein, dass sie vor Kurzem einen Artikel darüber gelesen hatte, welche Inhaltsstoffe von Shampoos schlecht für die Haut sind. Sie wollte längst schauen, ob ihr Shampoo solche Stoffe enthält. Heute Abend wird sie das endlich einmal tun! Zur Erinnerung legt sie die Flasche ins Waschbecken. Wenn sie diese dort entdeckt, dann wird sie daran denken. So, schnell abtrocknen und anziehen. Soll sie die dunkelblaue Hose anziehen? Beinah hätte sie diese in die Altkleidersammlung gegeben, weil sie diese schon ewig nicht mehr angezogen hatte. Aber dann hat sie ihr doch irgendwie noch gefallen. So tatsächlich Lust, diese anzuziehen, hat sie nicht, aber sie hat mit sich selbst abgemacht, dass sie die Hose auch anziehen muss, wenn sie sie behält. Das wurde im Aufräum-Podcast so empfohlen, um nur noch Dinge zu Hause zu haben, die man wirklich benutzt. Ach, wenn sie den Kleiderschrank ansieht, steht sie ganz am Anfang dieses Prozesses. Ein Gefühl von Stress und Überforderung entsteht bei ihr allein bei dem Gedanken, all diese Kleidungsstücke durchzugehen, um sich von denjenigen zu trennen, die da eher zur Dekoration hängen. Die ganze Zeit, die das kosten wird …! Aber eigentlich, am heutigen Tag, bei der Präsentation, da sollte sie sich so richtig wohl fühlen. Somit doch eher ihre Lieblingshose? Blöd nur, dass die Bluse, die so gut zu der Hose passt, bereits im Wäschekorb liegt. Luisa probiert verschiedene andere Blusen durch. Sie ist mit keiner Option richtig zufrieden. Aber sie muss sich entscheiden, die Zeit rennt ihr davon. Also gut, die weiß gestreifte Bluse und die Lieblingshose. Jetzt noch schnell die Haare föhnen. Währenddessen kann sie sich darüber Gedanken machen, was sie ihrer Schwester zum Geburtstag schenken soll. Der Geburtstag ist in drei Tagen und sie hat noch immer kein Geschenk und in den nächsten Tagen steht so viel auf dem Programm, dass sie kaum dazu kommt, dies zu organisieren. Dabei hat die Schwester ihr zu ihrem Geburtstag so ein tolles Geschenk gemacht, da muss sie sich jetzt unbedingt etwas Originelles ausdenken! Am besten irgendetwas mit Einhorn-Print, daran hätte die Schwester Freude. Aber bei der gestrigen Google-Recherche zu dem Thema hatte Luisa nichts Überzeugendes gefunden. Selbst etwas bedrucken lassen? Dafür ist sie wohl zu spät dran. Selbst etwas gestalten, das wäre natürlich toll, aber es fehlt ihr einfach an der Zeit. Oder ob sie vielleicht das morgige Treffen mit ihrem Freund verschieben könnte? Der wäre enttäuscht, aber er hätte auch Verständnis. Aber sie bräuchte eine zündende Idee, was sie denn genau mit einem Einhorn-Design versehen möchte? Einen Blumentopf? Da könnte sie gleich eine Pflanze mitschenken. Aber ihre Schwester beklagt sich immer darüber, dass die Pflanzen bei ihr nie lange überleben. Die Haare sind unterdessen trocken und Luisa gibt bei Google den Suchbegriff »originelle Geschenkidee« ein. Vielleicht wird sie ja so inspiriert durch eine Idee, die jemand anderes einmal hatte. Sie landet in einem Onlineshop. Auf der Front-Seite erscheint eine Werbung für personalisierte Schokolade. Es gibt sogar einen Rabatt ab einer Bestellung von zwei Stück. Das wäre ein tolles Abschiedsgeschenk für die Arbeitskollegin, welche die Firma verlässt. Luisa klickt auf das Banner, im Hintergedanken ein ungutes Gefühl, weil sie ahnt, dass sie wieder spät dran ist. Also, kurz ein Post-it schreiben und in den Eingangsbereich hängen, sie wird sich abends die Seite noch einmal anschauen. Oje, sie muss jetzt wirklich aus dem Haus und sie ist noch völlig ungeschminkt! Schnell die Schmink-Sachen einpacken, Jacke an, raus aus der Wohnung und die Treppe hinunter rennen in der Hoffnung, den Bus noch zu erwischen. Sich in öffentlichen Transportmitteln zu schminken, ist eher mühsam und unangenehm, aber das ist nicht das erste Mal und wird bald zur Routine.

Du kannst dir sicherlich plastisch vorstellen, wie Luisas Tag ungefähr weiter verläuft. Fühlst du bereits die innere Anspannung allein beim Lesen, wie ihr Morgen verläuft? Erkennst du dich ein bisschen wieder, wenn du das liest? Vielen Menschen ergeht es in der heutigen Zeit ähnlich. Doch in dem Moment, in dem du dieses Buch in der Hand hältst, hast du bereits einen Schritt in die Richtung einer Veränderung gemacht! Wir müssen es nicht einfach hinnehmen, dass das Leben in unserer Gesellschaft so funktioniert! Wir können anfangen, anders zu denken und zu leben! Und einige Menschen um uns herum werden sich von uns inspiriert fühlen und so beginnen wir eine kleine, stille Revolution, die ihre Wellen schlägt. Am Ende dieses Buches kommen wir zurück zu Luisa. Wir schauen uns an, wie derselbe Morgen auch aussehen könnte. Spicken ist erlaubt, wenn du nicht warten möchtest, bis du die Seiten dazwischen gelesen hast, in welchen wir gemeinsam einen neuen Umgang mit Zeit erlernen.

Schreib-Aufgabe:

Notiere dir deine Gedanken dazu, wie dein Leben aussehen soll, nachdem du dieses Buch durchgearbeitet hast. Woran und in welchen Situationen wirst du erkennen, dass du einen wichtigen Schritt gemacht hast und das Leben nicht mehr als Wettlauf gegen die Zeit wahrnimmst?

Wie wir unser Zeit-Problem erschaffen

Um dies gleich zu Beginn klarzustellen: Wer in unserer Gesellschaft lebt, wird beinahe automatisch Mit-Erschaffer des Zeit-Problems, das wir alle erleben. Nur wenigen gelingt es, sich dem zu entziehen. Wir wachsen mit dem Gedanken auf, dass Zeit ein knapp bemessenes Gut ist und wir uns deshalb stets anstrengen sollten, um diese nicht zu vergeuden. Dies wird uns von allen Seiten suggeriert und wir werden schon früh im Leben Zeugen davon, wie alle um uns herum im Stress sind und von einem Termin zum anderen hetzen. Das erleben wir als Normalität und es ist somit nicht verwunderlich, dass wir dieses Verhaltensmuster übernehmen, ohne darüber nachzudenken. Natürlich ist unsere Zeit auf der Erde begrenzt und dies sollte uns sehr wohl bewusst sein! Die Schlussfolgerung, dass wir in dem Fall möglichst viel in die uns zur Verfügung stehende Zeit hineinpacken sollten, scheint uns die logische Folge davon. Daher müssen wir stets produktiv sein, wir müssen vorangehen, um unsere Ziele innerhalb effizienter Frist zu erreichen, wir müssen jede freie Minute sinnvoll nutzen und möglichst viel Multitasking betreiben. Das ist etwas viel »müssen«, findest du nicht auch? Ist ein Leben voller »müssen« das, was wir uns gewünscht haben, als wir uns vorgenommen haben, die knapp bemessene Zeit sinnvoll zu nutzen? Wohl kaum! Doch dieses Denken ist so verankert in unserer Gesellschaft, dass es kaum hinterfragt wird. Zwar zeigt die wie Pilze aus dem Boden schießende Anzahl neu entstehender Yoga-Studios auf, dass den Menschen bewusst wird, dass sie – in unserer sich immer schneller drehenden Welt – Ruhepausen benötigen, jedoch wird für viele Besucher der Yoga-Klassen die Yoga-Stunde zu einem weiteren Termin, den sie in ihrer Agenda irgendwie unterbringen müssen und der dazu führt, dass sie dafür umso effizienter beim Erledigen ihrer Alltagsaufgaben sein müssen und weniger Zeit zur Verfügung für andere Verschnauf-Pausen im Alltag haben.

Unsere gesellschaftlichen Werte und Normen sind darauf ausgerichtet, Erfolg zu haben, Leistung zu erbringen und effizient zu sein. Sich Zeit zu lassen, den Moment auszukosten und sich einfach treiben zu lassen, wird akzeptiert, wenn es zu klar umrissenen Zeiträumen in klar definierten Räumen und Situationen stattfindet und ja nicht überhandnimmt! Unsere Idole und Vorbilder leben uns vor, wie das geht und berichten stolz auf Social-Media, im Fernseher und im Zeitungsinterview, wie sie es geschafft haben, Job und Familie unter einen Hut zu bringen und dabei mit regelmäßiger sportlicher Aktivität einen optimalen Lebensstil zu pflegen. Selbstverständlich unter Berücksichtigung der gesunden Ernährung, bei der natürlich so viel als möglich selbst gemacht wird: vom Anbau im Hochbeet über die Kreation eigener Rezepte bis hin zum eigentlichen Kochen. Und dabei wird nebenher die eigene Firma aufgebaut und es werden »Do-it-yourself«-Geschenke gebastelt, es wird auf genügend »Quality-Time« mit der Familie geachtet und darüber hinaus eine gesunde »Work-Life-Balance« eingehalten. Dass man dazu stets perfekt gestylt ist und in einer topmodernen, nach Feng-Shui eingerichteten Wohnung lebt, welche natürlich stets makellos aufgeräumt ist, versteht sich von alleine. Wer das schafft, kann sich der Anerkennung anderer sicher sein. Aber ist das tatsächlich unsere Vorstellung davon, wie wir unser Leben leben möchten, wenn wir mal ganz ehrlich zu uns sind? Klingt das nicht super anstrengend, so perfekt sein zu müssen? Und sollten wir nicht eigentlich eher Leute bewundern, die den Mut haben, einen anderen Weg zu gehen? Und was ist der Grund, weshalb wir so schlecht aus diesem Denken aussteigen können, obwohl wir alle wissen, dass es auf Dauer ungesund ist, wenn man sich selbst unter Druck setzt?

Ein Problem unserer Gesellschaft ist die Tatsache, dass wir unzählige Möglichkeiten haben und uns unzählige Informationen zu allen Möglichkeiten stets auf verschiedensten Kanälen zur Verfügung stehen bzw. wir damit regelrecht überschwemmt werden. Dabei wird vieles so geschickt verpackt, dass sofort ein entsprechender Wunsch in uns geweckt wird, sei es für einen Kochkurs, für die Ferien in der Toskana oder für das Anschauen eines Schmink-Tutorials auf YouTube. Sich den ständigen Verlockungen zu entziehen, ist kaum möglich. Diese lachen uns auf dem Arbeitsweg an, während der Unterhaltung mit Freunden, welche von den neuesten Trends berichten, während der Internetrecherche, bei der gezielt auf uns zugeschnittene Werbung geschaltet wird oder während des Lesens eines Zeitschriftenartikels. Oft wird dabei in uns die Angst geweckt, wir könnten eines Tages auf unser Leben zurückblicken und bemerken, dass wir Dinge verpasst haben, die wir hätten erleben wollen. Wenn wir jetzt nicht diese Weiterbildung besuchen und uns diese neue Technik aneignen und diese neue Trendsportart ausprobieren, dann zieht vielleicht die Chance an uns vorbei und wir werden es nie mehr tun! Schlussendlich geht es um die Endlichkeit des Lebens, mit welcher wir uns nicht auseinandersetzen wollen. Unsere Lebenszeit ist begrenzt und wir können nicht alles tun, erleben und erreichen, was es auf dieser Welt zu erleben gibt. Das möchten wir manchmal nicht so gerne wahrhaben. Genau in dieser Wahrheit liegt aber der Schlüssel zu einer anderen Perspektive. Wenn wir uns mit der Tatsache konfrontieren, dass wir während unserer Zeit auf der Erde nicht alles tun können, dann mag das vielleicht für einen Moment lang schmerzhaft sein. Aber indem wir diesen Schmerz annehmen, anstatt ihn zu negieren und uns vorzumachen, wir könnten tatsächlich ALLES, passiert ein Perspektivenwechsel: Wir bemerken, dass genau deshalb, weil unsere Zeit begrenzt ist, wir uns auf das konzentrieren sollten, was uns wirklich wichtig ist und uns am Herzen liegt. Wir beginnen, uns mit den Fragen auseinanderzusetzen, welche Ziele wir verfolgen möchten und welche Werte wir dabei leben wollen. Wir können den kollektiven Denkfehler unserer Zeit erkennen und bemerken, dass die Beschränktheit der Zeit eigentlich ein Geschenk darstellt. Je rarer etwas ist, desto wertvoller wird es für uns. In einer Welt, in der alles aus Gold ist, würde niemand auf die Idee kommen, Gold als besonders wertvoll anzusehen und besonders achtsam mit Gold umzugehen. Genauso wäre das, wenn uns unbeschränkt viel Zeit zur Verfügung stünde. Diese Erkenntnis kann uns helfen, unser Leben bewusster zu leben und zu gestalten. Wir beginnen zu realisieren, dass das »immer mehr, immer schneller, immer besser« uns davon abhält, zu erkennen, was wir uns aus tiefstem Herzen im Leben wünschen. Wir können beginnen, die Tatsache, dass unser Leben irgendwann enden wird, in unser Denken miteinzubeziehen. Stell dir vor, wie es wäre, wenn du unbeschränkt Zeit hättest und ewig leben würdest. Würdest du nicht in dem Fall den einzelnen Tag weniger wertschätzen, als wenn du weißt, dass es dein letzter sein könnte? Beginnst du nicht dadurch, dass dir das bewusst ist, automatisch den Fokus auf das zu lenken, was in deinem Leben von Relevanz ist? Deine Familie vielleicht? Deine Freunde? Genussmomente? Eigene Projekte und Dinge, die du gerne erschaffen möchtest? Einen positiven Einfluss auf die Welt zu haben und etwas dazu beizutragen, dass sie mehr zu dem wird, was du dir wünschen würdest? Schwächere unterstützen? Kindern etwas beibringen? Sich im Moment verlieren? Aus dem Alltag ausbrechen? Neue Welten entdecken? Tanzen und singen? Die Aufzählung ist endlos und für jeden Menschen sind das andere Dinge, aber den meisten von uns gemeinsam ist, dass wir diese oft vergessen oder hintenanstellen. Wie oft haben wir uns damit unbewusst dafür entschieden, Momente voller Lebensfreude und Lebendigkeit auszulassen? Beginnen wir also jetzt, unser Leben so zu gestalten, dass die Dinge, die uns wichtig sind, ihren Platz in unserem Leben haben! Aber da ploppt in der Regel eine Stimme in unserem Kopf auf, welche ganz viele »ja, aber …« Argumente hat. »Ich würde ja gerne, aber …« Natürlich ist es kein Kinderspiel, aus jahrelang erlernten und gefestigten Verhaltensmustern und einem entsprechenden Leben, das man sich aufgebaut hat, einfach von heute auf morgen auszusteigen. Aber das müssen wir auch nicht! Wir können mit einem winzig kleinen Schritt in die richtige Richtung beginnen und vieles wird sich mit der Zeit von selbst fügen! Wichtig ist der Perspektivenwechsel! Schon alleine durch das neue Denken wird dir im Alltag immer wieder bewusst, wo du kleine Veränderungen vornehmen könntest. Und hast du die Veränderung einmal in Gang gesetzt, dann kommt diese von allein ins Rollen. Und das in deinem eigenen Tempo.

Schreib-Aufgabe:

Nimm dir für diese Aufgabe eine halbe Stunde Zeit. Stell dir vor, du bist achtzig Jahre alt und schaust zufrieden auf dein Leben zurück. Was hast du erreicht/erlebt? Worauf bist du stolz? An welche Erlebnisse erinnerst du dich immer wieder gerne zurück? Und wenn du davon ausgehst, dass deine Tage nun gezählt sind: Was möchtest du in den letzten Tagen, Wochen oder Monaten deines Lebens noch tun? Wenn du vielleicht schnell ermüdest und nicht mehr so viel an einem Tag erledigen kannst, worauf möchtest du trotzdem auf keinen Fall verzichten? Und nun schau dir die Antworten auf diese Fragen an und überleg dir, inwiefern die von dir notierten Dinge aktuell Platz in deinem Leben finden, inwiefern sie Priorität haben. Und wo du ihnen vielleicht etwas mehr Raum verschaffen könntest.

Oftmals sind wir gedanklich damit beschäftigt, welche Ziele wir als nächstes anpacken wollen. Ziele zu haben und uns auf diese auszurichten, ist etwas sehr Wichtiges! Aber wenn wir stets in Gedanken beim nächsten Ziel sind, dann verpassen wir es, die bereits erreichten Ziele zu feiern, uns über Zwischenschritte zu freuen und das zu genießen, was wir haben. Ein Fußballer in der 5. Liga hat das Ziel, in die 4. Liga aufzusteigen. Hat er das geschafft und befindet sich in der 4. Liga, dann beginnt er sich mit den anderen Fußballern in der 4. Liga zu vergleichen, die noch etwas besser sind als er und setzt sich zum Ziel, so gut zu werden, wie diese. Hat er dies erreicht, so setzt er sich zum Ziel, in die 3. Liga aufzusteigen. So geht es immer weiter. Irgendwann ist er in der 1. Liga und trotzdem noch immer darauf fokussiert, was er in Zukunft erreichen möchte. Bei einem Aufstieg in eine höhere Liga mag es so sein, dass zumindest der Moment des Aufstiegs gefeiert wird. Viel schwieriger ist es, wenn es sich um unklar umrissene Ziele handelt. Ich möchte besser Salsa tanzen können zum Beispiel. Wenn ich fleißig übe, dann werde ich stets besser, doch oft erkennen wir das kaum an, weil der Fortschritt schleichend eintritt. Und irgendwann sind wir dann auf ein anderes Ziel fokussiert, zum Beispiel darauf, besser Walzer tanzen zu können. Und die Fortschritte beim Salsa tanzen werden nie richtig wahrgenommen und gefeiert. Wenn also der Moment, in dem wir ein Ziel erreicht haben, nur einen kurzen Glücksmoment darstellt oder wir das Erreichen des Ziels möglicherweise nicht einmal bewusst wahrnehmen und würdigen, sollten wir uns nicht vielmehr darauf konzentrieren, den Prozess des Zielverfolgens an sich zu genießen, anstatt immer auf das Endziel fokussiert zu sein? Könnten wir uns nicht etwas mehr Zeit mit der Zielerreichung lassen und die kleinen Erfolge deutlich mehr feiern? Ist es unbedingt notwendig, im nächsten halben Jahr viele Fortschritte beim Salsa tanzen zu machen oder ist es nicht völlig egal, wie lange es dauert? Selbst wenn die Freunde im Tanzkurs schnellere Fortschritte machen und man diese aufholen könnte, wenn man zusätzliche Privatstunden nehmen würde, kommt es nicht eigentlich darauf an, das Tanzen zu genießen und sich über die eigenen Fortschritte zu freuen? Ist es nicht eigentlich nebensächlich, ob man in einem halben Jahr oder in einem Jahr so viele Fortschritte gemacht hat, dass nun plötzlich das nächste Ziel, also besser Walzer zu tanzen, im Fokus steht? Mal abgesehen davon, dass wir einen großen Teil des Genusses verpassen, wenn wir uns darauf fokussieren, uns mit anderen zu vergleichen, uns dafür zu kritisieren, was noch nicht perfekt ist und uns zu fragen, was wir zusätzlich unternehmen könnten, um unsere Schwachstellen auszubessern. Es ist also einmal mehr eine Frage der Perspektive. Die Redewendung »der Weg ist das Ziel« mag abgelutscht klingen, aber tatsächlich steckt viel Weisheit in dieser Aussage. Oft leben wir überhaupt nicht nach dieser Redewendung. Es geht um das spektakuläre Selfie auf dem Berggipfel und nicht darum, die Aussicht, die Natur und die körperliche Betätigung während des Aufstiegs zu genießen. Oder es geht darum, im Lebenslauf erwähnen zu können, dass man einmal im Ausland gearbeitet hat und nicht darum, ein neues Land kennenzulernen. Oder es ist wichtig, von den Gästen für das perfekte Menü gelobt zu werden und nicht, Freude zu haben an dem Einkaufen und Zubereiten der Speisen. Und kaum ist das Ziel erreicht, sind wir in Gedanken beim nächsten Ziel. Damit halten wir uns selbst davon ab, unser Leben und die Erfahrungen, die wir machen, bewusst zu erfahren, zu genießen und auszukosten! Stattdessen sollten wir den Gedanken präsent halten, dass wir in unserem Leben nie am Ziel sein werden! Es wird immer neue Ziele geben und das ist auch gut so! Wir können lernen, Erfüllung darin zu finden, dass wir auf dem Weg zum Ziel viele schöne, spannende und lehrreiche Erfahrungen machen können. Wir können uns zunehmend mehr darüber definieren, *wie* wir das Erreichen von Zielen angehen, anstatt darüber, *wie viele* Ziele wir innerhalb von kurzer Zeit erreichen können. Und irgendwann gelangen wir auf diesem Weg vielleicht an den Punkt, an dem wir uns überhaupt nicht mehr über das Erreichen von Zielen definieren, sondern darüber, dass wir einfach *sind.*

Mini-Meditation:

Nimm dir einen Moment Zeit und setze dich bequem hin. Stell dir vor, dass in diesem Moment die Zeit stillsteht. Dass die Welt sich in diesem Moment nicht weiterdreht und das ganze Karussell, in dem wir uns befinden, zum Stillstand kommt. Es gibt nichts, was du in diesem Moment erledigen kannst oder sollst und nichts, worüber du dir Gedanken machen musst. Nur das, was gerade ist. Nimm einen tiefen Atemzug. Vielleicht kommen Gedanken oder Gefühle hoch oder Körperwahrnehmungen machen sich bemerkbar. Nimm das entgegen, ohne etwas daran ändern zu wollen, aber auch, ohne dem zu viel Beachtung zu schenken. Es kann sein, dass du nervös wirst, dass eine innere Stimme fragt, was das eigentlich soll, ob du diese Zeit nicht besser nutzen könntest. Auch das ist okay, nimm die Erfahrung einfach entgegen. Mit der Zeit, wenn du diese Übung regelmäßig machst oder du sonstige Empfehlungen aus diesem Buch umsetzt, wird die Stimme leiser werden. Bis dahin führt sie dir vor Augen, wie stark du dich selbst anpeitschst. Es kann auch sein, dass es dich traurig macht, wenn du das feststellst. Auch das ist okay und kann Teil eines Veränderungsprozesses sein. Lass es einfach zu und entspanne dich in die Erfahrung hinein. Was auch immer sich in dem Moment zeigen möchte, ist genau das Richtige, ist genau das, was dich auf deinem Weg einen Schritt weiterbringen wird!

Keine Zeit zu haben ist eine Lüge

»Ich habe keine Zeit« ist die wohl verbreitetste Lüge in unserer Gesellschaft. Wir benutzen diese als Ausrede, wenn wir zum Beispiel auf eine Verabredung keine Lust haben. Aber wir benutzen sie auch ständig, um uns selbst anzulügen und uns in unserer kleinen, sicheren Welt festzuhalten, für die wir tausende von Regeln festgelegt haben und in der wir so beschäftigt sind, dass wir auch sicher nie Zeit haben, dort hinzuschauen, wo es unangenehm werden könnte. Und am Ende ist die Aussage »ich habe keine Zeit« auch schlichtweg falsch. Wir haben ein ganzes Leben lang Zeit. Die Frage ist nur, wofür wir diese Zeit investieren wollen. Unser Leben ist so aufgebaut, dass wir ganz viele Dinge »müssen«. Doch eigentlich handelt es sich dabei größtenteils um Entscheidungen, die wir einmal selbst gefällt haben oder um Regeln, die wir selbst für uns aufgestellt haben. Vermutlich zu einem großen Teil unbewusst. Doch wir haben jederzeit die Möglichkeit, diese bewusst zu überdenken. Klar, gewisse Dinge lassen sich nicht so einfach oder auch gar nicht mehr ändern. Zum Beispiel wenn du die Entscheidung getroffen hast, Kinder zu bekommen, dann sind diese Kinder irgendwann da und können nicht mehr »rückgängig gemacht« werden. Aber als extremes Beispiel zur Veranschaulichung und ohne, dass dir das dieses Buch auf irgendeine Art und Weise nahelegen möchte – du könntest dich theoretisch dazu entscheiden, die Kinder wegzugeben. Oder du kannst dich dazu entscheiden, die Kinder für einen Teil der Woche fremdbetreuen zu lassen. Oder für einige Stunden. Oder gar nicht. Es ist deine Entscheidung. Vielleicht hast du solche Entscheidungen bisher unbewusst getroffen. Aber du hast jederzeit die Möglichkeit, diese noch einmal zu überdenken und dich neu bewusst für etwas zu entscheiden. Jede Entscheidung hat ihre Vor- und Nachteile, aber wir werden von niemandem gezwungen, uns auf eine bestimmte Art und Weise zu entscheiden. Auch nicht von den Menschen, die uns kritisieren würden. Die Frage, ob wir diese Kritik in Kauf nehmen wollen oder nicht, ist ein Teil unserer bewussten Entscheidung. »Aber ich muss doch Geld verdienen, um ein Dach über dem Kopf und etwas zu essen zu haben und dafür muss ich einen Job ausüben, der mir keine Freude bereitet, denn ich wüsste nicht, wie ich einen Job finden sollte, der mir wirklich Spaß macht«, wirst du vielleicht entgegnen. Zugegeben, bei gewissen Grundbedürfnissen stößt diese Art, die Welt zu betrachten, an ihre Grenzen. Aber selbst hier handelt es sich zu einem gewissen Teil um Entscheidungen: Du könntest dich auch entscheiden, in Askese zu leben, eine Hütte im Wald zu bewohnen, dich von Beeren, Nüssen und Pilzen zu ernähren, ein Aussteiger-Leben zu führen, Selbstversorger zu werden und selbst Gemüse anzubauen und Tiere zu halten, dich zu informieren, wie man von Lebensmitteln leben kann, die sonst weggeworfen würden oder wo es Möglichkeiten gibt, bei jemandem Kost und Logis dafür zu erhalten, dass du dich an den anfallenden Arbeiten beteiligst. Für die allermeisten Menschen sind das zu radikale Schritte. Wir schätzen den Lebensstandard, den wir uns erarbeitet haben und die Möglichkeiten, die uns unsere Gesellschaft bietet. Damit entscheiden wir uns eben auch dafür, gewisse störende Eigenschaften dieser Gesellschaft zu akzeptieren. Aber ein großer Teil der Dinge, die uns die Gesellschaft »diktiert«, übernehmen wir einfach ungefragt und eigentlich könnten wir unseren Platz in der Gesellschaft finden, obwohl wir in gewissen Bereichen nicht nach deren Regeln und Normen leben. Du glaubst, dass du deinen Job nicht kündigen kannst, weil du keinen besseren findest? Auch hier kannst du eine bewusste Entscheidung treffen, anstatt dich der Situation ausgeliefert zu fühlen! Möchtest du den nervigen Chef, die ungünstigen Arbeitsstunden und die langweilige Tätigkeit dafür in Kauf nehmen, dass du ein gutes, gesichertes Einkommen hast und dich nicht mit unzähligen Bewerbungen, Job-Interviews und Absagen herumschlagen musst? Oder entscheidest du dich dafür, deine Zeit nicht länger in einem Arbeitsverhältnis verbringen zu wollen, indem du nicht glücklich bist und verpflichtest dich somit selbst, alles in deiner Macht Stehende zu tun, um das zu ändern? Täglich die Stelleninserate durchschauen, Bewerbungen schreiben, Kontakte zu Personen suchen, welche möglicherweise wichtige Informationen über Job-Möglichkeiten haben könnten, Internetrecherchen zu möglichen Weiterbildungen, welche hilfreich sein könnten, Ideen entwickeln, wie man mit der Bewerbung und beim Vorstellungsgespräch aus der Masse herausstechen könnte, ein Vorstellungsgespräch mit einem Freund simulieren und diesen um Feedback bitten, was man besser machen könnte, spontan auf Firmenchefs zugehen und diese nach Möglichkeiten in ihrem Unternehmen fragen, Ideen entwickeln, welche Möglichkeiten für Quereinsteiger es eventuell gibt usw. Wenn du bewusst die Entscheidung getroffen hast, nicht aufzugeben, bis du eine neue Stelle gefunden hast, welche dir besser gefällt und du bereit bist, dafür deine Zeit zu investieren, dann werden dir viele weitere Möglichkeiten und Ideen in den Sinn kommen! Deine Entschlossenheit wird dich früher oder später ans Ziel bringen.

Eine schöne Übung dafür ist, dass du in deinem Alltag einmal »ich muss« durch »ich möchte« ersetzt. Jedes Mal, wenn du denkst, etwas zu müssen, mach dir bewusst Gedanken dazu. Möchtest du das tun oder möchtest du es nicht tun und dafür die Konsequenzen in Kauf nehmen? Manchmal kann es heilsam sein, etwas, von dem man immer dachte, man »müsse« es tun, einmal nicht zu tun! Oft sind die Konsequenzen nämlich gar nicht so schlimm, wie wir uns das vorgestellt haben! Du »musst« jeden Tag deine Beine rasieren? Vielleicht bemerkt es kein Mensch, wenn du das nur jeden zweiten Tag machen würdest? Du »musst« deinem Freund zurückschreiben, weil er dir immer sofort auf deine Nachrichten antwortet? Vielleicht ist er auch erleichtert, wenn du einmal sagst, dass du dich später melden wirst, weil er somit erkennen könnte, dass es für ihn auch nicht immer Pflicht sein muss, dir sofort zu antworten! Natürlich kann es auch sein, dass er eingeschnappt reagiert. Dann ergibt sich vielleicht ein Gespräch darüber, welche gegenseitigen Erwartungen ihr aneinander habt und wie ihr in Zukunft eure Freundschaft gestalten möchtet. Wie ihr damit umgehen möchtet, wenn einer von euch den Erwartungen des anderen einmal nicht gerecht werden kann. Gleichzeitig ist es eine gute Übung für dich, die unangenehmen Gefühle, welche durch die Kritik des Freundes hervorgerufen werden, auszuhalten. Unangenehme Gefühle aushalten zu können und diese in Kauf nehmen zu können, wenn es darum geht, deinen Weg zu gehen, ist eine wichtige Kompetenz, die viele Menschen erst einmal erwerben müssen. Könnte es nicht in Ordnung sein, wenn dein Freund enttäuscht von dir ist, solange du ihn respektvoll behandelt hast und du bewusst zu der Entscheidung gelangt bist, ihm nicht sofort zu antworten? Du hast vielleicht gemerkt, dass du nur aus Pflichtgefühl diese Nachricht sofort beantworten würdest und es dir eigentlich wichtiger wäre, dich in dem Moment etwas anderem zu widmen. Und dann hast du dich bewusst dazu entschlossen, dich dem zu widmen, was du für wichtiger hältst, vielleicht in dem Moment deine volle Aufmerksamkeit deinem Kind zu schenken. Oder die Natur an dem wunderschönen Ort auf dich wirken zu lassen, an dem du dich gerade befindest. Eine echte Freundschaft übersteht viele Herausforderungen und wird vermutlich auf Dauer sogar *dank* der Herausforderungen tiefer. Dein Gegenüber erkennt, ob du das, was du ihm gibst, tatsächlich ernst meinst und dies aus Freude an der Beziehung, aus Liebe zu ihm und von Herzen machst! Vielleicht fühlt es sich ganz schrecklich an, wenn du das erste Mal euer wöchentliches Familientreffen absagst, weil es dir zu viel ist. Du wirst ein total schlechtes Gewissen haben. Es ist doch in der Familie so, dass man sich gegenseitig signalisiert, wie wichtig die Familie ist, indem dieser Termin wann immer möglich wahrgenommen wird. Und es ist ja nicht so, dass es dir unmöglich wäre zu kommen. Das schlechte Gewissen wird es dir vielleicht in dem Moment sogar verunmöglichen, die dringend benötigte Ruhepause auch für dich zu nutzen. Aber wenn du dich zuvor bewusst dazu entschlossen hast, diese Gefühle auszuhalten und dich damit zu konfrontieren, dann wird es dir bei einem nächsten Mal schon etwas leichter fallen.

Wir leben in einer Gesellschaft, in der wir gegenseitig voneinander abhängig sind. Es ist unsere Entscheidung, ob wir das als Fluch oder als Segen betrachten. Wir können uns darüber aufregen, dass andere etwas von uns verlangen, dass andere Ansprüche an unsere Zeit haben. Oder wir können uns dazu entscheiden, uns darüber zu freuen, dass wir Teil eines großen Ganzen sind. Dieses große Ganze funktioniert natürlich nicht überall so, wie wir es gerne hätten. Aber wir können uns unseren Platz in diesem Gefüge so auswählen, dass wir uns wohl fühlen und wir das große Ganze aus dem Platz heraus, den wir für uns gewählt haben, positiv beeinflussen. Wenn du dir die Komplexität dieses Gefüges bewusstmachst, dann wird dir klar, wie unendlich die Möglichkeiten sind, sich innerhalb dieses Gefüges zu platzieren! Und es liegt viel Potential darin verborgen, sich auf das Schöne dieses Miteinanders zu fokussieren. Wenn du Zeit in etwas investierst, dann gibst du etwas in dieses ganze Gefüge hinein, von dem du Teil bist und genauso profitierst du als Teil der Gesellschaft von den Investitionen anderer Menschen. Wir profitieren selbst dann davon, wenn andere Menschen etwas für sich selbst tun. Das mag von außen betrachtet so wirken, als wären sie egoistisch. Aber wenn du einem von diesen Menschen dann begegnest, dann wird er zugewandter sein und mehr auf dich eingehen können, wenn er sich zuvor um seine eigenen Bedürfnisse gekümmert hat. Er begegnet dir dann nicht in einem Zustand des inneren Mangels, in dem er nur darauf fokussiert ist, wie er das bekommen kann, was er braucht. Er hat sich bereits um seine Bedürfnisse gekümmert und kann jetzt auch vielmehr auf deine Bedürfnisse eingehen.

Mini-Meditation:

Such dir ein schönes Plätzchen und setze dich bequem hin, vielleicht aufs Sofa, auf einen Sitzsack oder auf den Liegestuhl an der Sonne. Atme tief ein und aus und sei für einen Moment ganz bei dir. Bei deinen Gefühlen und deinen Bedürfnissen. Anerkenne, dass diese da sind und gib ihnen die Berechtigung da zu sein. Sie sind alle berechtigt und legitim. So oft ignorieren wir sie und schieben sie zur Seite, weil wir den Erwartungen anderer gerecht werden wollen, den Normen und Regeln unserer Gesellschaft oder unseren eigenen Erwartungen und Zielen. Sei nun einen Moment ganz für dich da und anerkenne all das, was sich da zeigt, ohne es zu bewerten oder zur Seite schieben zu wollen. Du musst deshalb das Bedürfnis nicht sofort erfüllen, sondern das Ziel ist in dem Moment, es anzunehmen und Mitgefühl mit sich selbst dafür zu entwickeln, dass wir oft viele Bedürfnisse zurückstecken! Vielleicht zeigen sich keine Bedürfnisse, sondern Gedanken, was du alles erledigen solltest. Das ist in Ordnung. Anerkenne es und nimm einfach wahr, wie sehr dein Kopf mit allem beschäftigt ist, was du »musst«. Du musst im Moment überhaupt nichts daran ändern, es geht alleine darum, das wahrzunehmen. Der Impuls, etwas zu verändern entsteht dann aus dieser

Wahrnehmung heraus von allein, und zwar dann, wenn die Zeit dafür gekommen ist und nicht dann, wenn die Veränderung ein erneutes »müssen« darstellt! Zum Ende der Mini-Meditation darfst du dich bei dir selbst für die Zeit bedanken, die du dir gerade geschenkt hast. Dafür, dass du dir heute einmal erlaubt hast, all deine Bedürfnisse zu fühlen. Dafür, dass in diesem Moment all deine Bedürfnisse einfach berechtigt waren zu existieren, genau in der Form, in der sie sich gezeigt haben.

Sollte es dir schwergefallen sein, deine Bedürfnisse zu fühlen, dann könnte diese Mini-Meditation möglicherweise eine gute Übung für dich sein, während einer längeren Zeitspanne. Mach sie zum Beispiel einen Monat lang jeden Morgen oder jeden Abend für fünf Minuten. Es ist wichtig, dass du lernst, deine Bedürfnisse wieder zu spüren! Viele Menschen haben die eigenen Bedürfnisse ganz tief in sich vergraben, weil sie in der Vergangenheit die Erfahrung gemacht haben, dass ihre Bedürfnisse nicht gehört wurden, dass sie aufgrund ihrer Bedürfnisse abgelehnt oder verletzt wurden. Gerade in der Kindheit verurteilen wir uns oft selbst dafür, gewisse Bedürfnisse zu haben, wenn diese nicht auf Gegenliebe stoßen. Wir erlauben uns in der Folge nicht mehr, diese Bedürfnisse zu fühlen. Doch wie sollen wir jemals glücklich werden, wenn wir nicht mehr fühlen, was wir uns wünschen? Wenn wir nur auf das reagieren, was die Gesellschaft und unsere Mitmenschen von uns erwarten? Wir können jedoch üben, diese Bedürfnisse wieder mehr zu fühlen und auf diese Art realisieren wir immer mehr, wie wir tatsächlich unsere Zeit hier auf diesem Planeten nutzen wollen. Und wofür uns unsere Zeit zu schade ist!

Der Wert der Zeit

»Zeit ist Geld« heißt es oft und diese Aussage soll uns daran erinnern, unsere Zeit nicht zu verschwenden, sondern sinnvoll einzusetzen. Für einen Menschen, der seine gesamte Zeit vertrödelt und dann unzufrieden ist, nichts getan zu haben, ist es sicher hilfreich, sich ab und zu in Erinnerung zu rufen, dass er während des ganzen Tages, an dem er nur vor dem Fernseher gesessen hat, auch hätte eine Arbeit verrichten und somit Geld verdienen können. Aber leider übertreiben wir es oft mit diesem Grundsatz und fragen uns bei allem, was wir tun, ob wir uns das in dem Moment wirklich erlauben sollen. Ist das legitim, unsere wertvolle Lebenszeit dafür herzugeben, einfach einen ganzen Abend lang nur doofe Witze zu machen, einfach weil es gerade so lustig ist? Besonders tricky ist das bei Personen, bei denen ein fließender Übergang zwischen Arbeit und Freizeit besteht. Da stellt sich bei jedem Fernsehfilm die Frage, ob es nicht angebrachter wäre, stattdessen die geschäftlichen E-Mails abzuarbeiten. Viele von uns sind so sozialisiert, dass unser Belohnungssystem aktiviert wird, wenn wir produktiv sind, Dinge erledigen, Ziele erreichen, effizient sind, To-Do-Listen abarbeiten. In diesen Situationen wird Dopamin ausgeschüttet, ein Hormon, also eine Art körperliche Droge, welche dafür sorgt, dass wir uns gut fühlen. Das Problem mit Drogen ist aber nun mal, dass sie süchtig machen können. So etwas Ähnliches kann auch bei den körpereigenen Drogen passieren, wir können eine Art Sucht danach entwickeln, welche dazu führt, dass wir das Verhalten, welches zu der Hormonausschüttung geführt hat, immer und immer wieder wiederholen. Dass sich unser Fokus fast nur noch darauf richtet und wir immer mehr davon wollen und die einzelne Dosis der »Droge« gar nicht mehr genießen können. Wir denken bereits daran, wie wir zum nächsten »Schuss« kommen. Ein Workaholic ist zu vergleichen mit einem Menschen mit einer anderen Abhängigkeitserkrankung, nur ist er in unserer Gesellschaft meist ziemlich angesehen, während der Alkoholiker bemitleidet wird. Nun sind zum Glück sicher nicht alle, die dieses Buch lesen Workaholics, aber das Suchtpotential des Dinge-Erledigens kennen sicherlich viele. Es ist grundsätzlich etwas Gutes, wenn unser Belohnungssystem aktiviert wird, dadurch dass wir etwas Sinnvolles tun! Wir müssen lediglich, so wie wir das auch mit anderen Suchtmitteln wie Alkohol, Zigaretten und Koffein machen, einen ausgeglichenen Umgang damit finden und schauen, dass es nicht zur Sucht wird.

Neben dem Belohnungshormon Dopamin, fühlen sich für uns oft auch die Stresshormone Adrenalin und Noradrenalin gut an. Sie sind dafür zuständig, dass wir zu Höchstleistungen imstande sind, wenn wir unter Druck stehen. Darauf werden wir später noch näher eingehen. Für unser psychisches Gleichgewicht ist es wichtig, dass wir für eine gesunde Balance unserer verschiedenen Glückshormone sorgen und darauf achten, dass wir unser Glücksgefühl beispielsweise nicht allein von Dopamin abhängig machen. Das ebenfalls als »Glückshormon« bezeichnete Serotonin zum Beispiel ist eher für Gefühle von Zufriedenheit und Ausgeglichenheit zuständig. Es wird ausgeschüttet, wenn wir uns etwas Gutes tun. Dinge, die uns zur Ruhe kommen lassen, die Genuss versprechen und uns Regenerationsphasen verschaffen. Beim Meditieren wird beispielsweise Serotonin ausgeschüttet oder wenn man in der Sonne liegt, jedoch auch wenn man sich aktiv erholt, wie zum Beispiel beim Sport. Weitere Glückshormone sind Oxytocin, das Bindungshormon, das durch das Pflegen enger Bindungen oder Körperkontakt zu anderen Menschen aktiviert wird oder Endorphine, welche unter anderem beim Lachen oder bei Ausdauersport ausgeschüttet werden.

Schreib-Aufgabe:

Überleg dir, welche Tätigkeiten bei dir Glücksgefühle hervorrufen. Und dann überlege, ob hier ein gutes Gleichgewicht herrscht und ob du merkst, dass gewisse Dinge eine Art Suchtpotential erzeugen. Du musst dafür nicht wissen, durch welche Glückshormone deine angenehmen Gefühle ausgelöst werden. Wichtig für dich ist einzig die Frage, ob du von den verschiedenen Arten Gebrauch machst, wie Menschen Glück empfinden können, oder ob es sehr einseitig ist, auf welche Art du für Glücksgefühle sorgst.

Die Zeit ist neben der Gesundheit unser wertvollstes Gut, denn ohne Zeit können wir gar nichts. Dann nützen uns unser gesamter Besitz, unser Wissen, unsere Ressourcen nichts, denn wir können nichts damit anfangen. Wir brauchen Zeit, um etwas erschaffen zu können, Zeit, unser Leben zu gestalten und Zeit, um genießen zu können. Dies wird uns vor allem dann bewusst, wenn wir mit dem Tod konfrontiert werden. Sei es, mit unserem eigenen Tod, beispielsweise durch die Diagnose einer lebensbedrohlichen Krankheit oder einem Unfall, oder mit dem Tod eines nahestehenden Menschen. In diesen Momenten beginnen wir zu überlegen, ob wir in unserem Leben wirklich das tun und getan haben, was zählt. Aus diesem Grund waren im Barock-Zeitalter Gemälde beliebt, welche die Menschen an ihre Vergänglichkeit erinnerten. So wurden zum Beispiel Totenköpfe gemalt oder welkende Blumen. In der heutigen Kultur hat dies nicht mehr viel

Platz, das Thema Tod wird in Gesprächen möglichst umgangen, der Friedhof befindet sich etwas außerhalb der Wohngegend und man besucht diesen an bestimmten Tagen, kommt dann aber zurück ins Alltagsleben, in dem man kaum je mit dem Thema konfrontiert ist. In anderen Kulturen herrscht ein ganz anderer Umgang mit dem Tod. In Mexiko feiert man zum Beispiel den »día de los muertos« (Deutsch: »der Tag der Toten«) oder in Madagaskar die »Famadihana«, bei der die Ahnen aus den Gräbern geholt, neu eingekleidet und mit ihnen ein Fest gefeiert wird. Der Vorteil, den Gesellschaften haben, in welchen der Tod seinen Platz im Alltag hat und nicht verdrängt wird, ist, dass damit auch die Dankbarkeit steigt für jeden zufrieden und gesund verbrachten Tag im Leben. Wir bekommen jeden Tag vierundzwanzig Stunden einfach geschenkt und weil uns das nichts kostet und wir es nicht anders kennen, sehen wir es als selbstverständlich an, anstatt uns darüber zu freuen! Wenn wir nun nochmals die Redewendung »Zeit ist Geld« heranziehen, jedoch mit dem Fokus darauf, dass die Zeit unser wertvollstes Gut ist, dann sind wir eigentlich alle sehr reich! Und das Gute an der Zeit im Vergleich zum Geld ist, dass wir sie nicht ansammeln bzw. horten können. Wir müssen die Zeit in dem Moment nutzen, in dem sie uns zur freien Verfügung steht. Das ist eine Einladung, jeden Moment bestmöglich für unser eigenes Glück und das Glück unserer Mitmenschen zu nutzen! Aber wir haben Systeme gefunden, das zu umgehen und versuchen trotzdem »Zeit anzuhäufen«, zum Beispiel indem wir Überstunden machen, die wir später wieder in Freizeit umtauschen wollen und indem wir uns sagen: »Wenn ich das jetzt noch erledige, dann habe ich dafür Morgen einen freien Tag.« Natürlich ist nichts gegen gelegentliche Überstunden oder ein sofortiges Erledigen gewisser Aufgaben einzuwenden. Das Problem entsteht erst dann, wenn wir am nächsten Tag, der ein »freier

Tag« sein sollte, dasselbe tun und wieder denken, wir könnten etwas erledigen, damit wir dann ein anderes Mal frei haben. Oder wenn wir so viele Überstunden ansammeln, dass wir diese gar nie abbauen können, so wie wir das ursprünglich geplant hatten und wir uns diese einmal mehr auszahlen lassen.

In ihrem Buch schreibt die Palliativ-Pflegerin Bonnie Ware darüber, was Sterbende am meisten bedauern. Viele wünschten sich, sie hätten ihr eigenes Leben intensiver gelebt, anstatt sich an Normen und Erwartungen anderer zu orientieren. Ebenfalls häufig bedauerten die Sterbenden, dass sie so viel gearbeitet hätten bzw. dass sie nicht mehr Zeit in Freundschaften investiert hätten. Oft habe Ware erlebt, dass Sterbende Trauer darüber empfunden hätten, dass sie während ihres Lebens nicht den Mut gehabt hätten, ihre wahren Gefühle zu zeigen, aus Angst jemanden zu verletzen oder Konflikte zu erzeugen. Und schließlich würden viele Menschen erst beim Sterben realisieren, dass sie eigentlich die ganze Zeit die Wahl gehabt hätten, ob sie glücklich oder unglücklich sein wollten, sich das Glücklichsein jedoch oft nicht erlaubt und stattdessen alte Muster und Gewohnheiten aufrechterhalten hätten. Ware berichtet, dass die Erkenntnisse der Arbeit mit Sterbenden einen großen Einfluss darauf haben, wie sie ihr eigenes Leben lebt. Auch Menschen, welche einen schweren Unfall hatten oder schwer krank waren, beginnen oft, ihr Leben bewusster zu leben, sich mehr um andere zu kümmern, mehr in das Erreichen ihrer Träume zu investieren und mutig neue Wege zu gehen, auch wenn diese vielleicht den Erwartungen anderer widersprechen. Sie wurden mit ihrem eigenen Tod konfrontiert und haben dadurch den Wert des Lebens auf einer emotionalen Ebene noch einmal ganz anders verstanden.

Schreib-Aufgabe:

Stell dir vor, dass heute deine Beerdigung wäre und du dazu deine eigene Begräbnisrede schreiben darfst. Was schreibst du über dich und dein Leben? Und wenn du damit fertig bist: Bist du zufrieden mit dem, was du aus deinem Leben gemacht hast? Gäbe es Dinge, die du bereuen würdest, wenn du jetzt sterben würdest? Hast du deine Zeit für die Dinge genutzt, die dir wirklich wichtig sind?

Nutze diesen Moment, um dir ernsthaft darüber Gedanken zu machen, ob du in deinem Leben das tust, was du dir für dich wünschst. Denn, wenn du jetzt nicht über diese Frage nachdenkst, könnte es sein, dass du dies erst dann machst, wenn dir nicht mehr viel Zeit bleibt, etwas zu ändern! Wenn wir in etwas investieren, was uns am Herzen liegt, dann sorgen wir dafür, dass etwas wächst. Es wächst die Freude in uns und in anderen. Oder unser Projekt wächst heran. Und – ohne dass wir uns darauf konzentrieren müssen – wenn wir in die richtigen Sachen investieren, dann werden wir davon auch regelmäßig Profite haben, ganz egal in welcher Form diese uns dann erreichen.

Je mehr wir rennen, desto mehr verrennen wir uns

Wenn wir unter Strom stehen, dann haben wir keine Zeit, uns zu überlegen, ob wir im Einklang mit unseren Werten handeln und ob unser Handeln uns unseren höheren Zielen näherbringt. Wir müssen schnell entscheiden und schnell handeln. Stresshormone wie Adrenalin und Cortisol, welche ursprünglich dazu da waren, dass wir in gefährlichen Situationen, wie bei Angriffen durch wilde Tiere, sofort handlungsfähig sind, sorgen dafür, dass uns dies gelingt. Dieser energetische Zustand, in dem wir bereit sind, sofort anzupacken, fühlt sich teilweise sehr gut an für uns. Das Problem dabei ist, dass dieser Zustand eigentlich für Notfallsituationen in uns angelegt ist und nicht als Dauerzustand. Wir erschöpfen langfristig unsere körperlichen und geistigen Ressourcen und beuten uns so quasi selbst aus, wenn wir es damit übertreiben. Problematisch dabei ist weiter, dass es in dem Zustand, in dem wir unter Stresshormonen stehen, evolutionspsychologisch darum geht, unser Überleben zu sichern. Wir fokussieren uns auf die unmittelbaren Hindernisse in der Umgebung. Es geht dabei also nicht darum, unsere Träume zu leben und uns ein Leben nach unseren Vorstellungen zu erschaffen, sondern wir sind im Problembeseitigungsmodus. Und wie der Psychotherapeut und Begründer der Hypnotherapie Milton Erikson einmal sagte: »Unsere Energie fließt dorthin, wo wir unsere Aufmerksamkeit hinlenken.« Wenn ich meine Aufmerksamkeit aufs Problemlösen lenke, dann werde ich meine gesamte Energie ins Problemlösen investieren. Und wenn ich das jeden Tag so mache, werde ich jeden Tag mit Problemlösen beschäftigt sein. Und weil uns in unserer Welt die Probleme nie ausgehen, kann ich ein Leben lang meine gesamte Energie in Probleme investieren. Wenn wir unter Stress stehen, haben wir schon das Gefühl, dass wir Ziele verfolgen und natürlich auch erreichen. Aber es handelt sich in der Regel um Vermeidungsziele. Wir möchten beispielsweise nicht mehr so viel arbeiten, deshalb haben wir das Ziel, einen besser bezahlten Job zu finden, so dass wir Teilzeit arbeiten können. Oder wir möchten nicht mehr so viele Pfunde mit uns herumschleppen, deshalb gehen wir ins Fitnessstudio. Da geht es am Schluss immer darum, dass wir etwas *nicht* möchten. Und es wird in unserem Leben immer irgendwelche Dinge geben, die uns gerade nicht gefallen und die wir lieber nicht (mehr) haben möchten. Wenn wir uns ständig mit diesen aufhalten, dann fließt unsere Energie in alle verschiedenen Richtungen und wir sind überall mit Schadensbekämpfung oder Schadensminimierung beschäftigt, aber nicht damit, wirklich unseren Weg zu verfolgen. In der Weisheitslehre des Taoismus steht das Wort »Tao« für den »Weg«. Wir finden diesen, wenn wir uns in unserer Mitte, unserer inneren Ruhe, der Stille befinden und der Weg entsteht aus dieser Ruhe heraus. Man kann dies mit einem Pendel vergleichen, das in der Mitte stillsteht. Dort sind wir im Gleichgewicht und gleichzeitig in unserer Kraft. Wenn das Pendel jedoch auf die Seiten ausschlägt, dann verpufft die Energie einmal auf der einen, dann auf der anderen Seite und sie steht uns nicht zur Verfügung, um unseren Weg zu gehen. Wir rennen so schnell, dass wir gar nicht sehen, wohin wir genau rennen, und kommen ständig links und rechts vom Weg ab, müssen uns neu orientieren, suchen wieder nach dem Weg und laufen dann zu weit auf die andere Seite. Anstatt einen Gang zurückzuschalten und den Weg einfach vor unseren Füßen zu erblicken. Warum also nicht den Fokus mehr auf unseren vorskizzierten Weg legen, darauf, was wir gerne erschaffen möchten? Auf unsere Visionen davon, in welche Richtung wir uns entwickeln möchten? Aber viele von uns haben eine regelrechte Sucht danach entwickelt, ständig unter Strom zu stehen. Da wären wir also wieder bei der Sucht nach den körpereigenen Drogen. Unter Adrenalin zu stehen, gibt uns das Gefühl, wir hätten unser Leben in der Hand und wir würden entschlossen, zielsicher und voller Tatendrang unseren Weg gehen. Doch oftmals, wenn wir umfassend ehrlich zu uns selbst sind und einmal genauer hinschauen, sind wir schon längst von dem Weg abgekommen, der uns längerfristig zu zufriedenen und glücklichen

Menschen macht. Uns fehlt die innere Ruhe. Doch diese Ruhe können wir oft schlecht aushalten, denn da sind wir mit uns selbst konfrontiert. Auch mit dem, was uns nicht so gefällt, was wir am liebsten gar nicht fühlen möchten und der Einsicht, dass wir in unserem bisherigen Leben oft das Ziel aus den Augen verloren haben und vergessen haben, das Leben zu genießen.

Schreib-Aufgabe:

Überlege dir, in welchen Bereichen du in der letzten Zeit unnötig viel Energie verloren hast! Welches sind die Themen, bei denen du einen ewigen Kampf führst, der dich nie einen Schritt weiter führt? Hast du Ideen, wie du diesen ewigen Kampf aufgeben und stattdessen einen Weg einschlagen könntest, der sich leichter anfühlt, bei dem du mehr in deinem Gleichgewicht bleibst und dich weniger verausgabst? Was könnte ein erster Schritt in diese Richtung sein?

Wenn wir von einem zum anderen rennen, dann spüren wir oft uns selbst und unsere Gefühle nicht mehr wirklich. Wir haben Gefühle, aber diese sind dann oberflächlicher Natur, also beispielsweise eine Gereiztheit an der Oberfläche. Wenn wir aber genauer hinschauen würden, dann könnten wir bemerken, dass sich darunter ganz viel Trauer oder Wut versteckt. Oder ein oberflächliches Hochgefühl, welches sich jedoch von echtem Glück unterscheidet, indem es lediglich kurzfristig die unangenehmen Gefühle überdeckt. Und deshalb ist es nie von längerer Dauer, so dass wir immer wieder Nachschub brauchen. In diesem Zustand fühlen wir uns also emotional ein bisschen taub, auch wenn wir das nicht bewusst wahrnehmen. Nennen wir es also Taubheitszustand. In diesem Taubheitszustand fühlt es sich an, als würde das Leben irgendwie an uns vorbeiziehen. Es ist also ziemlich kontraintuitiv: Je mehr wir tun, desto mehr haben wir das Gefühl, das Leben zu verpassen und desto mehr möchten wir noch mehr tun. Denn wir müssen doch schauen, dass wir noch etwas davon abbekommen, bevor es vorbei ist! Je mehr wir uns in diesem Taubheitszustand befinden, desto mehr versuchen wir zu kontrollieren, was passiert. Dies führt dazu, dass wir uns innerlich verkrampfen. Wir wirken dann oft auf unsere Außenwelt hart und verschlossen und befinden uns in einem ständigen Kampf. Wir leisten Widerstand gegen alles, was nicht unseren Vorstellungen davon entspricht wie »es sein sollte«. Dadurch sind wir ständig dabei, an verschiedenen Fronten irgendwelche »Kleinkriege« zu führen. Es mag sein, dass dieser Taubheitszustand in gewissen, eher seltenen Situationen angebracht ist, wenn wir irgendwo funktionieren müssen und keine Zeit da ist, uns unseren tieferen Gefühlen zuzuwenden. Aber längerfristig wird er uns irgendwann unglücklich machen, denn er verhindert es, dass wir das Leben in uns spüren! Kennst du diesen Zustand? Wie viel Zeit deines Lebens verbringst du damit? Vergleichen wir diesen einmal mit dem gegenteiligen Zustand, den wir an dieser Stelle Lebendigkeitszustand nennen, weil man dabei das Leben und die eigene Lebendigkeit spüren kann. Musik kann beispielsweise in dem Zustand oft intensive Emotionen auslösen. Du hast vielleicht das Gefühl, dass die Musik durch dich hindurch fließt und du dich richtiggehend mit der Musik verbindest. Du hast bei Begegnungen mit anderen Menschen das Gefühl, dass du dich auf einer tiefen Ebene mit ihnen verbindest und ihr einander wahrnehmen könnt als das, was ihr seid. Du bist offen für all das, was gerade geschieht, egal ob du es positiv oder negativ bewertest, du nimmst es an und akzeptierst es. Du bist bereit, auch unangenehme Emotionen zu fühlen. In dem Moment, in dem du beispielsweise Tränen zulässt, befindest du dich in diesem Lebendigkeitszustand, denn das Zulassen der Tränen ist ein Loslassen von Kontrolle, ein Geschehen lassen, und ein Aufgeben des ewigen Kontrollieren-Müssens. Du befindest dich in einem Zustand des Vertrauens, des Zulassens, des Annehmens. Es ist ein inneres »Ja« zum Leben und zu allem, was zum Leben dazu gehört. Durch die Offenheit, die du in dem Moment hast, nimmst du in diesem Zustand Chancen wahr, die sich dir bieten. Du zeigst dich dabei auch flexibel, deine Vorstellungen und Pläne etwas anzupassen, wenn du dafür eine tolle Chance wahrnehmen kannst, die sich gerade in dem Augenblick ergibt. Du fühlst dich durch deine Umgebung inspiriert und allem was da passiert. Auch Dinge, die dir sonst langweilig erscheinen, nimmst du in einem anderen Licht wahr. Beispielsweise erfreust du dich an den schönen Blumen oder den farbigen Herbstblättern, welche dir sonst auf deinem Heimweg gar nicht auffallen würden. Oder du fühlst dich inspiriert durch eine weise Aussage eines Freundes. Du fühlst dich verbunden mit dir selbst und anderen Menschen, selbst dann, wenn du beispielsweise traurig über die Abwesenheit oder den Verlust eines Menschen bist (du fühlst in dem Moment den Schmerz und somit die eigentlich vorhandene Verbindung). Du bist kreativ und dabei, etwas zu erschaffen und aufzubauen, statt Probleme zu bekämpfen und dich zu schützen. In der folgenden Tabelle findest du eine Übersicht, wie sich die beiden Zustände voneinander unterscheiden:

Taubheitszustand	**Lebendigkeitszustand**
Nur oberflächlicher Zugang zu unserer Gefühlswelt. Oft vor allem Gefühle wie Gereiztheit. Um positive Gefühle zu erleben und die Leere auszufüllen, suchen wir nach intensiven Reizen, wobei das dadurch ausgelöste, oberflächliche Glücksgefühl nur von kurzer Dauer ist, so dass wir bald erneut danach suchen und dadurch zu suchtartigem Verhalten (z.B. Schokolade, Pornografie etc.) und zu einer Konsum-Haltung neigen. Wir vermeiden gleichzeitig, unsere tieferen Gefühle zu fühlen, welche insbesondere auch Schmerz, Trauer und Ängste beinhalten.	Wir haben Zugang zu unseren tieferen Emotionen, lassen beispielsweise Tränen zu oder fühlen echte Wut, nicht nur oberflächliche Gereiztheit. Glücksgefühle können durch kleine Dinge ausgelöst werden und sind länger anhaltend.
Wir haben das Gefühl, das Leben zieht an uns vorbei.	Wir fühlen das Leben in uns, jeder Tag fühlt sich wie ein kleines Abenteuer an, am Abend haben wir das Gefühl, es ist viel passiert, selbst wenn es ein alltäglicher Tag war ohne außergewöhnliche Veranstaltungen oder Begegnungen.

Wir fühlen uns durch vieles, was geschieht, gelangweilt oder genervt.	Wir fühlen uns durch Dinge, Menschen und Erlebnisse inspiriert. Die Dinge, die wir erleben, lösen bei uns Emotionen aus (sowohl angenehme als auch weniger angenehme).
Inneres NEIN, wir verschließen uns dem Leben, wirken hart, verkrampft und verschlossen. Wir leisten inneren Widerstand gegen Dinge, die passieren.	Inneres JA, wir nehmen das Leben an, wirken weich, entspannt und offen. Wir akzeptieren alles, was geschieht und vertrauen darauf, dass wir einen guten Weg finden, damit umzugehen.
Wir versuchen, alles zu kontrollieren, wollen uns vor allem schützen, was passieren könnte, haben immer schon einen Plan B. Wir sind damit beschäftigt, Probleme abzuwenden, zu lösen, zu minimieren. Das Leben fühlt sich für uns an wie ein Kampf. Unser Fokus ist auf Probleme gerichtet. Wir sind am Rennen, am Erledigen, fühlen uns angetrieben und rastlos. Wir fokussieren uns auf Vermeidungsziele.	Wir vertrauen darauf, dass das Leben es gut mit uns meint. Wir lassen geschehen und geben die Kontrolle ein bisschen ab. Wir akzeptieren das, was ist und zeigen eine Gelassenheit gegenüber den Risiken und Schwierigkeiten, die das Leben mit sich bringt. Unser Fokus ist auf Chancen und Möglichkeiten gerichtet. Wir fokussieren auf Annäherungsziele.

Das Leben fühlt sich ernst, anstrengend und schwer an.	Das Leben fühlt sich leicht und verspielt an. Wir fühlen uns ein bisschen wie ein kleines Kind, das die Welt entdeckt oder wir sehen das Leben und seine Herausforderungen ein bisschen als ein »Spiel«.
Wir haben sehr fixe Vorstellungen und können nicht von diesen abweichen. Unser Denken ist gewissermaßen starr und wir haben keinen Blick für kreative, einfache Lösungen.	Wir sind flexibel, spontan, kreativ. Wir erkennen und packen die Chancen, die sich aus dem Moment heraus ergeben, an.
Wir fühlen uns dem Leben ausgeliefert und haben das Gefühl, uns anstrengen zu müssen, um auch ein bisschen mitbestimmen zu können, in welche Richtung es geht. Manchmal fühlen wir uns viktimisiert z.B. durch äußere Umstände, andere Menschen, Dinge, die uns passieren etc. Dann geben wir anderen oder den äußeren Umständen die Schuld für unser Erleben von Stress.	Wir erschaffen uns unser Leben und gestalten es aktiv nach unseren Vorstellungen. Äußere Umstände sehen wir nie als unüberwindbare Hindernisse auf dem Weg zu unseren Zielen. Wir sehen »Challenges« und Herausforderungen und haben Lust, diese anzupacken und uns diesen zu stellen.

Wir fühlen uns abgekapselt und als Einzelkämpfer, auch wenn wir in ein soziales Netz eingebettet sind und Beziehungen pflegen.	Wir fühlen uns mit uns selbst und mit anderen verbunden.
Wir sind hart und streng mit uns selbst.	Wir haben Mitgefühl mit uns selbst und mit anderen.

Schreib-Aufgabe:

In welchen Situationen befindest du dich typischerweise in einem Taubheitszustand? In welchen Momenten kommst du in den Lebendigkeitszustand? Hast du eine Idee, wie du das selbst beeinflussen kannst? Welche äußeren Faktoren sind dafür mitverantwortlich? Welche Menschen beeinflussen dich in die eine oder in die andere Richtung?

Uns fehlt Ruhe

Vermutlich hat dich nichts in den vorherigen Kapiteln überrascht, sondern eigentlich wusstest du das alles schon. Warum überdenken wir dann unser Verhalten nicht? Warum bleiben wir in dem Hamsterrad unseres Lebens gefangen, obwohl wir eigentlich wissen, dass es das nicht sein kann? Die Antwort darauf, so ironisch das klingen mag: Uns fehlt die Zeit, uns darüber vertiefte Gedanken zu machen. Hier ein Vorschlag: Nimm dir einmal einen Tag Zeit. Falls du dich nicht dazu aufraffen kannst, dann zumindest einen halben Tag. Begib dich an einen ruhigen schönen Ort, an dem du wenig Ablenkung hast. Und setze dich mit den Fragen auseinander, welche in diesem Buch aufgeworfen werden. Nimm das in der Einleitung erwähnte leere oder unterdessen nicht mehr so leere Buch mit. Lass dein Mobiltelefon, dein Tablet und deinen Laptop zuhause. Schreib dir eventuell im Voraus die Fragen auf, mit denen du dich auseinandersetzen möchtest und dann suche die Ruhe und lass dein Herz zu dir sprechen. Solche Momente der Ruhe sind in unserem Leben selten geworden. Vielleicht gönnen wir uns einmal einen Wellness-Aufenthalt. Aber selbst dann gehen wir mit einer Freundin oder unserem Partner hin und die Gespräche mögen bereichernd sein, sorgen aber dafür, dass wir selbst in dem Moment nicht unserer inneren Stimme zuhören. Der inneren Stimme unseres wahren Selbst, die schon so lange darauf wartet, dass sie endlich gehört wird. Wir haben verlernt, diese zu hören, denn sie wird oft von vielen anderen Stimmen, die viel lauter schreien, übertönt. Die Stimmen zum Beispiel, die schreien, was wir alles tun sollten. Doch dabei handelt es sich oft um die Stimmen anderer Personen, welche sich quasi als unsere eigenen tarnen. Aber eigentlich haben sie ihren Ursprung irgendwo anders: Wir haben von anderen gelernt, dass man etwas tun »muss«, und somit reden wir uns das nun selbst ein. Viele unserer lautesten inneren Stimmen sagen das, was uns beispielsweise unsere Eltern in der Kindheit beigebracht haben. Oder sie sind beeinflusst durch das, was wir in unserem sozialen Umfeld und im Fernsehen tagtäglich darüber sehen, wie sich Menschen verhalten. Wir haben davon automatisch abgeleitet, wie auch wir uns verhalten sollten. Oder es handelt sich um Stimmen, welche ursprünglich unsere eigenen waren, sich jedoch verselbstständigt haben. Zum Beispiel, wenn wir uns ein Ziel gesetzt haben, was uns wirklich wichtig ist. Plötzlich beginnen wir, uns unnötig anzutreiben, dieses Ziel unbedingt so schnell wie möglich zu erreichen und missachten dabei zunehmend unsere eigenen Grenzen und Bedürfnisse. Oder es handelt sich um veraltete »Verhaltensregeln«. Wenn man zum Beispiel mit einer depressiven Mutter aufgewachsen ist, dann mag es in der Kindheit oft eine adaptive Strategie dargestellt haben, nicht mitzuteilen, wenn man sich in seinen Bedürfnissen übergangen fühlt. Denn wenn die Mutter hören würde, dass sie aufgrund ihrer Erkrankung die Bedürfnisse ihres Kindes übergeht, dann würde das vielleicht dazu beitragen, dass sie noch depressiver wird. Wenn diese »Verhaltensregel« jedoch unbewusst beibehalten wird und jedes Mal, wenn man sich übergangen fühlt, eine leise Stimme sagt: »Du kannst die Person jetzt nicht damit belasten, indem du dich beklagst«, dann ist das zum aktuellen Zeitpunkt nicht mehr hilfreich. Die inneren Stimmen unterscheiden zu lernen, braucht einiges an Übung und es gelingt uns nur, wenn wir uns in Ruhe dafür Zeit nehmen. Wer sich noch intensiver mit seinem Innenleben auseinandersetzen und den verschiedenen Stimmen einmal über längere Zeit zuhören möchte, kann sich zum Beispiel für Schweige-Retreats oder Ähnliches anmelden. Grundsätzlich können wir solche jedoch auch für uns allein organisieren. Die geleiteten Veranstaltungen sind hauptsächlich für Menschen hilfreich, die wissen, dass sie es zwar sinnvoll fänden, es allein jedoch nicht tun würden, weil am Schluss doch wieder alles andere wichtiger erscheint. Wir können in unserem Alltag Momente der Ruhe und Besinnung einbauen. Je mehr wir das machen, desto mehr kommen wir bei uns selbst an. Wir kommen zur Ruhe und hören dann auch unsere wahre innere Stimme, welche uns Orientierung geben kann, im Alltag nicht aus dem Blick zu verlieren, was wirklich zählt. Der buddhistische Meister Tulku Lobsang sagt dazu, dass wir jedes Aufwachen am Morgen als eine Art der Geburt sehen sollen und jedes Einschlafen am Abend als eine Art des

Sterbens. Wir sollen nicht unser Leben ändern, sondern den heutigen Tag. Und um den Tag in einem Zustand der inneren Ruhe zu verbringen, empfiehlt er, gleich am Morgen nach dem Aufwachen zwei, drei Minuten in die Ruhe zu gehen. Nicht gleich das Gedankenkarussell zu starten und hektisch die ersten Erledigungen anzupacken. Probiere es aus! Es sind zwei Minuten täglich, doch sie können dazu führen, dass sie dir im Gegenzug viel mehr Zeit schenken! Zeit, in der du einen klaren Kopf hast und einen ruhigen Geist und somit das Leben lebst, anstatt es an dir vorbeiziehen zu lassen wie einen Schnellzug. Auch das Bild des täglichen geboren Werdens und Sterbens kann uns helfen, indem wir dadurch jeden Tag an die Vergänglichkeit erinnert werden und daran, bewusst unseren Fokus auf gewisse Dinge hin und von anderen wegzulenken.

Ein Gefühl innerer Ruhe zu erlangen oder wiederzuerlangen, kann für einige von uns einen längeren Prozess darstellen, je nachdem wie lange und wie ausgeprägt wir mit einem Gefühl der inneren Unruhe gelebt haben und je nachdem wie gut wir das Gefühl innerer Ruhe kennen und somit auf dieses bekannte Gefühl zurückgreifen können. Wenn dir das leichtfällt, kannst du dich glücklich schätzen! Andere machen jedoch öfters die Erfahrung, dass sie versuchen, zur Ruhe zu kommen, sie dadurch aber ihre innere Unruhe noch mehr spüren. Wir werden darauf im dritten Teil des Buches vertiefter eingehen. Um es aber schon einmal vorauszuschicken: Diese innere Unruhe ist nichts Schlimmes und nichts, was du bekämpfen musst! Es wird eventuell seine Zeit brauchen, bis sie sich mehr und mehr verabschiedet und es kann sein, dass du sie immer mal wieder spürst. Aber du kannst einen bewussteren Umgang damit und dadurch Stück für Stück mehr Zugang zu dem Zustand innerer Ruhe erlernen. Sei auf jeden Fall geduldig und verständnisvoll mit dir! Erwarte nicht, dass sich die Situation von heute auf morgen ändern lässt, aber sei zuversichtlich, dass du etwas verändern kannst, wenn du das möchtest und dranbleibst!

Mini-Meditation:

Nimm dir ein paar Minuten Zeit und setz dich an einen bequemen Platz. Schließe deine Augen. Wende deine Aufmerksamkeit deinem Herzen zu. Vielleicht magst du dazu eine Hand aufs Herz legen. Stell dir vor, dass du in dein Herz einatmest, und fühle die Verbindung zu dir selbst, die du aufnehmen kannst, wenn du dich mit deinem Herz verbindest. Wie fühlt sich dein Herz gerade an? Ist es offen oder verschlossen? Pocht es ganz aufgeregt oder ist es ganz ruhig? Ist da gerade Freude, Angst, Schmerz oder Liebe? Vielleicht möchte dein Herz dir etwas sagen? Vielleicht spricht es in Form von Emotionen oder Bildern mit dir? Gib dir einfach ein paar Momente Zeit, bei dir selbst und bei deinem Innersten anzukommen!

Wir wollen alles, und zwar sofort

Du kannst alles haben, was du willst, wird uns von allen Seiten suggeriert. Jeder, der dir irgendetwas verkaufen möchte, spielt damit und weiß, dass sich mit solchen Verlockungen viele potenzielle Kunden generieren lassen. Und wir bewundern Menschen, die alles haben – eine eigene Firma, ein wunderschönes Haus, ein tolles Auto, den perfekten Look, den Traumpartner, zwei süße Kinder, und natürlich machen sie Ferien an Traumdestinationen und essen in Sternerestaurants. Und natürlich sind sie auch bei

Wohltätigkeitsveranstaltungen dabei, besuchen mehrmals jährlich teure Weiterbildungen, engagieren sich für den Umweltschutz, schmeißen fulminante Partys, zu denen wichtige Leute eingeladen sind und trainieren jeden zweiten Tag mit ihrem Personal Coach. Dabei entgeht uns oft, dass diese Menschen wahrscheinlich aufgrund ihrer vielen Termine ihre eigenen Kinder am Abend erst sehen, wenn diese schon schlafen. Und dass sie möglicherweise in ihrer Firma oft unter Zeitdruck Entscheidungen mit weitreichenden Konsequenzen treffen müssen, was sie psychisch belastet. Dass sie sich womöglich bei ihren Partys nicht entspannen können, sondern ständig darauf achten müssen, welchen Eindruck sie bei den Gästen hinterlassen. Und wer weiß schon, ob der Ehepartner hinter ihrem Rücken nicht längst eine Affäre führt, weil er sich vernachlässigt fühlt? Vermutlich gibt es in dem großen Haus mit Garten ständig irgendetwas, um das man sich kümmern muss.

Ja, in unserer Gesellschaft ist es wirklich möglich, sehr viel zu erreichen und zu besitzen, aber die Frage ist immer, welchen Preis man dafür bezahlt. Denn es wird zwangsläufig auf Kosten von etwas anderem gehen. Dies insbesondere dann, wenn man viele Ziele gleichzeitig verfolgt und nicht wartet, bis ein Ziel erreicht ist und sich die Lebenssituation neu arrangiert hat, bevor man das nächste Projekt startet.

Das Gefühl, alles erreichen zu können, was wir uns erträumen, beflügelt uns und Etappensiege führen dazu, dass wir weiter auf der Welle des Erfolgs reiten möchten. Insbesondere in dem Moment, in dem vieles in Bewegung kommt und wir bemerken, dass wir es tatsächlich in der Hand haben, unser Leben zu gestalten und unsere Träume zu leben. Das ist ein tolles Gefühl, das wir auskosten sollten, wann immer sich die Gelegenheit bietet. Und ja, wir können diesen Schwung tatsächlich nutzen, um weitere

Veränderungen anzustoßen, denn in dem Moment, in dem wir uns beflügelt fühlen, können wir leicht Veränderungen in Gang setzen. Dabei passiert es vielen von uns, dass wir zu viele Dinge auf einmal anstoßen, anstatt die Energie bewusst in ganz wenige Dinge zu stecken und andere Zukunftspläne und Träume, welche auch verlockend erscheinen, hintenan zu stellen. So beginnen wir mit einem wunderbaren Energieschub und Hochgefühl und enden damit, dass wir uns völlig verzetteln und nicht mehr wissen, wo uns der Kopf steht. Denn all die angestoßenen Projekte und Veränderungen beanspruchen unsere gesamte Zeit und Aufmerksamkeit. In dem Moment beginnen wir, den Überblick und das eigentliche Ziel aus den Augen zu verlieren. Das eigentliche Ziel war doch, uns voller Freude das Leben zu erschaffen, von dem wir geträumt haben! Und nicht, ständig hin und her zu rennen und die vielen Gedanken im Kopf kaum mehr ordnen zu können!

Mini-Meditation:

Suche dir einen geeigneten Platz und schließe die Augen. Lass vor deinem inneren Auge Bilder (und dazu die passenden Gefühle) entstehen, wie dein Leben aussieht und sich anfühlt, wenn du in einem Zustand der Ruhe und Gelassenheit, aber trotzdem voller Energie die Verwirklichung deiner Lebensziele angehst.

Die Informationsflut überflutet uns

Überleg dir, wie viele neue Informationen du jeden Tag erhältst und dies über wie viele unterschiedliche Kanäle! Das ist eine

Unmenge an Informationen! Das alles gelangt in unser Gehirn und unser Gehirn muss daraufhin Ordnung schaffen. All die Informationen am richtigen Ort ablegen, neue Informationen mit bereits vorhandenen abgleichen, bei Widersprüchen ein Alarmzeichen geben, dass hier etwas nicht stimmt und dem eventuell weiter nachgegangen werden sollte usw. Wir halten also unseren Kopf ständig beschäftigt dadurch, dass wir ihn die ganze Zeit mit Informationen füttern. Zu den Informationen hinzu kommen die Sinneseindrücke, welche ebenfalls verarbeitet und gespeichert werden müssen. Wenn wir uns dem täglich hingeben, ist es oft so, dass wir, wenn wir uns dann einmal für eine gewisse Zeit in eine reizarme Umgebung begeben wie zum Beispiel in die Natur oder wenn wir uns allein in einem Zimmer aufhalten ohne Fernseher, Handy usw., noch vieles nachzuverdauen haben. Unser Kopf ist nicht ganz nachgekommen mit der ganzen Arbeit und so tauchen verschiedene Gedankenfetzen oder Erinnerungen auf, welche noch verarbeitet werden müssen. Somit haben wir auch da kaum Ruhe. Das Problem mit den vielen Informationen ist auch, dass viele für uns einen Aufforderungscharakter haben. Wir haben im Fernseher einen Bericht darüber gesehen, dass Raumsprays gesundheitsschädigende Chemikalien enthalten. Wir möchten nicht unsere Gesundheit schädigen, also werden wir eine Diskussion mit der Tochter führen, die diese Sprays liebt und werden uns im Kaufhaus zu natürlichen Alternativen beraten lassen. Wir haben einen Artikel darüber gelesen, dass ein Mensch bis zu zweihundert Mal pro Tag lügt, und dass dabei jedes Mal sein Stresspegel ansteige. Um dies zu ändern, möchten wir in Zukunft die Wahrheit sagen, auch wenn es manchmal unangenehm ist. Damit wird unser Kopf ziemlich absorbiert sein die nächste Zeit, wenn wir dies wirklich konsequent umsetzen wollen. Eine Freundin hat erzählt, dass sie unseren Partner mit jemand anderem in der Stadt gesehen hat. Jetzt müssen wir darüber nachdenken, ob wir ihn damit konfrontieren möchten oder nicht, wenn ja auf welche Art und Weise, wenn nein, können wir die Sache einfach zur Seite legen oder was tun wir, wenn es uns immer wieder beschäftigt? Wir haben auf Facebook ein Kochrezept gesehen, das so toll aussieht, dass wir es unbedingt ausprobieren möchten. Dieses enthält jedoch eine Zutat, die man nicht in jedem Supermarkt erhält. Also wäre der nächste Schritt eine Internetrecherche, wo diese Zutat erhältlich ist und in der Folge ein Besuch eines Spezialitätenladens oder eines Internetversands. Du hast eine Werbung gesehen über einen neuartigen Staubsauger. Die klang echt überzeugend. Also kurz Testberichte im Internet dazu lesen und dann den Partner fragen, was er dazu meint. Ein Freund hat von einem Workshop erzählt, welcher sehr interessant klingt. Also anmelden und in die sowieso schon volle Agenda irgendwie reinquetschen. So läuft das den ganzen Tag. Auch die Informationen, bei denen wir uns entscheiden, Dinge nicht zu befolgen, zu beherzigen oder zu kaufen, beanspruchen unsere Zeit und Aufmerksamkeit, denn wir müssen innerlich Vor- und Nachteile abwägen, um daraufhin zu diesem Entschluss zu kommen.

Wenn nun unser Kopf ständig beschäftigt ist, die Informationsflut zu bewältigen, dann bleibt am Ende keine Zeit, über die wichtigen Fragen des Lebens nachzudenken: Bin ich glücklich? Was brauche ich, um mich glücklich zu fühlen? Fehlt etwas in meinem Leben? Bin ich auf Kurs? Gibt es wichtige Dinge, die ich vernachlässige? Sind die Ziele, die ich verfolge, wirklich die Ziele, die mit meinen Werten im Einklang stehen? Solche Fragen rücken in den Hintergrund, denn diese benötigen Zeit und Ruhe, einen freien Kopf und etwas Abstand vom aktuellen Geschehen. Und wann haben wir das schon? Hinzu kommt, dass wir, je mehr

Informationen wir von außen erhalten, unsere innere Stimme oder Intuition immer schlechter hören können. Andere haben uns die Welt erklärt und wir haben diese Informationen abgespeichert, also begeben wir uns nicht auf die Suche nach unserer eigenen Wahrheit. Die Ernährungsberaterin hat uns gesagt, dass Linsen gesund sind. Dementsprechend essen wir regelmäßig Linsen und kommen gar nicht auf die Idee, dass unser Körper diese vielleicht nicht so gut verträgt wie das bei anderen Menschen der Fall ist und die häufigen Bauchschmerzen darauf zurückgeführt werden könnten. Oder eine Studie hat gezeigt, dass die beste Schlafposition die Rückenlage ist. Vielleicht hat dein Körper aber einen guten Grund dafür, die Seitenlage zu präferieren und du tust dir nichts Gutes, wenn du dich umgewöhnst.

Die Vielzahl von Informationen und Möglichkeiten, die uns in unserer Zeit zur Verfügung stehen, sind ein Fluch und ein Segen zugleich. Wir müssen einen Umgang damit lernen und dafür sorgen, dass wir uns von der Flut der Informationen nicht überfluten lassen!

Schreib-Aufgabe:

Überlege dir, ob du der Informationsflut gesunde Grenzen setzt. Wo und wann lässt du dich eventuell unnötig überfluten? Welche Möglichkeiten gäbe es, dir Auszeiten davon zu nehmen?

Die unzähligen Möglichkeiten und Informationen, die uns zur Verfügung stehen, können auch unsere Kreativität behindern. Würde man uns unsere ganzen unnötigen Besitztümer und all die Informationsquellen wie Fernsehen, Zeitungen und Social Media eine Zeitlang entziehen, dann würden uns ganz viele eigene Ideen kommen, wie wir mit wenig Dingen etwas erschaffen können. Das ist ein belebendes Gefühl und ein schönes Erfolgserlebnis, wenn das Resultat der eigenen Fantasie entsprungen und selbstständig erschaffen wurde. Mit weniger Informationen und Meinungen von außen kommen automatisch unsere inneren Wünsche mehr zum Ausdruck und wir wenden uns dem zu, was uns am meisten Freude bereitet und weniger dem, was gerade im Trend ist. Automatisch sind wir dann dankbarer für das, was uns einfach im Leben geschenkt ist: Die Natur, die Sonne, das Wunderwerk, das unser Körper darstellt, die Zeit, die uns zur Verfügung steht, Freunde und Familie. Du kannst in deinem Alltag solche Erfahrungen einbauen, indem du zum Beispiel Zeiten einlegst, in welchen du auf alle Informationsmedien verzichtest oder indem du einmal eine Zeitlang auf Shopping verzichtest. Dann musst du automatisch auf das zurückgreifen, was du hast oder was du weißt, entdeckst das neu, gönnst deinem Kopf eine Pause von der Informationsflut und Kaufentscheidungen und regst deine Kreativität an. Wenn du zum Beispiel ein Jahr lang keine neuen Kleider kaufst, dann entdeckst du plötzlich Teile in deinem Schrank, die du ganz vergessen hattest oder kommst auf die Idee, dass du den Knopf von der Hose selbst annähen könntest, anstatt dir eine neue Hose zu kaufen. Wenn du einen Tag auf Handy und Internet verzichtest, dann kannst du nicht mal kurz Google fragen, wie du die Zutat ersetzen könntest, die du vergessen hast für ein Gericht einzukaufen. Dadurch kreierst du vielleicht am Ende dein eigenes Gericht, welches durch das Rezept inspiriert war, aber am Ende ganz anders daherkommt. Oder wenn du einmal einen Monat keine Events buchst und keine Veranstaltungen besuchst, dann wendest du dich vielleicht einem lang vergessenen Hobby zu oder baust mit deinen Kindern im Wohnzimmer Hütten aus Stühlen, Tischen und

Decken. Und möglicherweise werden deine Kinder noch in zwei Jahren davon sprechen, wie toll das war.

Unser Bedürfnis, immer alles kontrollieren zu müssen

Unser Verstand versucht ständig, die Kontrolle über alles in unserem Leben zu behalten, alles zu durchdenken, jedes Risiko vorherzusehen und für alle Eventualitäten bereits gewappnet zu sein. So halten wir uns die ganze Zeit beschäftigt. Natürlich ist es toll, wenn wir auf die Situationen vorbereitet sind, die uns im Leben erwarten. Wir haben dann zum Beispiel den Regenschirm dabei, weil wir zuvor den Wetterbericht angesehen haben. Oder wir haben etwas zu essen mitgenommen, weil wir uns vorher darüber informiert haben, ob es bei unserem Ausflugsziel ein Restaurant gibt und wir herausgefunden haben, dass sich dort nur ein Fastfood-Laden befindet. Mal abgesehen davon, dass es sich vielleicht gut angefühlt hätte, den erfrischenden Sommerregen auf der Haut zu spüren oder wir herausgefunden hätten, dass der Fastfood-Laden neuerdings auch Salate anbietet, hindert uns unser ständig arbeitender Verstand aber oft daran, den Moment zu genießen. Er ist ständig dabei, vorauszuplanen, Risiken abzuschätzen und sich Alternativen auszudenken, mit welchen wir ein Risiko umgehen könnten. Wenn wir uns oder einem anderen Menschen unsere Zeit schenken, dann wäre es doch schön, wenn unser Verstand zwischenzeitlich etwas zur Ruhe kommen würde. Natürlich ist der Geistesblitz, was wir unbedingt heute noch einkaufen müssen, gelegentlich willkommen, auch wenn wir uns gerade mit einer Freundin zum Kuchenessen verabredet haben. Wenn aber unsere Gedanken während des Gesprächs ständig zur

Einkaufliste wandern, dann schenken wir weder der Freundin noch dem Kuchen noch der Einkaufliste die volle Aufmerksamkeit. Dies wirkt sich nicht nur auf die Qualität des Gespräches, und der Einkaufsliste aus, sondern es führt auch dazu, dass wir uns nicht entspannen und das Gespräch mit der Freundin nicht vollständig genießen. Auch vom Kuchen werden wir nur wenig mitbekommen, weil wir dem Geschmackerlebnis, das er uns bieten könnte, gar nicht so viel Beachtung schenken. Multitasking hat in unserer Gesellschaft, in der alles immer schnell gehen soll, und in der hoch angesehen ist, wer alles unter einen Hut bringt, einen guten Ruf. Oft wird jedoch unreflektiert ausgeblendet, welchen Preis wir dafür bezahlen. Möchtest du das wirklich: Möchtest du um jeden Preis ständig effizient sein, als Macher bzw. Powerfrau gelten, zahlreiche Projekte parallel am Laufen haben, mit denen du andere beeindrucken kannst und dafür ständig unter Strom stehen und rückblickend das Gefühl haben, das eigentliche Leben verpasst zu haben? Oder möchtest du lieber die Person sein, die sich Zeit nimmt, ein liebevolles Geburtstagsgeschenk für ihren Bruder selbst zu basteln, die für sich alleine ihr Lieblingsgericht kocht, die am letzten warmen Sommertag den Nachmittag frei nimmt, um mit den Kindern im Park ein Eis zu essen und beim Brunnen zu plantschen, die mit der Nichte spazieren geht und dabei die Eidechsen am Wegrand bestaunt und die während der Zugfahrt mit ihrem Partner lustige Wortspiele spielt? Die dann aber dafür mal eine unaufgeräumte Wohnung hat, obwohl Besuch kommt. Oder nicht im Mittelpunkt steht bei dem Treffen unter Freunden, bei welchem alle auftrumpfen mit den hundert Sachen, die sie gleichzeitig bewältigen und dabei bewundernde Blicke der anderen ernten. Oder bei der zufälligen Begegnung mit dem attraktiven Nachbarn nicht das perfekte Outfit trägt, bei dem alles optimal aufeinander abgestimmt ist.

Oder einmal eine Deadline nicht einhalten kann bei der Arbeit. Einen Gang herunterzuschalten, geht natürlich mit Abstrichen einher, an der einen oder anderen Stelle! Aber du kannst dir überlegen, in welchen Bereichen du bereit bist, diese hinzunehmen. Und längerfristig wird es nicht so sein, dass du das Gefühl hast, diesbezüglich »Opfer zu erbringen«, falls du am richtigen Punkt ansetzt. Sollte es sich so anfühlen, als würdest du etwas opfern müssen, dann lass es bleiben! Vielleicht steht das eben erst zu einem späteren Zeitpunkt an oder vielleicht auch gar nicht. Auf dem richtigen Weg bist du dann, wenn du anfängst, dein neues, ruhigeres Leben so richtig zu genießen und auszukosten! Wenn du merkst, dass du dich jetzt auf die Dinge konzentrierst, welche im Moment gerade wichtig sind und du dir für diese wirklich genügend Zeit schenkst!

Sparsamkeit ist die Lieblingsregel aller halblebendigen Menschen

»Sparsamkeit ist die Lieblingsregel aller halblebendigen Menschen.« Das Zitat von Henry Ford bringt auf den Punkt, dass falsch gelebte Sparsamkeit eines der größten Hindernisse sein kann, das wir uns selbst auferlegen. Dann nämlich, wenn wir das Leben auf später verschieben. Wenn wir denken, wir müssten zunächst genügend Geld haben uns gewisse Dinge leisten zu können, bevor das Leben besser sein wird und wir es genießen können. Dann, wenn wir dafür in einem ständigen Verzicht leben, dass es uns eines Tages besser gehen wird. Und wir dabei gar nicht bemerken, wie dieser Lebensstil des Verzichts immer mehr zu unserer Persönlichkeit wird und wir auch dann noch nicht aufhören können zu verzichten, wenn wir objektiv schon längst keinen Grund

mehr dafür haben. Sparsamkeit ist eine Tugend, wenn sie richtig gelebt wird: Nämlich dann, wenn man unter Sparsamkeit versteht, nicht unachtsam Geld für Dinge auszugeben, die man im Nachhinein betrachtet weder sinnvoll findet noch benötigt. Aber in dem Moment, in dem Sparsamkeit zu ständigem bzw. übermäßigem Verzicht führt, hält sie einen davon ab, das Leben im aktuellen Moment zu genießen.

»Zeit ist Geld.« Kommen wir zurück zu diesem Vergleich. Wenn wir unseren Umgang mit Zeit mit unserem Umgang mit Geld vergleichen, so sind es genau dieselben Mechanismen: Wenn wir Zeit sparen und wenn wir Geld sparen, laufen wir immer Gefahr, dass wir nicht wirklich im Moment leben, sondern das Leben auf später verschieben. Es ist eine wertvolle Fähigkeit, dazu imstande zu sein, etwas für später aufzuheben und nicht alle Bedürfnisse sofort erfüllen zu müssen. Psychologen nennen diese Fähigkeit die Fähigkeit zum Belohnungsaufschub. Also die Fähigkeit, die unmittelbaren Bedürfnisse auch einmal zurückzustellen, weil dafür eine umso größere Belohnung auf uns wartet. Zum Beispiel jetzt darauf verzichten, sich Süßigkeiten zu kaufen, so dass am Abend das Geld für einen Restaurantbesuch mit der Freundin ausreicht. Im Vertrauen darauf, dass dieser viel glücklicher macht als die Süßigkeiten. Erfolgreiche Menschen haben oft ausgezeichnete Fähigkeiten, ihre Bedürfnisse aufzuschieben. Doch wenn du erfolgreiche Menschen beobachtest, dann begreifst du, dass sie gleichzeitig die Fähigkeit haben, sich etwas zu gönnen, etwas zu genießen und sich von der Freude leiten zu lassen. Leute, die immer nur sparen und aufschieben, realisieren eines Tages, dass das Leben nun zu Ende geht und sie gar nicht wirklich gelebt haben. Falls du dich angesprochen fühlst: Wie viele Jahre deines Lebens hast du bereits damit verbracht, immer auf die nächsthöhere Belohnung zu sparen? Und was ist deine Vorstellung, wann du damit aufhören darfst? Was brauchst du, damit du anfangen kannst, die Freude und den Genuss häufiger in dein Leben einzuladen? In der heutigen Zeit möchte uns jeder Coach, jeder Podcast und jedes Buch beibringen, mehr Selbstkontrolle, mehr Disziplin und mehr Motivation zu haben. Doch wer bringt uns bei, unsere Genussfähigkeit auszubauen? Dieses Buch möchte dir neue Wege aufzeigen, denn wenn wir uns von der Freude leiten lassen, dann brauchen wir nicht unsere Motivation zu stärken. Wenn die Motivation nicht automatisch da ist, dann ist es möglicherweise nicht das Richtige für uns. Oder wir müssen unsere Einstellung dazu ändern. Natürlich bedeutet das nicht, dass du jetzt deinen Job kündigen und nur noch am Meer in der Sonne liegen sollst. Doch es ist ein Aufruf, zu hinterfragen, in welchem Verhältnis bei dir Selbstkontrolle und Genussfähigkeit stehen und in welchen dieser zwei Bereiche du in Zukunft etwas mehr investieren möchtest.

3. Eine mögliche Lösung

Wie bereits im ersten Teil des Buches ausgeführt ist, liegt die Lösung vieler Probleme darin, eine neue Perspektive einzunehmen. Wir müssen vielleicht gar nicht unser Leben auf den Kopf stellen, sondern ein anderer Blick darauf reicht bereits aus. Natürlich hat dieser andere Blick dann oft zur Folge, dass wir Dinge ändern möchten, doch diese Veränderungen kommen dann von Innen heraus, entsprechen unserer Überzeugung, gehen deshalb leicht und müssen nicht forciert werden.

Wenn wir uns des Wertes der Zeit bewusst sind, dann erkennen wir, dass wir jeden Tag wertvolle Geschenke machen. Wir verschenken Zeit. An uns selbst oder an andere Menschen. An den Menschen, dem wir zuhören. An das Kind, das wir trösten. An den Arbeitskollegen, mit dem wir ein Bier trinken gehen. An die Eltern, die wir anrufen. Oder an uns selbst, wenn wir uns ein heißes Bad gönnen oder wenn wir uns in den Liegestuhl setzen, um ein Buch zu lesen. Eigentlich machen wir das bereits, nur sehen wir dies nicht als Geschenke an, sondern wir tun es einfach oder sehen es als Pflicht. Hier geht es darum, die Perspektive zu ändern und das Schenken zu einem bewussten Prozess zu machen. Wir wissen alle, wieviel Freude man mit Geschenken verbreiten kann. Bei einem gelungenen Geschenk freut sich der Beschenkte und der Schenkende wiederum freut sich darüber, dass sich der Beschenkte freut. Beide sind zufrieden und schenken in der Folge den Menschen in ihrer Umgebung weitere schöne Momente, weil Menschen in einem glücklichen Zustand einfach freundlicher sind, mehr Komplimente verteilen, sich großzügiger und verständnisvoller zeigen. Warum entgeht uns so oft, dass wir durch die Investition unserer Zeit ständig Geschenke verteilen? Wo uns doch bewusst ist, dass die Zeit ein besonders kostbarstes Gut darstellt? Der erste Schritt zu dieser Perspektive findet statt, indem wir das Geschenk jedes einzelnen Augenblicks, den wir in unserem Leben geschenkt bekommen, erkennen und dankbar annehmen. In diesem Zustand der Dankbarkeit ist Weiterschenken das automatisch entstehende Bedürfnis!

(Zeit-)Geschenke machen

Erinnere dich an das letzte Mal, als du jemandem ein wundervolles Geschenk überreicht hast. Erinnere dich daran zurück, wie du dir Gedanken gemacht hast, woran diese Person Freude haben könnte und wie du dich selbst darüber gefreut hast, dir etwas auszudenken, was ihr gefallen würde. Erinnere dich daran, wie du das Geschenk schön verpackt und wie du es überreicht hast. Du hast dir möglicherweise Gedanken dazu gemacht, in welchem Moment du es übergeben wolltest, was du dazu sagen konntest und hast es in feierlicher Stimmung und mit einem Lächeln im Gesicht übergeben. Erinnere dich daran, wie du dich darüber gefreut hast, dass du der Person etwas schenken konntest und dass sie Freude daran hatte. Genauso kannst du es mit Zeitgeschenken machen: Du solltest dir gut überlegen, wem du was zu welchem Zeitpunkt schenken möchtest und nicht einfach darauf los schenken, ohne zu wissen, ob es das richtige Geschenk ist. Du kannst Zeitgeschenke ebenfalls feierlich übergeben. Das zeigt deine eigene Wertschätzung für deine Zeit! Dabei kann das auch eine innere Haltung sein. Es muss nicht jedes Zeitgeschenk mit einer kleinen Rede verbunden sein. Es kann auch in deinem Kopf stattfinden, dass du dir in dem Moment bewusst bist, dass du dieser

Person etwas schenkst. Allein durch diese kleine Änderung wird es sich für dich sofort bedeutsam anfühlen und die andere Person (oder du selbst, wenn du dich selbst beschenkst) wird das in vielen Fällen bemerken und entsprechend den Wert dieses Geschenks eher erkennen und wertschätzen. Natürlich geht es auch um deine Sprache, Gestik, Mimik, um dein Auftreten. Wenn dich eine Freundin um einen Rückruf bittet, weil du im Moment gerade nicht viel Zeit hast zum Telefonieren, dann kannst du entweder entgegnen: »Okay, mache ich« oder du entscheidest dich, ihr die Zeit zu schenken und sagst: »Ja, ich werde sehr gerne ein offenes Ohr für dich haben, sobald ich die Zeit dazu finde.« Diesen Satz kannst du auf verschiedenste Arten betonen, so dass es für die Freundin je nach Betonung so klingt, als möchtest du ihr voller Freude dieses Geschenk machen, oder aber, als müsstest du das nun noch irgendwo in deinem Terminkalender dazwischen quetschen! Und schließlich kannst du dich bei Zeitgeschenken selbst darüber freuen, dass du jemanden beschenkt hast! Die Freude musst du nicht künstlich erzeugen, sondern diese stellt sich von selbst ein, wenn du es wirklich als Geschenk ansiehst. Die Freude ist quasi ein Gradmesser dafür, ob wir tatsächlich Zeitgeschenke machen oder ob wir achtlos mit Zeit um uns werfen.

Ein echtes Geschenk ist nicht nur sorgfältig ausgewählt, sondern es kommt von Herzen und der Akt des Schenkens ist mit Freude verbunden! Ein echtes Geschenk ist nicht mit Erwartungen verknüpft! Es geht nicht darum, etwas zu schenken, damit man im Gegenzug auch beschenkt wird. Selbst wenn das natürlich oft passiert, dass man auf ein Geschenk hin selbst auch eines erhält. Aber die Intention des Schenkens sollte es sein, jemandem eine Freude zu machen, nichts Anderes! Dies fällt den meisten Menschen bei Zeitgeschenken wie dem Spaziergang mit dem

Partner oder dem Sonntagsbrunch mit Freunden ziemlich leicht, zumal es ja gleichzeitig ein Zeitgeschenk der anderen an uns ist! Schwieriger wird es bei Dingen, auf die wir keine Lust haben. Zum Beispiel, wenn es darum geht, die Wohnung zu putzen, das unliebsame Telefonat zu machen oder dem Kind zum hundertsten Mal dieselbe Geschichte vorzulesen, weil es einfach keine andere hören möchte. Hier ist es umso wichtiger, dass wir den Schenk-Gedanken genauso anwenden. In dem Moment, in dem wir uns entschließen, die Wohnung zu putzen, sollten wir diese Entscheidung bewusst fällen. Neben den vielleicht vorhandenen Unlustgefühlen können wir uns in dem Moment auch freuen bei dem Gedanken, dass wir somit uns selbst und unseren Familienmitgliedern oder Mitbewohnern ein sauberes Zuhause schenken, in dem wir uns wohl fühlen! Wenn wir das unliebsame Telefonat erledigen, können wir uns bewusstmachen, dass wir uns selbst das Geschenk machen, danach nicht mehr das flaue Gefühl im Magen zu haben, das wir haben, solange wir wissen, dass das noch aussteht! Dass wir uns das gute Gefühl schenken möchten, das auftritt, wenn wir es erledigt haben. Und wenn wir unserem Kind zum hundertsten Mal dieselbe Geschichte vorlesen, dann sollten wir uns vor Augen halten, dass wir das unserem Kind schenken, weil wir möchten, dass es einmal mehr herzhaft über die Geschichte lachen kann. Weil wir möchten, dass es sich später voller Freude an seine Kindheit zurückerinnern kann, in der es immer wieder dieselbe Geschichte hören wollte. Und weil wir möchten, dass es spürt, dass es geliebt wird und wir seine Wünsche und Bedürfnisse anerkennen.

In dem Moment, in dem wir uns für ein Zeitgeschenk entscheiden, müssen wir diese Entscheidung sorgfältig fällen, denn ansonsten hadern wir danach mit der Entscheidung und können somit nicht von Herzen schenken. Dann lesen wir vielleicht dem

Kind zum hundertsten Mal dieselbe Geschichte vor, ärgern uns aber innerlich darüber und selbst wenn wir uns das äußerlich kaum anmerken lassen, ist das somit kein wahrer Akt des Schenkens. Es fehlt dabei eben genau die Freude am Schenken, welche für echte Geschenke essenziell ist. Natürlich gibt es bei bewusst getroffenen Entscheidungen Zeitgeschenke, die wir lieber machen als andere. Und es mag sich bei gewissen Zeitgeschenken nicht während der gesamten Zeitdauer freudig anfühlen. Aber die Freude sollte zumindest eine Komponente des erlebten Gefühlsspektrums darstellen. Eine sorgfältige Entscheidung darüber, ob ich ein bestimmtes Zeitgeschenk nun machen möchte oder nicht, beinhaltet eine kurze Kosten-/Nutzen-Analyse. Wie kann dieses Geschenk zur Freude einer anderen Person oder von mir selbst beitragen und welchen Preis zahle ich dafür? Bin ich bereit diesen zu bezahlen? Und auch umgekehrt, wenn ich mich dagegen entscheide: Was bedeutet es, wenn ich das jetzt nicht tue, inwiefern tue ich damit mir oder jemand anderem etwas Gutes und welche Konsequenzen muss ich tragen, beziehungsweise bin ich bereit diese zu tragen? Selbst wenn ich eine Entscheidung betreffend einem möglichen Zeitgeschenk vertage, muss ich mir das bewusst überlegen! Denn das Vertagen ist ja genauso eine Art Geschenk! Ich schenke mir, dass ich mich in dem Moment nicht weiter damit auseinandersetzen muss. Dass ich mir etwas Zeit lassen kann für die Entscheidung. Dafür muss ich die Konsequenzen tragen, dass es mich vielleicht unbewusst weiter beschäftigt, weil die Entscheidung noch nicht getroffen ist, und vielleicht drohen weitere Konsequenzen wie beispielsweise die Gefahr, dass ein Event dann ausgebucht ist, wenn ich die Entscheidung treffen möchte oder die Gefahr, dass der Freund sich in der Zwischenzeit einen anderen Tennis-Partner sucht.

Spielen wir den bewussten Entscheidungsprozess anhand eines Beispiels durch: Dein Freund Alex fragt, ob du auf seine Tochter aufpassen könntest, weil er die Gelegenheit hätte, eine Theatervorführung zu besuchen, da der Ticketinhaber krank ist. Du wolltest eigentlich am Abend Wäsche waschen, dich um das E-Banking kümmern und dann früh zu Bett gehen. Nun hast du die Wahl zwischen einem Geschenk an Alex und einem Geschenk an dich selbst. Wählst du das Geschenk an Alex, dann wird dieser sich sehr über die Chance freuen, die er erhält, denn diese ergibt sich vermutlich nicht so schnell noch einmal und er hat bereits die Personen angefragt, die sonst in Frage kämen, um seine Tochter zu beaufsichtigen. Niemand hatte Zeit. Die Konsequenzen des Geschenks an Alex wären, dass du deine eigenen Bedürfnisse zurückstellen müsstest. Diese sind zwar zeitlich nicht so dringend, aber du hast dich gefreut, dies in Ruhe erledigen zu können und dann dafür am Wochenende Zeit für deinen Partner zu haben. Und wenn du ehrlich bist, dann wäre da auch dieses Gefühl von »jetzt mache ich schon wieder etwas für Alex«, zumal du bereits vor zwei Wochen seine Tochter für einen Abend zu dir genommen hattest. Im Gegenzug hat er noch nie auf deine Hunde aufgepasst. Entscheidest du dich für das Geschenk an dich, dann hast du einen friedlichen Abend, kannst früh ins Bett gehen und weil du deine Sachen schon erledigt hast, kannst du das Wochenende mit deinem Partner voll genießen. Auf der anderen Seite hättest du wohl ein bisschen ein schlechtes Gewissen, denn theoretisch hättest du ja schon Zeit gehabt. Und vielleicht wäre Alex enttäuscht von dir. Und natürlich würde es dir dann auch schwerer fallen, ihn das nächste Mal zu bitten, deine Hunde spazieren zu führen, wenn du krank im Bett liegst. Unabhängig davon, für welches Geschenk du dich nun entscheidest, entscheide dich aus dem Gefühl der Freude des Schenkens heraus! Und akzeptiere in dem Moment der Entscheidung alle Konsequenzen ohne Wenn und Aber! Vergleiche es mit dem Moment, bei dem du bei einem materiellen Geschenk das Geschenk gekauft hast. Die Entscheidung ist nun gefällt, du verabschiedest dich von den anderen Ideen, die du hattest. Es bringt nichts, sich jetzt noch den Kopf zu zerbrechen, ob das das Richtige war, sondern du kannst dich jetzt an dem freuen, was du gekauft hast! Du hast so viel dafür bezahlt, wie auf dem Preisschild stand und so ist es nun! Du kannst dich jetzt voll auf den Akt des Schenkens konzentrieren, beziehungsweise darauf, das Geschenk schön einzupacken und danach die Übergabe des Geschenks zu gestalten. Dass du dir, weil es ein teures Geschenk war, nun das Abendessen in dem guten Restaurant nicht mehr leisten kannst, diesen Monat, und dass du keine Zeit mehr hattest, an dem Abend noch zu dem Konzert zu gehen, weil du extra den Laden aufgesucht hattest, in dem es das Geschenk zu kaufen gab, das ist nun mal so. Du hast dich für dieses Geschenk entschieden und kannst dich darüber freuen, der zu beschenkenden Person eine Freude zu machen. Vielleicht hast du dir beim Lesen gedacht: »Das klingt aber nach ganz schön viel Denkaufwand. Ich habe doch keine Lust, ständig im Kopf irgendwelche Kosten-Nutzen-Analysen zu machen!« Das soll es nicht sein! Tatsächlich soll es so sein, dass du deinen Kopf entlastest und nicht weiter belastet! Kosten-Nutzen-Analysen machen wir bewusst oder unbewusst bei jeder Entscheidung, die wir treffen. Nur bisher mit einem etwas anderen Fokus. Früher haben wir diese gemacht, um die Frage zu beantworten, welches die bessere Entscheidung ist. Neu ist die Frage, für welches Geschenk wir uns entscheiden möchten. Klingt nach ein und derselben Sache? Das ist es definitiv nicht! Wenn wir eine Kosten-Nutzen-Analyse machen, welches die bessere Entscheidung ist, dann verlieren wir uns oft in hundert kleinen Details, die wir in die Entscheidung miteinbeziehen und gegeneinander abwägen könnten. Wir beginnen zu überlegen, was Alex' Tochter wohl gerne spielen würde und ob wir daran Spaß hätten und ob wir wohl genügend Sachen zum Spielen in der Wohnung haben und ob es nicht so sein könnte, dass wir morgen genau den Pullover vermissen werden, den wir nun eben noch nicht waschen konnten und ob der Partner am Wochenende nicht genervt sein könnte, wenn wir immer mal wieder abgelenkt durchs Wäsche waschen sind usw. Wenn wir uns fragen, welches Geschenk wir machen wollen, dann lassen wir uns von der Freude am Schenken leiten. Wir bedenken die Konsequenzen, zumindest die für uns einschneidenden Konsequenzen, aber mit dem Moment der Entscheidung sagen wir ja zu allen Konsequenzen und fokussieren uns auf die Freude durch das Schenken. Dies bringt eine gewisse Gelassenheit und Verantwortungsübernahme für alle Konsequenzen mit sich. Werden wir mit den Konsequenzen konfrontiert, sei es in unserem Geist oder in der Realität, dann lassen wir uns nicht auf einen inneren Dialog ein im Sinne von: »Vielleicht wäre die andere Option trotzdem besser gewesen« und wir lassen uns nicht auf Frustgefühle über die Nachteile ein, die die getroffene Entscheidung mit sich bringt. Stattdessen erinnern wir uns an das Geschenk, für das wir uns entschieden haben. Wenn du dich also dafür entschieden hast, auf Alex' Tochter aufzupassen, dann kann es natürlich sein, dass du somit nicht wie geplant früh ins Bett gehen konntest und du deshalb am nächsten Morgen unausgeschlafen bist. Darüber hinaus stellst du dann fest, dass der Pullover nicht gewaschen ist, den du zu einem bestimmten Treffen hättest anziehen wollen. Aber du begegnest dieser Situation nun mit einer Portion Gelassenheit. Du ziehst eben einen Pullover an, der nicht so perfekt zu der Gelegenheit passt wie der andere. Dabei rufst du dir in Erinnerung, wie freudig und dankbar Alex nach dem Theaterbesuch seine Tochter bei dir abgeholt hat und wie du dich darüber gefreut hast, dass er dank dir so einen tollen Abend hatte. Mit dieser Haltung wirst du dir auch nicht den Tag zur Tortur machen und dich ständig mit Gedanken aufhalten wie: »Nur weil ich das für ihn gemacht habe, bin ich jetzt so müde und nur deshalb war ich jetzt abgelenkt und habe die Chance auf den Parkplatz verpasst« etc. Mit etwas Übung in diesem neuen Denken wird es nicht so sein, dass dies mühsamen zusätzlichen Denkaufwand generiert, sondern es wird dir im Gegenteil einen freieren Kopf verschaffen! Auch der Entscheidungsprozess an sich wird mit etwas Übung schnell und intuitiv erfolgen, so wie das aktuell der Fall ist, nur eben mit einem veränderten Fokus, mit mehr Bewusstheit und mehr Freude.

Schreib-Aufgabe:

Nimm eine Entscheidung, welche du jetzt oder in naher Zukunft fällen solltest. Geh den oben beschriebenen Entscheidungsprozess an dieser Stelle einmal bewusst in schriftlicher Form mit dem Fokus darauf durch, ob du dieses Zeitgeschenk machen möchtest und bereit bist, bedingungslos alle Konsequenzen, die es mit sich bringt, zu akzeptieren! Wenn du dich dafür entscheidest, dann schau dir die Konsequenzen noch einmal an und sag bewusst *ja* dazu. Und dann nimm dir einen Moment Zeit, dich darüber zu freuen, dass du dich zu diesem Zeitgeschenk entschlossen hast! Ruf dir all die Gründe ins Gedächtnis, warum sich diese Investition lohnt und warum du dich freust, diese Zeit zu investieren!

Lerne, in dem Moment, in dem du dich für ein Zeitgeschenk entschieden hast, loszulassen. Du kannst dir bildlich vorstellen, wie du das Geschenk übergibst, sei es dir selbst, oder einer anderen Person. In dem Moment ist der Akt des Schenkens passiert. Es bringt nichts mehr, darüber nachzudenken, ob es nun das richtige Geschenk war, welche Alternativen eventuell besser gewesen wären, usw. Gib dich einfach der Erfahrung des Schenkens hin mit allen angenehmen und eventuell auch unangenehmen Seiten. Hör auf, dich zu fragen, ob du dich umentscheiden solltest, denn diese Gedanken behindern dich dabei, das (Zeit-)Geschenk beziehungsweise den Akt des Schenkens voll auszukosten und alle Möglichkeiten zu sehen, welche das von dir gewählte Geschenk beinhaltet. Tauche einfach in die Erfahrung ein. Sei voll präsent und erkunde die Situation voller Neugier, ein bisschen wie ein kleines Kind, welches so eine Situation das erste Mal erlebt.

Du hast dich zum Beispiel dazu entschlossen, dir heute einen halbstündigen Waldspaziergang zu schenken? Du kannst diese Zeit als kleine Sinnesreise durch die faszinierende Pflanzen- und Tierwelt nutzen, welche du vorfindest. Kannst den zwitschernden Vögeln zuhören oder dem Wind, der das Laub an den Bäumen zum Rascheln bringt. Es gibt verschiedene Bäume und Pflanzen, die du dir genau anschauen und Oberflächen, die du berühren kannst. Du kannst ein Stück barfuß gehen und den weichen Waldboden unter deinen Füssen spüren. Vielleicht schaust du dir an, wie sich Lichtstrahlen durch die Baumkronen ihren Weg bahnen und wie die Blätter der Bäume im Sonnenlicht erstrahlen. Oder du beobachtest, wo es lebendig ist, wie Insekten durch die Luft schwirren, Spinnen ihre Netze bauen, Ameisen fleißig Dinge hin und her transportieren. Du kannst die frische Luft einatmen und die verschiedenen Aromen wahrnehmen, welche vom

Waldboden oder den Bäumen verströmt werden. Vielleicht spürst du die Wärme der Sonnenstrahlen, die deine Haut berühren oder die kühlende Wirkung des Schattens der Bäume. Vielleicht kommen Kindheitserinnerungen auf, wie du früher Beeren oder Nüsse gesammelt oder mit Tannenzapfen, Moos und Ästchen kleine Häuschen gebaut hast? Vielleicht magst du das wieder tun? Vielleicht hast du am Schluss deine halbe Stunde sitzend in einer Lichtung verbracht oder du hattest plötzlich Lust, loszurennen oder auf Bäume zu klettern. Es ist völlig egal, was am Schluss aus deinem Waldspaziergang wird, solange du mit deiner Präsenz bei dem bleibst und deiner Neugierde und deinem Lustempfinden nachgehst und dein Kopf nicht damit beschäftigt ist, was du stattdessen in dieser halben Stunde hättest erledigen können. Oder damit, dass du diese halbe Stunde jetzt möglichst sinnvoll nutzen musst und dir somit Gedanken machst, ob du nicht während dieser halben Stunde im Wald gleichzeitig Sport machen oder mit der Freundin telefonieren oder sonst etwas tun könntest. Es ist nichts falsch daran, während des Waldspaziergangs mit der Freundin zu telefonieren. Aber es gibt einen kleinen, feinen Unterschied, ob du aus dem Gefühl heraus handelst, die Zeit unbedingt so sinnvoll wie möglich nutzen zu müssen und so viel von dem, was du noch tun wolltest, in diese halbe Stunde hineinquetschen zu müssen und einem aufkommenden Wunsch, bei der Freundin nachzufragen, wie es ihr geht und sie wissen zu lassen, dass du gerade an sie denkst. Achte auf diese feinen Unterschiede! Sie fühlen sich vielleicht in dem Moment unbedeutend an, denn du verspürst möglicherweise wirklich ein Bedürfnis, die Freundin anzurufen, weil du weißt, dass sie sich gerade in einer schwierigen Situation befindet. Deine Vorstellung von Freundschaft ist somit, dass man in solchen Situationen füreinander da ist. In dem Moment führt diese innere Verpflichtung, die du dir selbst auferlegst, jedoch dazu, dass du das Geschenk, das du dir selbst machen wolltest, nicht vollständig annimmst. Und das war doch deine Intention, als du dir die halbe Stunde geschenkt hast. Du kannst dich dafür entscheiden, am Abend der Freundin eine halbe Stunde zu schenken und dann mit deiner vollen Präsenz bei ihr zu sein. Aber in dem Moment, in dem du *dir* diese halbe Stunde geschenkt hast, solltest du mit deiner vollen Präsenz bei dir sein und deine ureigenen Bedürfnisse in den Vordergrund stellen. Ab und zu kann dies Stress auslösen, wenn man das nicht gewohnt ist. Man wird konfrontiert mit all den internalisierten Überzeugungen, welche einen sonst davon abhalten, sich diese Zeit einfach zu nehmen. Wenn es sich also bei Beginn unangenehm anfühlt, dann zeigt das, dass du beginnst, tiefgreifende Muster zu verändern! Das unangenehme Gefühl ist eine Art Symptom der Veränderung und zeigt dir auf, wie du dich oft selbst unter Druck setzt und wie sehr dich deine selbst aufgestellten Regeln in einem Verhaltens-Vorschrifts-Gefängnis festhalten und dich davon abhalten, das Leben in vollen Zügen auszukosten. Dasselbe gilt, wenn wir anderen unsere Zeit schenken. Du machst einen Ausflug mit den Kindern und gleichzeitig schaust du andauernd aufs Handy, um sicherzugehen, dass der Chef nicht angerufen hat. Schließlich bist du ein engagierter Mitarbeiter, so dass du stets auch in der Freizeit kurz einspringen würdest, falls sich dringende Fragen ergeben! Genau dafür wurdest du beim letzten Beurteilungsgespräch gelobt. Und während die Kinder gerade gemeinsam Fangen spielen, wäre doch ein guter Zeitpunkt, kurz den Arbeitskollegen anzurufen, um ihm den Gedanken mitzuteilen, der dir gerade gekommen ist? Dadurch könntest du dem Team einiges an Arbeit ersparen. Gut möglich, dass du deinem Team mit diesem Anruf mühsame Arbeit ersparst, aber was ist der Preis, den du und deine Kinder dafür bezahlen? Du wirst entgegnen, dass es ja nur zwei Minuten sind und die Kinder sowieso gerade beschäftigt, aber kannst du das überhaupt noch, dir und deinen Kindern einen Ausflug schenken, bei dem es wirklich allein um euch geht und um das, was ihr gemeinsam erlebt? Ein Großteil der heutigen westlichen Bevölkerung – insbesondere die junge, gut ausgebildete, städtische Bevölkerungsschicht – kann so etwas kaum mehr. Andauernd sind wir innerlich damit beschäftigt, unser Leben zu planen, zu organisieren, zu optimieren, alles unter einen Hut zu bringen und die Zeit möglichst sinnvoll zu nutzen. Eine innere Stimme treibt uns an, hin zu immer höheren Zielen und immer mehr Perfektion. Die Folge davon: Weniger Verbundenheit mit dem aktuellen Moment, der aktuellen Begegnung mit sich selbst oder anderen Menschen und den damit verbundenen Gefühlen. Wir können uns dazu entscheiden, einen anderen Weg zu gehen! Bewusst verschenkte Zeit verändert nicht nur die Beziehungen zu deinen Mitmenschen, sondern auch die Beziehung zu dir selbst! Ein Mensch, der ein bewusstes, von Herzen kommendes (Zeit-)Geschenk erhält, fühlt sich anerkannt, gesehen und wertgeschätzt. Es werden auf diese Art und Weise tiefe Sehnsüchte und Bedürfnisse gestillt. Vielleicht kennst du das aus früheren Zeiten zum Beispiel von deiner Großmutter, welche einfach Zeit hatte und auf dich eingegangen ist und die in dem Moment nichts anderes zu tun hatte, sondern sich mit ihrer gesamten Aufmerksamkeit dir allein widmen konnte. Natürlich muss es nicht die Großmutter sein, es kann auch sein, dass dir Momente mit deinem Onkel, deiner Nachhilfelehrerin oder deinem besten Freund in den Sinn kommen.

Mini-Meditation:

Wähle eine Situation, in welcher dir eine Person liebevoll ihre gesamte Aufmerksamkeit und Präsenz geschenkt hat und du dich vollkommen geborgen und wertgeschätzt gefühlt hast. Schließe deine Augen und begib dich in deiner Vorstellung noch einmal in die Situation. Ruf sie vor deinem inneren Auge wach. Wie hat es dort ausgesehen? Vielleicht kommen dir auch Gerüche oder Geräusche in den Sinn, die Stimme der Person, was sie zu dir gesagt hat oder für dich gekocht hat oder mit dir gespielt oder dir vorgelesen hat. Begib dich vor allem noch einmal in das Gefühl von damals. Rufe es in dir wach und genieße es! Sauge es auf! Vielleicht – falls sich das für dich gut anfühlt – magst du dich dabei auf deine Herzregion konzentrieren. Nimm dir Zeit, dieses Gefühl voller Dankbarkeit noch einmal zu fühlen. Und falls sich das jetzt gut anfühlt für dich, dann wechsle nun die Perspektive und stell dir eine Situation mit einem Menschen vor, dem du dasselbe Erlebnis schenken möchtest. Stell dir vor deinem inneren Auge vor, wie diese Situation aussehen könnte und fühle das schöne Gefühl, zu wissen, dass du diesem Menschen gerade ein großes Geschenk machst. Nimm dir erneut etwas Zeit, um dieses Gefühl durch dich hindurch strömen zu lassen. Falls dir kein Mensch spontan in den Sinn kommt oder dir auffällt, dass du das »Schenken« erzwingen müsstest, dann lass den zweiten Teil der Meditation weg und wiederhole stattdessen den ersten Teil! Dein Gefühl dazu ist immer richtig, vertraue darauf, dass du genau weißt, was du gerade brauchst! Es ist etwas Gutes, sich um sich selbst zu kümmern, denn nur wer sich selbst reich beschenkt, kann auch andere aus tiefstem Herzen beschenken!

Kommen wir zurück zu dem Vergleich mit den materiellen Geschenken. Wenn du jemandem etwas schenkst, dann stärkt das jedes Mal deine Wahrnehmung davon, dass du genug hast, um etwas davon abgeben zu können. Großzügige Menschen leben mit der Überzeugung, genug zu haben, so dass sie etwas davon weiterschenken können. Bei geizigen Menschen ist es das Gegenteil, sie haben immer das Gefühl zu wenig zu haben und das ganz unabhängig davon, wie reich sie tatsächlich sind. Sie können eine Million auf dem Konto haben und trotzdem haben sie eine irrationale Angst, nicht genug zu haben. Je geiziger sie sind, desto mehr signalisieren sie ihrem Gehirn und somit auch den unterbewusst aktiven Anteilen davon, dass sie wirklich zu wenig haben und sie werden somit stets dieser Überzeugung sein, selbst wenn ihr Vermögen immer weiter anwächst. Umgekehrt die großzügigen Menschen: Mit jedem Geschenk, das sie machen, wird ihre Überzeugung gestärkt, dass sie genug haben und selbst wenn sie einmal finanzielle Schwierigkeiten haben sollten und ihr Konto gerade in den roten Zahlen ist, dann werden sie mit der Hunderternote, die sie zufällig auf der Straße finden, ihr Patenkind zum Essen einladen, um den unerwarteten Zuschuss zu feiern.

Geiz wird also durch eine Angst erzeugt (Angst, nicht genug zu bekommen) und Großzügigkeit durch Liebe und ein Gefühl von Sicherheit. Und wenn wir unser Verhalten oder unsere Gedanken verändern, dann hat das einen Einfluss auf unsere Gefühle. Sagen wir also, der geizige Millionär liest ein Buch zum Thema Großzügigkeit. Er fängt an, sich bewusst zu machen, wie viel er eigentlich hat und als Trainingsaufgabe verschenkt er einen Monat lang jeden Tag einen Schokoriegel und erinnert sich dabei daran, dass er ja so viel hat, dass das Verschenken der Schokolade in keiner Art und Weise sein Leben beeinträchtigt. Dadurch registriert sein Gehirn, dass genug da ist, nachdem ja vorher die Überzeugung herrschte, es sei zu wenig. Aber jetzt kann er es sich plötzlich leisten, etwas abzugeben und er hat noch immer genug. Dadurch wird seine Angst, zu wenig zu haben, immer kleiner und er kann sich immer mehr entspannen und beginnen, seinen Wohlstand zu genießen und auch, sich daran zu erfreuen, diesen mit anderen zu teilen. Er muss immer weniger verkrampft darauf achten, dass ihn niemand übers Ohr hauen und ausnutzen möchte. Und vermutlich wird er einmal im hohen Alter glücklich an die lachenden Gesichter der Kinder zurückdenken, welchen er einen Schokoriegel geschenkt hat. Was heißt das jetzt für unsere Zeitgeschenke? Je mehr wir uns bewusst sind, dass wir jeden Tag aufs Neue vierundzwanzig Stunden geschenkt erhalten und wir aus diesem Bewusstsein heraus etwas davon teilen möchten, desto mehr wird unsere Überzeugung gestärkt, dass wir genügend Zeit haben und desto ruhiger und gelassener werden wir. Wir werden nicht mehr getrieben von dem ständigen Gedanken, zu wenig Zeit zu haben. Es ist ein völlig anderes Signal an unser Gehirn, ob wir mit dem Hintergedanken, dass wir eigentlich gar keine Zeit dafür haben, die Katzen der Nachbarin füttern gehen, oder ob wir ihr dieses Zeitgeschenk mit dem Gedanken machen, dass wir ja auch heute wieder ganze vierundzwanzig Stunden zu unserer Verfügung geschenkt erhalten haben und wir die Freude darüber gerne teilen möchten. Wenn wir also regelmäßig dieses neue Denken anwenden, dann verändert sich langsam unser Verhältnis zur Zeit. Wir machen uns immer mehr bewusst, wieviel Zeit wir eigentlich haben und schätzen dies mehr. Natürlich dauert das eine Weile, bis unser Gehirn die neue Realität – nämlich, dass wir tatsächlich Zeit haben – akzeptiert. Es hat ja lange Zeit ständig suggeriert bekommen, dass das nicht der Fall ist. Aber mit steter Wiederholung wird sich das neue Denken immer mehr in unseren Gehirnstrukturen festsetzen. Das Großartige daran: Die neue Sichtweise wird irgendwann automatisiert und dann müssen wir uns nicht mehr bewusst daran erinnern!

Mini-Meditation:

Eigentlich sollten wir jeden Tag mit dem Gefühl starten, als wäre es ein Ferientag. Leider schaffen wir es oft nur in den Ferien, am Morgen aufzuwachen und uns über die Zeit zu freuen, die wir frei gestalten können. Tatsächlich können wir aber jeden Tag gestalten. Dadurch, dass wir vieles schon in den vorherigen Tagen, Wochen und Jahren quasi vorausgestaltet haben, sind wir natürlich mit gewissen Strukturen und Gegebenheiten an einem normalen Wochentag konfrontiert. Aber auch an einem Wochentag haben wir unzählige Gestaltungsmöglichkeiten und wir können eben auch wieder für die Zukunft vorausgestalten. Setz dich bequem hin und schließe für einen Moment deine Augen. Erinnere dich an das Gefühl, das du hast, wenn du an einem freien Tag morgens aufwachst. Nun stell dir vor, wie es wäre, wenn du heute mit diesem Urlaubsgefühl oder einem Gefühl freier Gestaltungsfreude aufgewacht wärst und du dieses bis zum aktuellen Moment mit dir getragen hättest! Wenn dir das gelingt, kannst du mit diesem Gefühl auf die aktuelle Situation und den aktuellen Tag blicken? Welche Möglichkeiten siehst du? Wo gibt es Gelegenheiten, Spaß zu haben und Genussmomente einzubauen? Was könntest du heute tun, was du schon lange nicht mehr getan hast, was jedoch in der Vergangenheit bereits zu freudigen, lustigen oder inspirierenden Momenten geführt hat? Es können ganz kleine Dinge sein. Vielleicht hast du dich schon lange nicht mehr mit dem Mitarbeiter der anderen Abteilung zum Mittagessen getroffen. Oder du erinnerst dich daran, dass du früher deinem

Partner kleine Zettelchen mit Liebesbotschaften in der Tasche versteckt hast. Oder dir kommt in den Sinn, dass du wieder einmal den etwas längeren Arbeitsweg wählen könntest, bei dem du den schönen Pfad durch das kleine Wäldchen entlanggehst. Oder dir fällt ein, dass du Lust hast, mit deinem Jugendfreund Nachrichten mit frechen Sprüchen auszutauschen.

Wenn du erst einmal in Schenk-Laune bist, dann wirst du anfangen, überall Möglichkeiten für Geschenke zu sehen. Du kannst zum Beispiel auf deinem Fußweg zum Bahnhof den dir entgegenkommenden Fußgängern ein freundliches Lächeln schenken oder du schenkst dir während dieser Zeit einen freien Kopf, indem du bewusst nicht darüber nachdenkst, in welches Einkaufcenter du jetzt besser gehen solltest und die Vor- und Nachteile gegeneinander abwägst. Tatsächlich kannst du auch während eines Zeitgeschenks weitere Geschenke verteilen, denn der Weg zum Bahnhof gehört vielleicht zu dem Geschenk dazu, das du dir geschenkt hast, indem du heute mit dem Zug zu einer Veranstaltung in einer anderen Stadt fährst. Es kann Freude machen, während eines Zeitgeschenks weitere Geschenke zu verteilen, aber pass auf, dass es nicht zu einem zwanghaften Suchen nach Gelegenheiten verkommt. In dem Fall hätte dich dein eigener Verstand um den Finger gewickelt, indem er dir das alte Verhalten quasi in einer neuen Aufmachung verkauft. Du wärst also wieder beim Müssen und beim Sollen, indem du möglichst viele Gelegenheiten suchen musst, um das Geschenke verteilen zu üben. Erinnere dich immer wieder daran, dass wahres Schenken aus der Freude heraus entsteht!

Sich selbst Geschenke machen

Sich selbst Geschenke zu machen, ist etwas Wunderbares, doch viele Menschen sind sich selbst gegenüber sehr geizig. Wir haben gelernt, dass wir Selbstkontrolle erlernen müssen und dass wir es dann im Leben zu etwas bringen, wenn wir uns ständig selbst maßregeln und möglichst streng mit uns selbst sind. Und wenn wir es einmal nicht schaffen, streng mit uns zu sein, dann sind wir enttäuscht von uns selbst oder wütend oder frustriert. Als Folge passiert es manchmal, dass wir, wenn wir uns dann einmal etwas gönnen, es gleich übertreiben wollen. Denn der Teil von uns, der immer verzichten musste, sieht seine Chance, endlich etwas zu bekommen und möchte diese natürlich ergreifen. Und wenn wir dann so richtig zuschlagen, führt das dazu, dass wir bei der nächsten Situation noch strenger mit uns sind.

Unsere Persönlichkeit besteht aus verschiedenen Anteilen, die je nach Situation in unterschiedlicher Intensität aktiviert werden. Wir alle haben einen lustbetonten Anteil, der einfach nur das Leben genießen möchte und auch ein bisschen zur Faulheit und Unbekümmertheit neigt. Bei einigen von uns nimmt dieser Anteil mehr Raum ein als bei anderen. Im Gegenzug haben wir alle auch einen Anteil, der darum bekümmert ist, dafür zu sorgen, dass wir abgesichert sind, dass wir (auch in Zukunft) alles haben, was wir brauchen bzw. uns wünschen. Dieser Anteil hat die Funktion, das Lustbetonte zu unterbrechen, damit wir die Dinge erledigen, auf die wir gerade nicht so Lust haben, die aber wichtig für unser längerfristiges Wohlbefinden sind. Beide Anteile sind wichtig und hilfreich für uns. Das Problem vieler Menschen in unserer Gesellschaft ist, dass der lustbetonte Teil von dem pflichtbewussten Teil regelrecht unterdrückt wird. Wir sind pausenlos damit beschäftigt, uns das Leben aufzubauen, das wir uns wünschen und vergessen dabei, das zu genießen, was unser früheres Ich bereits für uns aufgebaut hat und wir somit in dem Moment schon genießen könnten. Wir betreiben damit eine Art Verrat an uns selbst! Wenn man diesen Gedanken weiterspinnt, erkennt man, dass in dem Fall unser zukünftiges Selbst unsere heutigen Bemühungen nicht schätzt, sondern bereits mit weiteren Zukunftsplänen beschäftigt sein wird. Was eigentlich als Selbstliebe gedacht war (für sich selbst eine gute Zukunft aufzubauen), kommt schlussendlich nie wirklich beim Empfänger – also bei uns selbst – an! Der lustbetonte Anteil wird somit immer mehr zu einem bedürftigen Anteil, da er ständig unterdrückt wird und zunehmend verzweifelt ist und das Gefühl hat, nie zu bekommen, was er sich wünscht.

Hier ein Beispiel dazu, wie sich das bei vielen von uns zeigt: Tanja ist der Ansicht, dass Fernsehen vergeudete Zeit ist. Sie würde zwar manchmal sehr gerne vor dem Fernseher sitzen und sich berieseln lassen, aber wenn sie das tut, beschleicht sie danach oder schon währenddessen ein unangenehmes Gefühl und ein Teil von ihr beginnt, innerlich gegen das Fernsehen zu argumentieren: »Weißt du eigentlich, was du alles sonst während dieser Zeit tun könntest? Es gibt doch viel sinnvollere Dinge und Dinge, die du schon lange erledigen solltest! Du bist wirklich undiszipliniert! Du solltest jetzt sofort mit dem Fernsehen aufhören, sonst wird das noch zur Gewohnheit! Dann nimmst du zu, wirst träge. Außerdem tust du nichts für deine persönliche Entwicklung …« So geht es weiter und weiter. Tanja muss entweder ihrem Kopf Gegenargumente liefern, was ihre Aufmerksamkeit beansprucht oder sie muss dem Teil in sich recht geben und versprechen, sich zu bessern. Das wird sie wohl früher oder später tun, beispielsweise mit einem Versprechen, dafür am nächsten Tag den gesamten Abend in das Abarbeiten der To-Do-Liste zu investieren und für den Rest der Woche nicht einmal auf die Idee zu kommen, auch nur für einen kurzen Moment den Fernseher einzuschalten. Nun ist Fernsehen also in der nächsten Zeit streng verboten und wie das so ist mit verbotenen Dingen, sie üben einen besonderen Reiz auf uns aus. Aber jedes Mal, wenn Tanja einen Impuls verspürt, den Fernseher einzustellen, schlägt sie sich in den nächsten Tagen innerlich auf die Finger, ermahnt sich und erinnert sich daran, dass sie ja bereits »gesündigt« hat und es definitiv unangebracht wäre, dies schon wieder zu tun. Dadurch wird natürlich auf der anderen Seite das Verlangen nach dem Fernsehen grösser. Dieses Spiel kann sich endlos fortsetzen. Oder aber, sie findet eine Möglichkeit, sich selbst auszutricksen. Beispielsweise kommt sie auf die Idee, dass fernsehen mit ihrem Freund Arthur zusammen in Ordnung ist, denn dann handelt es sich gleichzeitig um eine sinnvolle Tätigkeit, weil sie sowieso mehr Zeit in ihre Beziehung investieren wollte. Ab dem Moment dieser Entscheidung verbringen Tanja und Arthur viel Zeit gemeinsam vor dem Fernseher. Sie entdecken ihre gemeinsamen Lieblingssendungen und Tanja möchte am liebsten nichts anderes mehr tun. Der Teil von ihr, der zuvor unterdrückt wurde (also der Teil, der fernsehen wollte) hat seine Chance gewittert und fordert nun alles ein, was er bekommen kann. Es dauert nicht lange, da bemerken die beiden, dass sie viel zu viel Zeit vor dem Fernseher verbringen und dafür ihre anderen Hobbies vernachlässigen. Früher haben sie öfters Freunde bekocht oder Gesellschaftsspiele gespielt. Außerdem genießen sie das Fernsehen überhaupt nicht mehr. Aber es ist so schwer, damit wieder aufzuhören, wenn sich eine Gewohnheit einmal eingeschlichen hat. Sie entschließen sich, dem gemeinsamen fernsehen den Kampf anzusagen. Und so befindet sich Tanja wieder an demselben

Ausgangspunkt, wie zuvor: Sie schaut sich selbst genau auf die Finger und ist so streng mit sich, dass es auch ganz bestimmt nicht zu einer erneuten Phase solch unerwünschten Verhaltens kommt. Vielleicht findet sie bald wieder eine neue Strategie, sich selbst zu überlisten, beispielsweise, indem sie sich offiziell die Erlaubnis gibt, fernzusehen, solange sie das in einer Fremdsprache tut, denn dadurch lernt sie ja eine Sprache dabei. Oder indem sie für sich definiert, dass Fernsehen immer dann in Ordnung ist, wenn sie parallel dazu Multitasking-mäßig noch etwas anderes erledigt. Wie das weitergeht, kannst du dir ungefähr denken. Was sind die positiven und negativen Konsequenzen dieses Strengseins mit sich selbst? Ja, die Selbstkontrolle wird gestärkt und ja, damit lässt sich sicher einiges im Leben erreichen. Aber gleichzeitig ist unser Kopf ständig mit inneren Dialogen beschäftigt. Wir führen einen ständigen Kampf mit uns selbst, durch den wir viel Energie verbrauchen. Und der Genuss geht verloren. Wenn wir uns etwas gönnen, dann mit einem schlechten Gewissen.

Wie können wir mit der Perspektive der Zeitgeschenke den Umgang, den wir mit uns selbst pflegen, verändern? Wenn wir uns selbst ein Zeitgeschenk machen, dann anerkennen wir mit Wertschätzung unser eigenes Bedürfnis nach dem, wofür wir uns gerade Zeit schenken. Wir verurteilen es nicht, obwohl es vielleicht nicht die sinnvollste aller Aktivitäten ist, die uns zur Auswahl stehen. Wir würdigen damit den bedürftigen Teil in uns und wenn dieser zu erkennen gibt, dass er Beachtung geschenkt bekommen will, achten wir dies maßvoll und bewusst und dann wird er sich über die Zeit nicht mehr so lautstark zu Wort melden müssen. Wie im vorhergehenden Kapitel beschrieben, solltest du bei Zeitgeschenken stets eine wache und bewusste Entscheidung treffen und diese in dem Moment als besiegelt sehen, indem du das Geschenk »übergibst«. Es handelt sich bei Zeitgeschenken an sich selbst um einen Akt der bewusst gelebten Selbstliebe und Selbstfürsorge. Wenn du in dem Moment, in dem du dir ein Zeitgeschenk machst, dies in Liebe zu dir selbst machst und dich sowohl über das Schenken als auch über das Empfangen freust, dann sendest du damit Signale an dein Gehirn, welche zur Folge haben, dass du dich entspannst. Der bedürftige Teil in dir kann sich für den Moment entspannen, weil er weiß, dass er Beachtung geschenkt bekommt. Auch der strenge, selbstkritische Teil in dir kann sich für den Moment entspannen, wenn er feststellt, dass es sich um eine bewusste, überlegte, nicht mehr zu revidierende Entscheidung handelt. Es handelt sich um ein (einmaliges) Geschenk, es geht in dem Moment nicht darum, ein Ziel zu erreichen. Anfangs wird dieser Teil vielleicht noch sehr kritisch sein, aber mit der Zeit wirst du lernen, dir selbst mehr zu vertrauen und dann wird dieser kritische Teil immer weniger dominant sein. Denn er wird feststellen, dass es nicht im totalen Chaos endet, wenn er sich nicht ständig als Diktator aufspielt. Solange er dies tut – lass ihn einfach reden. Du musst ihn nicht aus der Welt schaffen bzw. kannst das gar nicht. Aber du kannst dich, obwohl du ihn hörst, auf die Selbstliebe konzentrieren, welche du fühlen kannst, wenn du dir selbst ein Geschenk machst. Auch das wird immer einfacher, je häufiger du es übst und praktizierst!

Wenn du ein neues Denken praktizierst, werden vermutlich beide inneren Anteile, der bedürftige wie auch der strenge Teil, versuchen, dies zu ihrem Vorteil zu nutzen. Sie werden versuchen, dich um den Finger zu wickeln und dir ihre Haltung verpackt in der neuen Denkweise zu verkaufen. Also lass dich nicht hinters Licht führen oder, da das wohl kaum zu vermeiden ist, registriere es so schnell wie möglich, wenn es passiert! Die beiden Anteile werden ihre Argumente so anpassen, dass sie in das neue Konzept passen. So wird der bedürftige Teil es beispielsweise immer wieder bei dir versuchen, um noch mehr und noch mehr von etwas zu erhalten, worauf er teilweise verzichten musste und wird argumentieren: »Komm, schenk mir das doch, das wäre jetzt ein Akt der Selbstliebe und etwas, worüber ich mich freuen würde.« In Wahrheit hast du dir an dem Tag schon genügend davon geschenkt und wenn du es nun erneut tun würdest, würde das nichts mehr zum Genuss beitragen, im Gegenteil, es würde sich so anfühlen, wie das Nachschöpfen bei einer schmackhaften Speise, obwohl man eigentlich schon satt ist: Anstatt dass du danach auf ein genussvolles Mahl zurückschaust, wird dein Magen schmerzen und vielleicht sogar leichte Übelkeit verursachen. Auf der anderen Seite wird der strenge Teil von dir zum Beispiel die ganze Zeit argumentieren, dass es ein Geschenk an dich wäre, wenn du deinen Kopf frei hättest und du deshalb gewisse Erledigungen oder Aufgaben sofort verrichten solltest. Das neue Vokabular, dass du von Zeitgeschenken sprichst, ändert noch nichts an deinen Gewohnheiten! Erst wenn du das Geschenkemachen *fühlst*, ändert sich deine Perspektive. Damit du es fühlen kannst, brauchst du einen kleinen Moment des Innehaltens. Je nachdem, wie du geübt darin bist, kann das eine Sekunde oder sogar ein Bruchteil einer Sekunde sein. Aber es benötigt ein inneres »zu sich kommen«. Das kann ein Gefühl, ein Bild, ein Gedanke sein. Du kannst dir zum Beispiel bildhaft oder auf emotionaler Ebene jeweils in Erinnerung rufen, wie es ist, ein Geschenk zu machen. Schon allein das Wort Geschenk löst in deinem Gehirn entsprechende Assoziationen aus. Wenn es um Geschenke an dich selbst geht, kannst du dir innerlich die Frage stellen, ob das, was du dir schenken möchtest, wirklich ein Geschenk darstellt. Du kannst dich fragen, ob es von Herzen kommt. Diese Fragen helfen dir, deine innere Stimme zu hören und nicht nur die laut streitenden bedürftigen bzw. strengen Anteile in dir. Übe dies so oft, bis es zur Gewohnheit wird und sei nicht frustriert oder enttäuscht, wenn dich die beiden laut schreienden Anteile ab und zu austricksen. Das ist normal und gehört zum Veränderungsprozess dazu. Aber freue dich über jede Situation, in der du ein neues Denken an den Tag legst und sei stolz darauf, wann immer es dir gelingt!

Wenn der strenge Anteil in uns extrem stark und dominant ist, hat das oft damit zu tun, dass wir schon sehr früh gelernt haben, dass wir dann geliebt und anerkannt werden, wenn wir uns zusammenreißen. Wir wurden beispielsweise als Kind dafür gelobt, wenn wir schön ruhig am Tisch gesessen haben, anstatt unsere Lebensfreude durch lautes Singen und Herumtoben auszudrücken. Oder wir wurden dafür gelobt, wenn wir, wie von unseren Eltern gewünscht, am Sonntagabend das Zimmer aufgeräumt haben, obwohl wir doch eigentlich unbedingt das Puzzle zu Ende machen wollten. Natürlich ist nichts Schlechtes daran, wenn unsere Eltern, Lehrer und sonstigen Bezugspersonen uns für sozial erwünschtes Verhalten gelobt haben. Die Frage ist jedoch, ob wir als Kinder stets wussten, dass wir auch dann geliebt werden, wenn wir einmal nicht so viel Selbstbeherrschung zeigen. Selbst wenn unsere Eltern uns bedingungslos geliebt haben, kann es sein, dass das für uns als Kind nicht immer klar war. Kinder leben völlig im Moment. In dem Moment, in dem ein Erwachsener beispielsweise wütend auf das Kind ist und das Kind kritisiert oder anschreit oder es spüren lässt, dass er von ihm enttäuscht ist, fühlt sich das für das Kind manchmal so an, als würde die Person das Kind nicht mehr lieben, denn es kann ja in dem Moment die Liebe nicht spüren. Uns Erwachsenen ist das oft zu wenig bewusst und so denken wir nicht jedes Mal daran, dem Kind zu sagen, dass wir nur im Moment wütend sind, dass das aber vorbeigeht und nichts mit der Liebe zu dem Kind zu tun hat. Und

Kinder gelangen oft zu ihren eigenen Schlussfolgerungen, welche sie aus den Situationen ableiten. So eben zum Beispiel die Überzeugung, dass sie nur geliebt werden, wenn sie sich anpassen und sich unter Kontrolle haben. Eine solche Überzeugung führt dazu, dass sie stets darauf bedacht sind, brav alle Erwartungen zu erfüllen. Und wenn wir uns als Kind solche Überzeugungen angeeignet haben, dann sind diese tief in uns verankert und steuern unbewusst unser Verhalten. Wir können unsere Denk- und Verhaltensmuster zwar anpassen, aber dies gelingt uns nur mit Geduld und mit stetiger Wiederholung.

Wenn du bei dir eine unbewusste Überzeugung vermutest wie die oben genannte, dann sind (Zeit-)Geschenke an dich selbst eine wunderschöne Möglichkeit, diese Überzeugung Schritt für Schritt aufzuweichen. Denn jedes Mal, wenn du dir selbst etwas schenkst, was du dir einfach gönnen möchtest, und das, ohne dir dabei ein schlechtes Gewissen zu machen, ist das ein Signal der Selbstliebe und du machst die Erfahrung, dass du einfach so geliebt wirst, ohne etwas dafür leisten zu müssen. Wichtig ist dabei, dass du Mitgefühl dir selbst gegenüber aufbringst. Der Teil von dir, der so streng ist, hat sein Bestes getan, um sich die Liebe der Bezugspersonen zu sichern. Auch wenn er es übertreibt, er hatte seine Funktion und er hatte gute Gründe, das zu tun, was er getan hat. Sei auch verständnisvoll mit dir, wenn dein bedürftiger Teil sich noch sehr bedürftig zeigt, denn dieser musste viel zurückstecken. Und er kennt nur den strengen Teil, der ihn dominiert und dafür schikaniert, dass er so bedürftig ist. Vertrauen zu gewinnen, dass seine Bedürfnisse in Ordnung sind und ihm die Liebe nicht entzogen wird, wenn er diese zeigt, wird etwas Zeit in Anspruch nehmen. Aber das Vertrauen wächst mit jedem bewussten (Zeit-)Geschenk an uns selbst!

Schreib-Aufgabe:

Obwohl wir unsere inneren Anteile zumeist nicht wirklich hören, wissen wir doch ungefähr, wie diese miteinander sprechen und welche Argumente sie haben. Wähle eine aktuelle Situation, in welcher die beiden Anteile sich uneins sind, und notiere dir die Konversation, die ungefähr zwischen den beiden abläuft. Wie kannst du den beiden Anteilen verständnisvoll begegnen, sie beide für die Funktionen wertschätzen, die sie in deinem Leben haben bzw. hatten, ihnen aber freundlich mitteilen, dass sie gerade zu weit mit ihren Forderungen gehen?

Eigentlich wissen wir sehr genau, welche Dinge uns guttun würden. Ein Spaziergang im Wald anstatt im Pausenraum zu sitzen und durch die Facebook Posts zu scrollen? Sich selbst liebevoll einen frischen Obstsalat mit den Lieblingsfrüchten zubereiten, anstatt achtlos vor dem Fernseher eine Tüte Chips in sich hineinzustopfen? Zwischendurch einmal bei lauter Musik durch die Wohnung tanzen, anstatt sich dazu zu zwingen, regelmäßig ins Fitnesscenter zu gehen? Natürlich sind es für jeden Menschen andere Dinge. Es gibt auch Menschen, die genau darin Erfüllung finden, vier Mal pro Woche das Fitnesscenter zu besuchen! Und es gibt Abende, an denen die Packung Chips vor dem Fernseher einfach der Seele guttut! Wir sollten uns regelmäßig jeden Monat einmal kurz Zeit nehmen, uns zu überlegen, ob wir tatsächlich das tun, wovon wir wissen, dass es uns guttut. Denn oftmals schleichen sich Gewohnheiten ein, ohne dass wir es bemerken und wenn die Gewohnheit einmal da ist, dann ist es oft schwer, die wieder loszuwerden. Außerdem gibt es Dinge, welche von uns sehr negativ bewertet werden, obwohl wir sie uns wünschen, so wie in Tanjas Beispiel das Fernsehen. Es lohnt sich zu reflektieren, ob wir nicht bei gewissen Dingen zu streng mit uns selbst sind und ob es angemessen ist, wenn wir uns diese vollkommen untersagen.

Schreib-Aufgabe:

Welche Gesten der Selbstliebe *wünsche* ich mir? Welche *möchte* ich mir schenken? Warum möchte ich mir gewisse Dinge manchmal nicht gönnen? Gibt es vielleicht Kompromisse oder Alternativen? Beispielsweise: »Eine Stunde pro Woche vor dem Fernseher verbringen ist in Ordnung, ich muss es mir nicht vollständig verbieten.« Oder: »Ich verzichte aufs Fernsehen, dafür gehe ich ab und zu mit Freunden ins Kino.«

Anderen Geschenke machen

Anderen Zeitgeschenke zu machen, fällt uns oftmals leichter, als uns selbst etwas zu schenken. Aber auch hier sind es häufig keine wahren Geschenke, wenn wir genauer hinschauen! Oft ist es eher ein Sich-Aufopfern als ein Schenken. Es ist deshalb wichtig, Klarheit darüber zu haben, wem wir wirklich etwas schenken wollen und wo wir das eher aus Pflichtgefühl oder Gewohnheit machen oder weil wir nicht nein sagen können. Diese Reflexion kann nicht im Moment der Entscheidung über ein Zeitgeschenk passieren, sondern du musst dir das zuvor in Ruhe überlegt haben, damit du in dem Moment der Entscheidung Zugang zu deinen ausführlicheren Überlegungen dazu hast! Oder besser gesagt, du solltest es dir regelmäßig überlegen! Und zwar in ruhigen Momenten, in welchen du das Ganze mit etwas Distanz betrachten kannst und dir Zeit nimmst, dich zu fragen, ob du deine Zeit den Menschen schenkst, denen du sie schenken möchtest und ob du das auf die Art und Weise machst, wie du es gerne tun möchtest!

Schreib-Aufgabe:

Erstelle eine Liste mit allen Menschen, in welche du Zeit investierst. Schreib dir dazu die ungefähre Anzahl an Stunden pro Woche oder pro Monat auf. Dann erstelle in einem zweiten Schritt eine Auflistung der Stundenverteilung, wie du sie gerne beschenken würdest. Wo gibt es starke Diskrepanzen? Und was ist der Grund dafür? Gibt es Möglichkeiten, dies ein bisschen mehr ins Gleichgewicht zu bringen? Falls du zum Beispiel Mühe hast, nein zu sagen, überleg dir konkrete Strategien und Formulierungen! Du solltest soweit den Weg vorbahnen, dass du in den nächsten Situationen, in welchen du über ein Zeitgeschenk entscheiden kannst, bereits auf vorgestaltete Verhaltensentwürfe verfügst, auf die du einfach zurückgreifen kannst.

»Freundschaften muss man pflegen«, das hast du sicher schon oft gehört und wahrscheinlich internalisiert. Du wirst vielleicht empört darüber sein, wenn dir dieses Buch nahelegen möchte, diesen Grundsatz zu überdenken. Dann wärst du ja ein völlig egoistischer und unsozialer Mensch und müsstest dich nicht wundern, wenn du irgendwann ganz alleine dastehen würdest. Das ist es, was man dir beigebracht hat, oder? Ja, es gibt tatsächlich Menschen, die andere ausnutzen und sich eigentlich nur für ihre eigenen Bedürfnisse interessieren und das sind sicherlich Menschen, die Freundschaften nicht pflegen. Sie melden sich nur dann, wenn sie eine Möglichkeit sehen zu profitieren. Natürlich sollst du nicht zu so einem Menschen werden! Trotzdem solltest du Freundschaften nicht pflegen *müssen*. Es sollte nicht ein Müssen sein! Du solltest dich nicht aus Pflichtgefühl mit Menschen treffen oder aus Pflichtgefühl Hilfsbereitschaft zeigen. Schenk der Person dann deine Zeit, wenn du das machen *möchtest*. Beantworte Nachrichten dann, wenn du der Person die Zeit widmen möchtest und nicht, weil die Person sonst beleidigt oder enttäuscht sein könnte. Alles andere schadet eurer Beziehung auf die Dauer! Auf der einen Seite bemerkt wahrscheinlich dein Gegenüber auf einer unbewussten Ebene, dass du Dinge nicht mit deinem ganzen Herzen tust. Vor allem aber wirst du mit der Zeit unzufrieden, wenn du das längerfristig so machst. Und diese Unzufriedenheit wirkt sich negativ auf die Qualität der Beziehung aus! Überleg einmal, wie du es mit dem Beantworten von Nachrichten handhabst. Welchen Personen schreibst du wie schnell zurück und aus welchem Grund? Gibt es Personen, denen du immer direkt antwortest? Aus welchem Grund? Einfach, weil du es so magst, mit ihnen in Kontakt zu stehen? Oder hat es eher mit Erwartungen der Person zu tun? Gibt es Personen, bei denen eine Dynamik entsteht, dass du schnell antwortest, sie daraufhin auch schnell antworten und du somit das Gefühl hast, schon wieder unter Zugzwang zu stehen, denn die andere Person hat ja auch so schnell geantwortet? Könntest du nicht den Abstand zwischen deinen Antworten vergrößern und damit den ewigen Kreislauf des ständigen »Antworten-Müssens« durchbrechen? Und stattdessen dann antworten, wenn du dir tatsächlich Zeit dafür nehmen kannst und magst? Dafür dem Gegenüber zugestehen, dies auch so zu handhaben? Möglicherweise sorgt dies anfangs für

Irritationen, gerade wenn du dich über lange Zeit hinweg anders verhalten hast. Vielleicht macht es dann Sinn, dich zu erklären und festzuhalten, dass es sich nicht um ein Abwenden handelt, sondern um ein bewussteres Zuwenden. Und wenn du dich in den Momenten meldest, in welchen du dir wirklich die Zeit nehmen möchtest, schreibst du vermutlich einfühlsamere Nachrichten und schreibst weniger unüberlegte Dinge.

Versuchen wir das Wort »müssen« zu ersetzen durch »dürfen«. Freundschaften *darf* man pflegen. Wie fühlt sich das an, diesen Satz so zu lesen oder auszusprechen? Für die meisten Menschen fühlt sich ein »dürfen« gleich viel leichter und freier an als ein »müssen«. Freundschaften zu pflegen kann etwas so Schönes sein! Tatsächlich macht es uns oft glücklicher, für andere da zu sein und anderen etwas Gutes zu tun, als etwas für uns selbst zu tun. Aber das funktioniert nur dann, wenn wir es nicht aus einem Pflichtgefühl heraus machen. Ruf dir eine Situation ins Gedächtnis, bei der du aus ganzem Herzen für jemanden da sein oder ihm etwas Gutes tun wolltest. Erinnere dich an das damalige Gefühl. Es fühlt sich wunderschön an, oder? Der Mensch ist ein soziales Wesen und wir sind darauf programmiert, füreinander da zu sein. Und wenn wir das leben, dann macht es uns glücklich. Vorausgesetzt wir nehmen uns auch die Zeit, die wir für uns selbst brauchen. Wir sollten zu dem Zustand zurückfinden, in dem sich Geben frei anfühlt! Vielleicht ist es nicht immer ein freudiges Gefühl, aber es sollte immer ein tiefes Gefühl von Richtigkeit haben. Nicht ein oberflächliches Gefühl von Richtigkeit, sondern ein tief im Herzen empfundenes, befriedigendes Gefühl von Richtigkeit. Das Gefühl, genau das jetzt tun zu wollen, weil es das ist, wozu wir uns im Einklang mit unseren Werten und Zielen im Leben entschlossen haben. Einen kranken Familienangehörigen zu pflegen, kann beispielsweise traurige Emotionen auslösen und sich gleichzeitig richtig und wichtig anfühlen. Es kann einem das Gefühl geben, dass man genau das tut, was das Herz einem sagt. Selbst wenn es schwer ist, zuzusehen, wie der geliebte Mensch leidet, gibt es einem ein Gefühl von Ruhe, zu wissen, dass man das macht, was man für richtig hält, wenn man dem Menschen seine Zeit und Unterstützung schenkt. Das Umgekehrte gibt es natürlich auch: Wenn man alleine aus Pflichtgefühl einen Angehörigen pflegt, dann fühlt man sich innerlich unruhig und unzufrieden und nicht im Einklang mit sich selbst. In dem Moment ist das kein Zeitgeschenk, sondern eine Opfergabe. Eine Opfergabe bedeutet, etwas zu geben, bei dem man das Gefühl hat, es eigentlich nicht entbehren zu können. Ein Geschenk zu machen bedeutet, etwas zu geben, weil man der Überzeugung ist, genug zu haben und gerne teilen möchte.

Mini-Meditation:

Die folgende Mini-Meditation hilft dir, dich mit der Freude am Schenken zu verbinden, indem du dir bewusstmachst, wie das Schenken ein Kreislauf ist und wir Teil von dem ewigen Schenken und Beschenkt werden sind. Setze dich bequem hin. Schließe deine Augen, nimm ein paar tiefe Atemzüge und nimm dir einen Moment Zeit, um bei dir anzukommen. Stell dir die Welt und die Menschheit vor und wie wir alle dadurch verbunden sind, dass wir einander Zeit und Aufmerksamkeit schenken. Du kannst dich emotional auf dieses Gefühl einlassen oder es dir bildlich vorstellen: All die Menschen, die dir in deinem Leben schon ihre Zeit und Aufmerksamkeit geschenkt haben, angefangen bei deinen Eltern, als du klein warst. Dann all die Menschen, denen du bereits deine Zeit und Aufmerksamkeit geschenkt hast. Und wie diese

Menschen die von dir erfahrene Liebe an andere weitergeben und diese sie wieder weitergeben. Wie sie danach von verschiedenen Seiten und auf verschiedene Arten wieder zu dir zurückfließt. Wie jeder Mensch seinen eigenen Platz in diesem Gefüge hat. Wenn du magst, kannst du die Natur mit einbeziehen, die ebenfalls Teil des ewigen Kreislaufes des Schenkens ist. Beispielsweise durch die Bäume, die Kohlendioxid benötigen und danach Sauerstoff bereitstellen, welchen wir einatmen, um danach wieder Kohlendioxid auszuatmen, was wiederum von den Bäumen benötigt wird. Oder dadurch, wie wir während unseres Lebens Nahrung durch die Pflanzen und Tiere geschenkt erhalten. Nach dem Tod geben wir unseren Körper an die Natur zurück. Aus den Bestandteilen unseres Körpers in der Natur können dann wieder Stoffe für neue Pflanzen erwachsen, welche irgendwann erneut anderen als Nahrung dienen können.

Schreib-Aufgabe:

Wenn du dich gerade bei der Mini-Meditation in das schöne Gefühl des Schenkens eingefühlt hast, dann ist jetzt der perfekte Moment, dir zu überlegen, auf welche Art und Weise du andere am liebsten beschenkst! Überlege dir: Was sind meine Talente? Was macht mir Freude? Wie kann ich die Welt mit meinen Talenten beschenken? Wie kann ich dazu beitragen, die Welt zu einem schöneren Ort zu machen? Kann ich andere inspirieren, andere trösten, anderen zuhören, bin ich die Person, die gute Laune verbreitet, die andere mit ihrem Humor zum Lachen bringt usw.? Kannst du gut anderen Dinge beibringen? Bastelst du schöne Geschenke? Hast du gerne ein offenes Haus, in dem alle stets willkommen sind?

Unsere Talente und die Dinge, die uns Freude machen, weisen uns den Weg und damit können wir am meisten bewegen! Viel mehr als mit dem, von dem wir denken, wir müssten es! Manchmal haben wir das Gespür dafür verloren, was wirklich unsere Gaben sind, die wir in die Welt hinaustragen sollten, weil wir viel Lob für Dinge bekamen, die andere wünschenswert fanden und die wir uns antrainiert haben. Wir haben beispielsweise gelernt, dass wir anderen immer zuhören sollten, und das haben wir dann immer so getan und bekamen Lob dafür. Weil uns alle die Rückmeldung gaben, wir können so gut zuhören, haben wir vielleicht den Kern unseres Wesens ignoriert, welcher eigentlich Freude daran und eine Begabung dafür hätte, anderen eine neue Perspektive aufzuzeigen, anstatt nur zuzuhören. Oder wir haben umgekehrt gelernt, dass wir anderen immer gute Tipps geben sollten und haben das über unser Leben hinweg stets geübt und wurden dann auch dafür gelobt. Denn wir wurden ja gewissermaßen gut darin, weil wir es ständig geübt haben. Aber eigentlich war es immer Stress für uns, dieser Druck, dass wir etwas Schlaues dazu sagen sollten. Und eigentlich wären wir am liebsten einfach nur für andere Personen da gewesen und hätten zugehört.

Leider haben viele Menschen ein schlechtes Gewissen, wenn sie das tun, was ihnen Freude macht. Es ist oft so tief in uns verankert, dass wir geben *müssen* und dass wir uns dabei aufopfern müssen, dass wir tatsächlich oft auf eine Art und Weise geben, die uns viel Energie kostet. Wir fahren beispielsweise immer zu der Freundin, um ihr die Fahrt zu uns zu ersparen. Dabei kochen wir eigentlich gerne und es würde uns richtig Freude machen, wenn sie uns besuchen würde und wir die Gelegenheit hätten, ein neues Kochrezept auszuprobieren. Oder wir bieten dem Freund, dem es nicht gut geht, an, dass er uns jederzeit anrufen darf, obwohl wir eigentlich ungern telefonieren und dann zugunsten des Telefonats auf den Spaziergang in der Natur verzichten, bei dem wir jeweils gut entspannen können. Warum laden wir also nicht den Freund stattdessen ein, mit uns in die Natur zu kommen und teilen mit ihm die Entspannung, die wir auf dem Spaziergang erleben? Vielleicht hat sich der Freund eigentlich ein Telefonat gewünscht, aber wenn er sich stattdessen auf deinen Vorschlag mit dem Spaziergang einlassen mag, tut es ihm vielleicht gut und du konntest ihm etwas weitergeben von deiner Entspannung, die sich bei dir an der frischen Luft in der Natur einstellt. Viele Menschen in unserer Gesellschaft haben sich im Laufe ihres Lebens so viel Selbstkontrolle antrainiert – selbst, wenn sie selbst der Ansicht sind, nach wie vor nicht genug davon zu haben – dass sie oft zuerst die Dinge tun, bei welchen sie das Gefühl haben, sie tun zu müssen. Und oft bleibt am Schluss kaum Zeit für die Dinge, die sie lieber tun würden. Sie haben gelernt, ihre Bedürfnisse, Wünsche und Träume immer hintenanzustellen. Dabei liegen darin oft die wahren Schätze vergraben: Wenn wir darüber nachdenken, dann ist das, was wir machen, wenn wir mit unseren Wünschen und Träumen verbunden sind, in der Regel ein wahres Geschenk an uns oder an andere. Selbst wenn es etwas ist, was wir nur für uns tun, so profitieren davon indirekt auch unsere Mitmenschen, denn wir werden diesen in der Folge mit viel mehr Ruhe, Gelassenheit und Zufriedenheit begegnen. Es ist nicht jeder dafür gemacht, alte und kranke Menschen zu pflegen. Die Menschen, die dafür gemacht sind, empfinden tiefe Zufriedenheit und fühlen sich bei dem Gedanken erfüllt, so eine wertvolle Arbeit zu leisten. Aber wenn du einfach nicht zu diesen Personen gehörst, dann kannst du dich nicht dazu zwingen, zu ihnen zu gehören. Vielleicht machst du gerne Party? Und hast dann ein schlechtes Gewissen dabei? Vielleicht wäre es Zeit für einen Perspektivenwechsel! Was, wenn du das Leben anderer auf deine Art genauso bereicherst? Vielleicht veranstaltest du die besten Home-Partys, bei welchen die Leute, die sonst den ganzen Tag Alte und Kranke pflegen einmal auf andere Gedanken kommen, abschalten und einfach ausgelassen feiern können? Oder du motivierst deine Freunde im Winter dazu, nicht nur zuhause zu sitzen, zeigst ihnen deine neuen Lieblingslokale, verbreitest gute Stimmung und hilfst ihnen, für eine kurze Zeit den Berufsalltag zu vergessen? Das Partymachen ist natürlich nur ein Beispiel, du kannst dieses auf das übertragen, was du am Allerliebsten tust! Es geht darum, dass du den wertvollen Anteil anerkennst, den du leistest oder leisten kannst und diesen nicht kleinredest! Dass du den Mut hast, das zu sein, was du bist und das zu schenken, was du zu schenken hast, und zwar voller Freude und aus ganzem Herzen!

Schreib-Aufgabe:

Welches sind die Talente, welche du hast, welche einfach da sind, ohne dass du dich anstrengen musst und bei welchen es dir Freude macht, diese zu nutzen? Was konntest du schon als Kind gut und hast es gerne gemacht? Überlege dir, was du gerne in der Welt bewirken würdest und wie. Dann schau, welches Gefühl dieser Wunsch bei dir auslöst. Fühlt es sich leicht und freudig an? Oder eher schwer und angespannt? Je leichter und freudiger es sich anfühlt, desto eher handelt es sich um eine Gabe von dir, welche du in die Welt hinaustragen solltest! Je schwerer und angespannter du dich fühlst beim Gedanken daran, desto eher handelt es sich um etwas, was du tun möchtest, weil du gelernt hast, dass man das tun sollte oder weil du erwartest, dadurch Liebe und Aufmerksamkeit zu erhalten, was jedoch nicht deinen authentischen Bedürfnissen entspricht. In welchen Situationen und Bereichen deines Lebens gibst du das, wozu du gemacht bist, es zu geben und in welchen Situationen und Bereichen deines Lebens zwingst du dich dazu, Dinge zu geben, die nicht im Einklang mit dem sind, was du als Person bist und fühlst und möchtest?

Manchmal sollten wir einfach JETZT die Dinge tun, bei denen wir Freude am Geben haben. Auch wenn dafür andere Dinge, die man tun »sollte«, liegen bleiben. Damit sich etwas in unserem Leben verändert müssen wir den Mut haben, gewisse Dinge für den Moment liegen zu lassen und uns stattdessen auf das zu fokussieren, was wir mit ganzem Herzen tun wollen. Das Spannende ist, dass sich dann oft Lösungen abzuzeichnen beginnen, welche man zuvor gar nicht in Betracht gezogen hat. Vielleicht erledigt jemand anderes das unliebsame »to do« oder es erledigt sich von selbst. Oder wenn du es eine Woche nicht getan hast, erkennst du plötzlich, dass dies eigentlich gar nicht so schlimme Konsequenzen hat und entscheidest dich dann, es gar nicht mehr oder seltener zu machen. Oder du fängst aus einer anfänglichen Not heraus an, Dinge zu delegieren und bemerkst dann, wie befreiend das sein kann und dass andere Menschen sogar gerne einspringen und Verantwortung übernehmen. Oder aus dem, was du mit ganzem Herzen tust, entstehen neue Möglichkeiten und Chancen und plötzlich zeichnen sich Lösungen ab, sodass du das ungeliebte »to do« gar nicht mehr tun musst. Weil es dir jemand abnimmt aus Dankbarkeit für das, was du gerne für ihn getan hast. Oder weil du dich neu organisieren kannst. Vielleicht ergibt sich aus den Dingen, die du mit ganzer Freude tust, ein

Nebenverdienst und du kannst dir somit eine Reinigungskraft leisten und musst das unliebsame Putzen nicht mehr selbst erledigen. Oder du kommst mit deiner Schwester, zu deren Kind du eine enge Beziehung hast und dieses deshalb gerne einen Abend pro Woche betreust, darauf zu sprechen, dass sie gerne Fotoalben gestaltet. Und während sie dankbar für die Betreuung ihres Kindes ist, kannst du dafür die gesamten Foto-Stapel, die sich bei dir angesammelt haben, an sie abgeben. Vertraue darauf, dass sich mit der Zeit Lösungen ergeben, sobald du dich entscheidest, dich mehr auf das zu fokussieren, was du tun möchtest als auf das, was du tun solltest!

Zeit für einen kleinen Perspektivenwechsel: Wenn du dich in die Position der beschenkten Person begibst: Ist es nicht so, dass es sich am allerbesten anfühlt, wenn du spürst, dass dein Gegenüber dir das, was er oder sie dir schenkt, von ganzem Herzen schenken möchte? Wenn die Person beispielsweise unbedingt für dich da sein möchte, wenn es dir nicht gut geht und du bemerkst, dass es ihr ein gutes Gefühl gibt, wenn sie in dem Moment etwas zu deinem Wohlbefinden beitragen kann? Hätte es nicht einen schalen Beigeschmack, wenn die Person in dem Moment für dich da ist, sie aber eigentlich frustriert darüber ist, dass sie dafür die Einladung zu einem Geburtstagsfest absagen musste? Wenn du das gewusst hättest, dann hättest du dir vielleicht vielmehr gewünscht, dass sie dir einfach nur eine von Herzen kommende Sprachnachricht geschickt hätte, anstatt bei dir vorbeizukommen. Aus der Perspektive der Beschenkten erscheint uns das logisch. Doch, sobald wir uns in der Rolle der Schenkenden befinden, nehmen oft die internalisierten Überzeugungen überhand, was wir tun sollten oder tun müssen, um akzeptiert und geliebt zu werden. Was wäre, wenn du einfach einmal darauf vertrauen würdest, dass es genügend Gründe gibt, dich so zu lieben, wie du bist?

Kommen wir einmal mehr zurück zum Vergleich mit materiellen Geschenken. Über welche Geschenke freust du dich am meisten? Die meisten Menschen sind sich da einig: Die allerschönsten Geschenke sind diejenigen, bei denen sich jemand etwas dabei überlegt hat. Geschenke, die von Herzen kommen. Die liebevoll hergerichtet wurden, vielleicht mit Sorgfalt selbst gebastelt oder schön verpackt. Und mit einem Inhalt, der zeigt, dass sich der Schenkende dazu Gedanken gemacht hat, worüber du dich freuen könntest. Das können kleine Gesten der Liebe sein. Deine Lieblingsschokolade verpackt mit einem Geschenkpapier voller Fotos von gemeinsamen Erinnerungen und dazu eine selbst gestaltete Karte mit einem Spruch, der euch an ein Erlebnis erinnert, über das ihr gelacht habt. Vermutlich freust du dich darüber viel mehr als über ein teures Geschenk, das der Schenkende von der Verkäuferin im Laden einpacken lässt und noch kurz auf eine Karte ein unpersönliches »für Dich« drauf kritzelt. Es sollte doch bei Geschenken darum gehen, einander zu zeigen, dass man sich liebt. Und dazu muss man keine Unsummen von Geld ausgeben, sondern im Gegenteil eher gezielt Geld ausgeben, falls das überhaupt nötig ist. Hauptsächlich geht es um die Geste und darum, dass es von Herzen kommt. Bei Zeitgeschenken ist das genauso. Du musst nicht Unmengen an Zeit in ein Zeitgeschenk investieren. Es ist viel wichtiger, dass du es gezielt, bewusst und mit Liebe machst!

Erinnerst du dich an das Beispiel zuvor, dass man auch mit Partymachen andere beschenken kann? Ich möchte dazu ein Beispiel geben, um zu veranschaulichen, wie viele von uns funktionieren: In dem Beispiel kommen zwei Schwestern vor, die eine Partyqueen und Lebefrau, nennen wir sie Sunny, die andere, Luna, eine gute Seele, sensibel, hilfsbereit und die Ruhe selbst. Die Mutter der Schwestern ist schwer erkrankt und kann sich nur noch im Rollstuhl fortbewegen. Die Ärzte gehen davon aus, dass sie nur noch wenige Wochen leben wird. Sunny und Luna möchten beide, dass ihre Mutter so lange wie möglich zuhause bleiben kann und nicht ihre letzten Wochen im Krankenhaus verbringen muss. Beide bringen jedoch völlig unterschiedliche Talente und Vorstellungen mit. Während es für Luna klar ist, dass die Töchter sich um die Betreuung und Pflege der Mutter kümmern werden, hat sich Sunny vorgestellt, dass sie eine Person anstellen könnten, die ihre Mutter pflegt und dass sie und Luna für Besuche vorbeigehen, um ihre Mutter aufzuheitern und sie damit von der Krankheit abzulenken. Weil Luna die Schwester verständnislos ansieht, als Sunny ihr vorschlägt, eine Pflegefachperson zu engagieren, fühlt sich Sunny schuldig und ändert sofort ihre Meinung: Natürlich wird sie Luna bei der Pflege der Mutter helfen. Es ist zwar nicht das, was sie gerne tun möchte, aber sie würde doch niemals die Mutter im Stich lassen und auch nicht die Schwester, wenn diese sich um die Mutter kümmert und sowieso, das ist doch das Mindeste, was sie für sie in diesen letzten Wochen ihres Lebens tun kann! Wie konnte sie bloß auf so eine Idee kommen, jemanden dafür anzustellen? Sie schämt sich schon allein für diesen Gedanken. Sie hatte vor, nur für ein paar wenige schöne Stunden da zu sein, anstatt wirklich etwas für ihre Mutter zu tun. Sie wird nun all die Home-Partys, Spieleabende und Essenseinladungen absagen, die sie geplant hatte und stattdessen das machen, was eine gute Tochter für ihre Mutter tut: Für sie da sein, sich um die Dinge kümmern, die sie nicht mehr selbst erledigen kann, sich um ihre Körperpflege kümmern, all die Sachen, wofür sie ihre Töchter braucht. Luna freut sich darüber, dass Sunny sie bei der Pflege der Mutter unterstützt. Gleichzeitig fühlt sie sich schuldig, weil sie merkt, dass Sunny auf vieles verzichtet, was ihr sonst wichtig ist. Und wenn sie gemeinsam bei ihrer Mutter sind und sich um sie kümmern, dann merkt sie, dass Sunny mit ihrer fröhlichen Art so viel Lockerheit und Humor in den Alltag der Mutter bringt, dass sie sich schlecht fühlt, weil sie das so überhaupt nicht kann. Daher strengt sich Luna an: Sie denkt sich lustige Dinge aus, wie sie die Mutter zwischendurch zum Lachen bringen könnte. Und um Sunny wieder einmal auf andere Gedanken zu bringen, lädt sie ab und zu Sunny sowie weitere Freunde zu sich nach Hause ein. Beide Schwestern strengen sich an und je länger die Situation andauert, desto mehr fühlen sie sich erschöpft durch diese selbst auferlegten Aufgaben. Sunny verliert immer mehr ihre Lockerheit und Leichtigkeit und Luna hat immer mehr das Gefühl, dass sie zu schwach ist, um mit dem, was das Leben von ihr fordert, klarzukommen. Beide können in dem Moment das, was sie eigentlich zu geben hätten, nicht mehr uneingeschränkt geben, weil sie der Illusion erliegen, dass nicht genügend da ist. Kein Wunder, denn beide haben das Gefühl, etwas geben zu *müssen*. Sie machen keine Zeitgeschenke, sondern sie opfern sich auf, weil sie denken, es würde von ihnen erwartet. Weil sie Angst haben, nicht geliebt zu werden, wenn sie einfach das geben, was sie von Natur aus zu geben haben. Dabei würde es auch anders gehen! Stellen wir uns vor, die beiden hätten den Mut, zu sich zu stehen. Beide haben ein tiefes Bedürfnis, ihrer Mutter in deren letzten Wochen beizustehen und ihr Zeit und Aufmerksamkeit zu schenken. Was also, wenn es jede auf die Art und Weise macht, die ihr am besten liegt und ihrem Naturell entspricht? Luna würde somit sofort bei ihrem Arbeitgeber unbezahlten Urlaub beantragen, sehr viel Zeit bei der Mutter verbringen, würde für sie einkaufen und kochen, ihr zuhören, wenn sie über ihre Schmerzen klagt, sie bei der Körperpflege unterstützen, sie zu den Arztterminen begleiten und ihre Hand halten, wenn sie Angst hat vor dem Sterben. Auch wenn es anstrengend und teilweise traurig wäre, so wäre Luna erfüllt von einem tiefen Gefühl von Zufriedenheit darüber, dass sie ihrer Mutter in diesen schwierigen Stunden beistehen und sie etwas an sie zurückgeben kann, nachdem ihre Mutter so viel für sie getan hat. Sunny hingegen würde zu einem gewissen Teil weiterhin ihrem Alltag nachgehen und ab und zu auch Freunde treffen, wenn auch seltener als sonst. Auf Clubbesuche und Ähnliches würde sie vorübergehend verzichten, weil ihr gerade nicht danach ist. Aber sie würde nach wie vor Leute zum Essen einladen, unter anderem natürlich auch Luna, so dass diese einmal auf andere Gedanken kommt. Und Luna könnte möglicherweise diese Abende bei der Schwester richtig genießen, um einmal abschalten zu können und die gute Stimmung in Sunnys Haus mit deren Freunden genießen. Und natürlich würde Sunny ihrer Mutter regelmäßige Besuche abstatten. In dem Moment, in dem Sunny die Wohnung der Mutter betreten würde, wäre für ein paar Stunden die gesamte Schwere verflogen. Sunny würde von ihrem neuen Lieblingsrestaurant Essen mitbringen, das sie gemeinsam genießen würden. Sie würde laute Musik einlegen und mit der Mutter im Rollstuhl tanzen. Sie würde die Mutter wie auch Luna zum Lachen bringen, würde ihnen die lustigen Videos zeigen, die sie soeben zugeschickt erhalten hat und ihnen von den lustigen Anekdoten an ihrem Arbeitsplatz erzählen. Sie würde die Äußerungen der Mutter, dass das aufgrund ihrer Beschwerden nicht gehe, nicht gelten lassen und würde gemeinsame Ausflüge planen, mit der Mutter im Rollstuhl auf den Jahrmarkt, an den See und in den Zirkus gehen und sie dazu bewegen, das Leben noch einmal in vollen Zügen zu genießen und zwischendurch die Sorgen und die Schmerzen zu vergessen. In diesem Alternativszenario wären sowohl Sunny als auch Luna dankbar und zufrieden, dass sie so viel dazu beitragen können, ihrer Mutter in den letzten Wochen deren Lebens so viel Liebe zu schenken wie möglich. Und beide würden sich nach wie vor lebendig fühlen. Kommt dir das Verhaltensmuster bekannt vor, das die beiden Schwestern in dem ersten Szenario zeigen? Wo verbiegst du dich und versuchst, etwas zu geben, was eigentlich gar nicht dem entspricht, was du von Natur aus zu geben hättest? Bei welchen Tätigkeiten fühlst du dich anschließend ausgelaugt? Könnte es sein, dass du dich unter Druck setzt, etwas zu geben, einfach nur, weil du glaubst, dass du das geben musst oder sollst?

Für andere da zu sein, kann erfüllend sein und einem ein Gefühl von Sinnhaftigkeit geben. Wenn wir mit unserem Wesenskern im Einklang sind und anderen auf eine Art und Weise Zeit schenken, wie es unseren Fähigkeiten und Talenten und unserer wahren Natur entspricht, dann gibt uns das eine Art innere Ruhe und Zufriedenheit, selbst in sehr hektischen und vielleicht schwierigen Zeiten. Unsere Gefühle sind also wertvolle Gradmesser dafür, ob wir aktuell unsere Gaben in die Welt hinaustragen oder wie sehr wir damit beschäftigt sind, Dinge zu geben, von denen wir annehmen, sie würden von uns erwartet. Wenn wir uns ausgelaugt fühlen, das Gefühl haben, ständig Dinge machen zu müssen und dabei selbst auf der Strecke zu bleiben, dann sind das Anzeichen dafür, dass wir überdenken sollten, was unsere Gaben und Begabungen sind, die Dinge, die wir in uns tragen und von denen wir geben können, ohne dabei etwas zu verlieren. Ohne dass es uns Energie kostet. Wenn wir die Welt mit dem beschenken, was wir natürlicherweise in uns tragen, dann fühlen wir uns energetisiert! Wir sind mit uns selbst im Einklang und können aus diesem Zustand heraus geben. Zeitgeschenke im Sinne dieses Buches kommen immer aus diesem Zustand heraus.

Aus dem Zustand, in dem wir mit unserem Wesenskern verbunden sind und intuitiv spüren, in welcher Situation wir was zu geben haben und wo unsere Grenzen sind. Wir haben im ersten Teil dieses Buches zwischen Taubheitszustand und Lebendigkeitszustand unterschieden. Wenn wir uns im Lebendigkeitszustand befinden, in welchem wir Zugang haben zu unseren tieferen Gefühlen und offen sind für das Leben, dann spüren wir oft viel besser, welche Zeitgeschenke wir in dem Moment tatsächlich machen möchten, weil sie zu unserer Zufriedenheit beitragen. Es ist jedoch zusätzlich wichtig, dass wir uns in einem ruhigen Moment einmal vertiefter dazu Gedanken machen! Solltest du die letzte Schreib-Aufgabe noch nicht gemacht haben, wäre jetzt der Moment, dies nachzuholen. Es lohnt sich, sich für diese Gedanken wirklich Zeit zu nehmen! Wenn du das kurz einmal nebenher in zwei Minuten überdenken möchtest, dann wirst du vermutlich keine tieferen neuen Erkenntnisse haben. Denn du hast ja über viele Jahre hinweg so gelebt, wie du es jetzt tust und hast dir deine Erklärungen dafür zurechtgelegt. Zusätzlich sind wahrscheinlich Dinge, die du allein deshalb tust, weil du damit anderen gefallen möchtest, mit gewissen positiven Emotionen assoziiert, denn du wirst dafür auch Lob und Anerkennung erhalten haben! Es ist also nicht ganz einfach, herauszufinden, was du wirklich von Herzen mit anderen teilen möchtest.

Um ein mögliches Missverständnis zu klären: Jemandem ein Zeitgeschenk zu machen, heißt nicht, dass es nicht so sein darf, dass du es der Person deshalb schenkst, weil das das ist, was sie sich von dir wünscht, auch wenn es grundsätzlich nichts ist, was du gerne tust! Wenn sich deine Freundin immer wünscht, dass du ihr hilfst beim Gärtnern, du das aber überhaupt nicht gerne tust, dann geht es nicht darum, immer nein zu sagen. Es geht vielmehr darum, dann nein zu sagen, wenn du es mit einem gewissen

Groll oder einem gewissen Unmut tun würdest. Aber du hast stets die andere Möglichkeit: Nämlich diese, dich in deinem Herzen mit der Freude am Schenken zu verbinden und deiner Freundin dies zwischendurch einmal zu schenken, einfach nur, um ihr eine Freude zu machen. Der kleine, feine Unterschied in dem Fall ist, dass du die Entscheidung bewusst triffst und du dich dazu entscheidest, dieses Zeitgeschenk zu machen, aus reiner Freude am Schenken. Also nicht aus der Motivation heraus, dass du einen Konflikt vermeiden möchtest. Nicht aus der Motivation heraus, dass du denkst, du musst das tun, weil gute Freunde eben tun, was sich die anderen von ihnen wünschen. Nicht aus der Motivation heraus, dass du im Gegenzug Erwartungen an deine Freundin hast. Weiter bedeutet es auch, dass du dir beim nächsten Bitten der Freundin um Hilfe beim Gärtnern erneut bewusst überlegen wirst, ob du ihr dieses Zeitgeschenk machen möchtest. Dass es sich nicht einfach so einspielt, dass du es jedes Mal machst, ohne es zu hinterfragen, sondern dass du es eben hinterfragst. Dass du dich fragst, ob du im Moment gerade so viel Energie zur Verfügung hast, dass du gut Zeit verschenken kannst im Bereich von Dingen, die dir grundsätzlich wenig Freude bereiten. Denn wenn du diese Energie gerade hast, dann kannst du diese darin investieren, deine Handlung als Geschenk zu sehen und in dem Moment, in dem du das tust, wird sich das Schenken gut anfühlen. Es braucht aber diese gewisse Start-Energie, die vorhanden sein muss für eine entsprechende Umdeutung. Sind deine Energiereserven gerade leer, dann wird dir das vermutlich nicht gelingen und wahrscheinlich wirst du dann mit der Gießkanne in der Hand dort stehen, während du gleichzeitig daran denkst, dass du heute noch deine Rechnungen bezahlen und einkaufen wolltest oder dass deine Großmutter schon lange auf einen Anruf von dir wartet. Und dein Energielevel wird nach deinem Gärtner-Einsatz noch niedriger sein, als er zuvor bereits war. Es ist stark anzunehmen, dass du bei dem niedrigen Energielevel dann nicht auf die Idee kommst, endlich die Dinge zu tun, die du voller Freude tun könntest und mit denen du ebenfalls Zeitgeschenke an andere machen würdest. Stattdessen wirst du weiterhin in der Welt weiterleben, die du dir so eingerichtet hast, dass du ständig den Erwartungen und Wünschen anderer nachkommst und dich dabei selbst ein Stück weit verleugnest. Höchste Zeit also, das endlich zu ändern!

Falls du dir nun bewusst bist darüber, was du der Welt zu schenken hast, dann kommt die nächste Herausforderung: Sei stolz darauf! Freue dich darüber, dass du diese Gaben hast und du damit das Leben anderer Menschen bereichern darfst! Ein Geschenk wird voller Freude überreicht und mit der Überzeugung, das Richtige ausgewählt zu haben für die beschenkte Person. Wie wir aber bereits gesehen haben, haben wir oft ein schlechtes Gewissen, einfach nur das zu tun, was uns Freude macht. Aber mit einem schlechten Gewissen schenkt man nicht gut! Auch hier können wir einmal mehr den Vergleich zu materiellen Geschenken herbeiziehen: Stell dir vor, du erhältst von jemandem eine Tasse. Wie fühlt es sich an, wenn die Person mit einem freudigen Lächeln vor dir steht und zu dir sagt: »Schau, diese Tasse ist extra für dich, ich möchte sie dir gerne schenken!« Und wie fühlt es sich an, wenn die Person mit einem zerknirschten Gesicht dasteht und sagt: »Es tut mir leid, ich habe leider nur diese Tasse, die ich dir schenken kann.«? Es braucht deine Überzeugung, dass das, was du gut kannst und das, was du mit ganzem Herzen tun möchtest, toll und sinnvoll und erwünscht ist! Wenn du diese Überzeugung zum aktuellen Zeitpunkt noch nicht hast, dann solltest du daran arbeiten! Im dritten Teil dieses Buches ist ein Kapitel diesem Thema gewidmet. Vielleicht magst du schon jetzt erste Schritte in diese Richtung unternehmen! Schreib dir zum Beispiel in dein Zeit-Geschenk-Notizbuch, warum deine Gaben erwünscht sind und wo und wie diese das Leben anderer bereichern könnten.

Mini-Meditation:

Wenn du dir zuvor bewusstgemacht hast, welches deine Stärken, Talente, Fähigkeiten sind, welche du gerne mit anderen teilen möchtest, dann nimm dir jetzt einen Moment Zeit, dich dafür zu feiern, dass du diese geschenkt erhalten hast und diese nutzen darfst, um das Leben deiner Mitmenschen und gleichzeitig auch dein Leben damit zu bereichern! Schließe dazu die Augen und vielleicht magst du eine oder deine beiden Hände auf dein Herz legen, um dich mit dem Gefühl zu verbinden, welches das Schenken von Herzen bei dir hervorruft. Nimm dir einen Moment Zeit, zur Ruhe zu kommen und danach rufe vor deinem Geist eine Situation wach, in der du deine Talente in die Welt hinausträgst. Vielleicht sind es mehrere Situationen, die sich zeigen. Vielleicht sind es Situationen, welche du bereits erlebt hast. Oder es sind Situationen, welche du in Zukunft kreieren und erleben möchtest. Gib dich voll dem Genuss und der Freude des Schenkens hin und freue dich über die Zufriedenheit oder die Freude, die du den Menschen (oder Tieren oder Pflanzen) schenkst. Stell dir bildhaft und lebendig ihre Freude und Dankbarkeit vor! Freue dich darüber, dass du ihnen etwas geben kannst, was ihnen guttut, was sie aufheitert, ihnen ein Erfolgserlebnis oder einen schönen Moment schenkt! Vielleicht tust du Dinge, die gar niemand so bewusst registriert, bei denen niemand kommt und sich überschwänglich bedankt, aber bei dem du irgendjemanden auf seinem Lebensweg unterstützt und ihm das Leben etwas leichter machst, spüre dann beispielsweise, wie ein Teil von seiner Last wegfällt! Und nun schenke dir selbst Anerkennung für das, was du da tust! Fühle den Wert deines Beitrags! Falls dir das schwerfällt und du dazu tendierst, deinen eigenen Beitrag kleinzureden, dann begib dich in eine Außenperspektive, schau auf das, was du da machst, mit den Augen eines guten Freundes, der dich mag, anstatt mit deinen eigenen besonders kritischen Augen!

Welche Überzeugungen und Glaubenssätze hast du internalisiert, wo hast du das Gefühl, geben zu *müssen*? Am allermeisten haben wir dieses Gefühl oft dann, wenn es nahestehenden Menschen nicht gut geht. In dem Fall löst es bei den meisten Menschen massive Schuldgefühle aus, wenn sie dem nicht entsprechen, was sich dieser Mensch von ihnen wünscht. Oder wenn sie dem nicht entsprechen, wovon sie denken, dieser Mensch würde es sich wünschen. Oder wenn sie nicht den Verhaltensregeln entsprechen, welche sie unbewusst für entsprechende Situationen abgespeichert haben. Oftmals ist es tatsächlich gar nicht der Wunsch des Gegenübers, sondern unser eigenes, starres Regelsystem, das unser Denken in dem Moment beherrscht, ohne dass wir uns dessen bewusst sind! Würden wir die Person fragen, dann würde sie vielleicht sagen, dass das, was wir als unsere Pflicht ansehen gar nicht für sie nötig ist. Und dann würden wir denken, dass die Person das nur sagt, um uns nicht zu belasten. Aber vielleicht ist es ja wirklich so! Ein Beispiel dazu: Elenas Partner Dario ist traurig, weil ein Freund sich von ihm abgewendet hat. Vermutlich wird sie denken, dass sie nun unbedingt für ihn da sein muss, damit er spürt, dass sie sich nicht auch von ihm abwendet. Obwohl sie so gerne den Abend mit ihren

Freundinnen verbringen würde, sagt sie die Verabredung mit ihnen ab und reserviert in einem Restaurant für ein gemeinsames Essen mit Dario. Vielleicht äußert Dario, dass das doch gar nicht nötig gewesen wäre und vielleicht denkt er sogar insgeheim, dass er im Moment gerade gar keine Lust darauf hat, aber das wird er vermutlich nicht laut kundtun, denn es war gut gemeint von Elena. Vielleicht fühlt er sich auch überhaupt nicht gut in dem Wissen, dass sie die Verabredung mit ihren Freundinnen abgesagt hat und versucht sie davon zu überzeugen, sich trotzdem mit ihnen zu treffen. Vermutlich wird Elena nicht darauf eingehen, denn sie ist überzeugt, dass Dario ihre Zuwendung braucht. Aber was, wenn sie sich da irrt? Kann sie das wirklich wissen? Vielleicht würde es ihm guttun, wenn er den Schmerz über die zerbrochene Freundschaft fühlen und verarbeiten würde, anstatt sich abzulenken? Vielleicht wäre in dem Moment das größte Geschenk an ihn, wenn ihm Elena zutrauen würde, dass er seine Gefühle selbst bewältigen kann und dass er selbst sagen kann, was er braucht und auf sie zu kommt, wenn er einen Wunsch an sie hat? Wenn wir Verantwortung für andere übernehmen, dann fühlt sich das für diese teilweise schön an, teilweise auch nicht, aber es ist grundsätzlich kein Geschenk! Auf jeden Fall dann nicht, wenn wir dies auf eine Art und Weise machen, in welcher wir der Person die Entscheidung darüber abnehmen. Bei Kindern ist das natürlich etwas anderes und für Erwachsene kann es ein großes Geschenk sein, wenn sie einmal die Verantwortung abgeben können. In dem Moment müssen sie jedoch vorher zu dieser Art von Geschenk ja sagen. In dem Moment, in dem wir jemanden zur Annahme eines Geschenks überreden oder gar zwingen wollen, nur weil wir glauben, dass er das braucht, ist es kein Geschenk! Elena könnte in dem Moment, in dem sie sieht, dass Dario traurig ist, überlegen, ob sie ihm einen gemeinsamen

Abend schenken möchte. Wenn sie sich entscheidet, Dario dieses Zeitgeschenk machen zu wollen, dann kann sie ihm anbieten, dass sie mit ihm Essen geht und stattdessen den Mädelsabend absagt. Danach kann er das Geschenk annehmen oder nicht. Ganz egal, aus welchen Gründen jemand ja oder nein zu einem Geschenk sagt, der Effekt des Schenkens ist in dem Moment weg, in dem er es nicht annehmen kann oder will. Selbst wenn sich Dario nichts sehnlicher wünscht, als den Abend mit Elena zu verbringen: Wenn er dies nicht annehmen kann, dann wird es kein schöner Abend werden, denn er wäre die ganze Zeit gedanklich damit beschäftigt, dass er dieses Geschenk nicht verdient hat, dass er ein schlechtes Gewissen haben sollte und dass Elena sich vielleicht mit ihm langweilt, wo sie doch eigentlich mit ihren Freundinnen einen lustigen Abend geplant hatte. Sagt er also nein dazu und Elena respektiert dieses nein, selbst wenn sie weiß, dass es eigentlich sein Wunsch wäre, dann gibt sie ihm die Chance, zu der Erkenntnis zu kommen, dass er das nächste Mal ja sagen und für seine Bedürfnisse einstehen sollte. Sie gibt ihm die Chance, sich persönlich zu entwickeln und Verantwortung für sich zu übernehmen, was sich gut anfühlt, selbst wenn es im ersten Moment unangenehm ist. Umgekehrt ist es so, dass es sich nur im ersten Moment gut anfühlt, wenn andere die Verantwortung für uns übernehmen. Es ist bequem. Aber wir lernen dadurch nie, zu unseren Bedürfnissen zu stehen und für uns selbst einzustehen!

Wie zuvor bereits erwähnt, haben wir oft sehr stark das Gefühl, wir müssten für andere Menschen da sein, wenn es diesen nicht gut geht. Dies ist ein schöner Gedanke und es ist wunderschön, Leute zu haben, die da sind, wenn man sie braucht. Doch es kommt so oft zu Abhängigkeiten. Sobald man beispielsweise das Gefühl hat, eine schwierige Situation nur dann überwinden zu können, wenn eine bestimmte Person da ist, dann gibt man die Verantwortung an die Person ab. Die Hilfe und Unterstützung ist in dem Moment von Seiten der schenkenden Person kein Geschenk mehr, sondern eher eine Pflicht. Die Essenz des Schenkens geht dabei verloren, es ist nichts Leichtes und Bereicherndes mehr. Und die empfangende Person vermeidet damit, sich gewissen Gefühlen und Herausforderungen des Lebens zu stellen. Dabei sind diese Gefühle und Herausforderungen dazu da, dass sie daran wachsen könnte. Wenn sie es nur zuließe. Aus diesem Grund kann es das größte Geschenk sein, die Person einmal nicht abzulenken und nicht davon abzuhalten, das zu fühlen, was gefühlt werden sollte. Das kann auf eine liebevolle Art und Weise geschehen. Im Beispiel von zuvor könnte Elena zu Dario sagen, dass sie mit ihren Freundinnen verabredet ist. Dass ihr das wichtig ist, weil sie das seit langer Zeit vereinbart haben. Dass sie vermutet, dass es für ihn schwierig ist, wenn er das Gefühl hat, dass sie sich nun auch von ihm abwendet, zumal er ja das letzte Mal, als sie traurig war, sich den Abend Zeit für sie genommen hatte. Dass sie ihm aber zutraut, dass er selbst einen guten Umgang findet, mit dieser Situation umzugehen. Dass sie gerne bereit ist, etwas früher nach Hause zu kommen und sie sich dann noch eine halbe Stunde für ihn Zeit nehmen kann. Oder aber sie kann sich bewusst entscheiden, ihm den Abend zu schenken – sollte er auf diesen Vorschlag einsteigen. Die erste Variante wäre primär ein Geschenk an sich selbst, weil sie sich den Abend mit ihren Freundinnen schenken würde. Die zweite Variante wäre primär ein Geschenk an ihn. Gleichzeitig sind aber beide Varianten Geschenke an sie beide, wenn sie es im Einklang mit der Essenz des Schenkens tut. Denn in dem Moment, in dem sie das Geschenk bewusst wählt und sie es aus Freude am Schenken und aus Liebe macht, bereichert es die Beziehung längerfristig, selbst dann, wenn vielleicht Dario im ersten Moment nicht glücklich über ihre Wahl ist. *Nicht* im Einklang mit der Essenz des Schenkens wären also Elenas Entscheidungen, (1) aus Pflichtgefühl mit Dario Essen zu gehen, (2) Dario dazu zu überreden, mit ihr essen zu gehen, weil sie davon ausgeht, dass er das braucht oder (3) einfach den Abend mit ihren Freundinnen zu verbringen und dabei stets ein schlechtes Gewissen zu haben, weil sie der Ansicht ist, dass sie eigentlich bei Dario sein müsste. *Im Einklang* mit der Essenz des Schenkens wären die Entscheidungen (1) ihm einen gemeinsamen Abend schenken zu wollen und danach ihren Freundinnen abzusagen, falls er auf dieses Geschenk positiv reagiert oder (2) sich selbst den Abend mit ihren Freundinnen zu schenken, in dem Bewusstsein dafür, dass dies längerfristig die positiveren Auswirkungen auf sie beide hat, als wenn sie den Abend aus Pflichtgefühl mit ihm verbringt und dabei andauernd daran denkt, dass sie dadurch den lustigen Abend verpasst. Oder vielleicht entscheidet sie sich (3) bewusst für einen Kompromiss, wie zum Beispiel, früher nach Hause zu kommen, damit sie etwas Zeit hat für Dario.

Das größte Hindernis dafür, von Herzen (Zeit) sich oder anderen zu schenken, ist bei den meisten Menschen das schlechte Gewissen. Das schlechte Gewissen ist ein Stellvertreter für all die Regeln und Gesetze, welche wir internalisiert haben. Es zeigt uns, welche Regeln wir uns selbst auferlegt haben, zu irgendeinem Zeitpunkt in unserem Leben. Vielleicht sind diese Regeln nicht mehr zeitgemäß und stimmen nicht mehr mit unseren aktuellen Einstellungen überein. Aber unbewusst haben wir noch ständig das Gefühl, wir müssten uns an diese Regeln halten und das schlechte Gewissen meldet sich, wenn wir das nicht tun. Das schlechte Gewissen ist also ein wertvoller Hinweis darauf, welche Verhaltensregeln in unserem Unterbewusstsein abgespeichert sind und wir können es nutzen, um diese zu identifizieren und danach bewusst zu hinterfragen.

Schreib-Aufgabe:

Bei welchen Handlungen, Situationen oder Personen hast du ein schlechtes Gewissen? Wie stehst du zu deinem Verhalten in dem Moment? Was ist wohl die unbewusste Regel, gegen die du da verstößt? Hat diese nach wie vor Gültigkeit? Oder gibt es Gründe, diese zu überdenken? Was spricht für das Beibehalten dieser Verhaltensregel? Was spricht dafür, sich davon zu verabschieden? Wie würde eine neue und aktuelle Formulierung lauten?

Wenn wir ein schlechtes Gewissen haben, dann provozieren wir damit auch die entsprechenden Reaktionen in unserer Umgebung. Denn unsere Mitmenschen spüren, wenn ein Teil von uns das, was wir tun, nicht in Ordnung findet. Und dies führt dazu, dass sie es selbst auch eher als »nicht in Ordnung« einstufen. Es geht also viel mehr um deine innere Haltung als um die Handlung an sich. Wenn du einem Freund eine halbe Stunde Mithilfe bei seinem Umzug schenkst, dann kannst du das mit Hingabe und Freude machen. Oder du kannst es mit einem schlechten Gewissen tun, dass du nicht mehr Zeit investieren kannst als diese halbe Stunde. Die Wahrscheinlichkeit ist hoch, dass es genauso bei dem Freund ankommt, wie es deiner inneren Haltung entspricht. So wird er je nachdem denken, wie schön, dass du dir eine halbe Stunde Zeit genommen hast, obwohl du sonst so viel um die Ohren hast. Oder er wird denken, dass das schon etwas enttäuschend ist, dass du nicht mehr Zeit für ihn freigeschaufelt hast. Er spiegelt dir wider, welche inneren Regeln und Gesetze DU bei DIR hinterfragen und vielleicht neu definieren darfst.

In dem Moment, in dem du eine Entscheidung mit Liebe triffst, mit vollem Bewusstsein und im Einklang mit dir selbst (und somit ohne schlechtes Gewissen), ist jede Entscheidung ein Geschenk! Tatsächlich können Entscheidungen, *nicht* das zu tun, was sich eine Person von dir wünscht, Geschenke an die Person darstellen! Wenn dich beispielsweise deine Freundin immer anruft, wenn es ihr nicht gut geht und du stets alles liegen gelassen hast in dem Moment, dann kann es ein Geschenk sein an sie, wenn du einmal wegen anderen wichtigen Dingen in deinem Leben entscheidest, dass du erst am Folgetag mit ihr telefonieren kannst. Sie entdeckt dadurch vielleicht, dass sie die schwierigen Gefühle ganz allein aushalten kann. Vielleicht hört sie in dem Moment das erste Mal zu, was diese Gefühle ihr sagen möchten und gewinnt daraus wichtige Erkenntnisse für ihr Leben. Vielleicht erkennt sie, dass diese Gefühle mit der Zeit von selbst wieder abflachen oder sie entdeckt, dass es ihr guttut, Gefühle auszudrücken, indem sie kreativ ist, malt oder schreibt. Es gibt ganz viele Möglichkeiten, auf welche Art und Weise das ein Geschenk an sie sein kann. In dem Moment, in dem wir jedoch ein schlechtes Gewissen haben, behindern wir die andere Person daran, das Geschenk zu erkennen. Und wir erleichtern es ihr, stattdessen die Verantwortung im Außen zu suchen. Also zu sagen, weil du nicht für sie da warst in dem Moment, geht es ihr jetzt weiterhin schlecht. Somit bleibt sie in einer Opferposition, denn du übernimmst ja mit deinem schlechten Gewissen die Verantwortung!

Der buddhistische Mönch Thich Nhat Hanh hat einmal gesagt, dass wir alles, was wir für uns selbst tun, auch für andere tun, und alles, was wir für andere tun, auch für uns selbst. Es lohnt sich, über diese Aussage nachzudenken. In dem Moment, in dem wir etwas für uns selbst tun, sorgen wir für unser eigenes Wohlergehen und unsere Zufriedenheit, was sich in der Folge positiv auf das Wohlergehen und die Zufriedenheit unseres Umfeldes auswirkt, da wir dies ausstrahlen und weitergeben möchten. Und in dem Moment, in dem wir etwas für eine andere Person tun, erfüllt uns das mit einem Glücksgefühl und wir sorgen außerdem für mehr Liebe in unserem Umfeld. Diese Liebe werden wir auf die eine oder andere Art auch selbst wieder zu spüren bekommen. Vielleicht kennst du den Ausspruch, dass jedes Nein zu einer anderen Person ein Ja zu dir selbst ist. Umgekehrt gilt das genauso: Ein Nein zu dir selbst ist ein Ja für eine andere Person. Du kannst dich immer für ein bewusstes Ja entscheiden! Entweder für das Ja zu dir selbst oder für das Ja zu der anderen Person. Ja zu sagen, fühlt sich grundsätzlich viel freier und freudiger an, als nein zu sagen! Bei einem Nein verschließen wir uns und fokussieren uns auf die Dinge, die wir nicht wollen, wohingegen wir uns bei einem Ja dem zuwenden, was uns Freude macht und uns wichtig ist! Dein Ja ist deine Eintrittskarte in den Lebendigkeitszustand, in dem du das Leben wirklich lebst und deine Energie nicht dafür verwendest, innerlich Widerstand zu leisten dagegen, wie sich das Leben entfaltet.

Bei vielen Menschen sind Geschenke an andere mit impliziten Erwartungen verbunden. Oft sind wir uns dessen gar nicht bewusst, aber die allermeisten von uns wären enttäuscht, wenn sie einen halben Tag investieren würden, um für die Schwester ein liebevoll gestaltetes, persönliches Weihnachtsgeschenk zu basteln und sie von ihr im Gegenzug eine Schachtel Pralinen erhalten. Oder vielleicht sogar kein Geschenk erhalten. Wenn wir uns mit der Essenz des Schenkens verbinden, dann schenken wir jedoch ganz ohne Erwartungen, dass etwas zurückkommt. Wir schenken, weil es uns Freude macht, jemanden glücklich zu machen. Und wenn wir aus Liebe schenken, dann findet die Liebe ihren Weg zurück zu uns, auch ohne, dass wir entsprechende Erwartungen hegen. Vielleicht nicht auf die Art und Weise, wie wir es uns vorstellen. Dafür vielleicht in überraschender und unerwarteter Form. Es würde uns also helfen, wenn wir aufhörten, uns genau vorzustellen, wie es sein müsste und uns stattdessen für das Unerwartete öffnen. Vielleicht bastelt die Schwester zu einem späteren Zeitpunkt, wenn sie dafür genügend Zeit findet, ein genauso liebevolles Geschenk. Oder sie macht sich nicht viel aus materiellen Geschenken und kocht dafür für dich. Oder vielleicht läuft das über Jahre hinweg so ab, dass sie auf deine liebevoll gestalteten Geschenke mit etwas Unpersönlichem reagiert. Und dann wirst du krank und sie nimmt zwei Wochen unbezahlten Urlaub, um sich um dich zu kümmern. Oder vielleicht litt deine Schwester seit langem innerlich unter einem Gefühl, nicht wirklich geliebt zu werden und nachdem sie die Erfahrung gemacht hat, dass du Jahr für Jahr liebevoll für sie ein Geschenk bastelst, selbst wenn sie das aus irgendeinem Grund nicht so erwidern kann, kann sie dieses Gefühl endlich hinterfragen und loslassen. Und ist in der Folge plötzlich in der Lage, selbst viel mehr Liebe zu geben, weil sie diese Liebe nun fühlen kann. Unabhängig davon, dass die Liebe, die du aussendest, sowieso zu dir zurückkehren wird, kannst du zusätzlich in jedem so empfundenen »negativen« Ereignis immer ein Geschenk erkennen, wenn du dich dafür öffnest. Manchmal erst rückblickend, aber das Wissen, dass es sich so verhält, kann dich bei aktuellen Ereignissen unterstützen. Vielleicht schenkt dir deine Schwester, die deine liebevoll gebastelten Geschenke nicht erwidert, die Chance, zu lernen, für dich einzustehen. Und dadurch, dass du dich dazu entscheidest, ihr zu sagen, dass du jedes Mal enttäuscht warst über ihre Supermarkt-Pralinen und du deshalb ihre Liebe zu dir hinterfragt hast, öffnet sie sich möglicherweise auch dir gegenüber. Und ihr sprecht zum ersten Mal über eure tiefsten Gefühle und findet zu einer ganz neuen Ebene der Schwesternliebe.

Schreib-Aufgabe:

Welche »Geschenke« haben dir Personen gemacht, durch Situationen, welche zu dem Zeitpunkt schwierig für dich waren? Beantworte diese Frage rückblickend für vergangene Ereignisse. Hat dir beispielsweise der Lehrer, der dich immer negativ beurteilt hat, ermöglicht, zu erfahren, wie sehr du an dich selbst glaubst und wie willensstark du bist, zumal du trotzdem an dich geglaubt hast und später erfolgreich ins Berufsleben eingestiegen bist? Hat dir der Ex-Freund, der dich verlassen hat, die Erfahrung geschenkt, dass ein gebrochenes Herz wieder heilen und Vertrauen fassen kann, so dass du bei deiner nächsten Beziehung nicht mehr so viel Angst hast, vor dem Verlassenwerden? Es geht dabei nicht darum, das Verhalten dieser Personen zu entschuldigen oder deinen Schmerz darüber kleinzureden! Aber egal, was du durchgemacht hast, in jeder schwierigen Situation und jeder Herausforderung liegt ein Geschenk verborgen, das du für dich bergen kannst! Falls du dieses Geschenk im Moment nicht erkennen kannst, ist in Ordnung. Das bedeutet, dass andere Gefühle wie Wut, Enttäuschung oder Trauer zunächst noch Raum und Ausdrucksmöglichkeiten brauchen, bevor du zu einem späteren Zeitpunkt den Perspektivenwechsel vornehmen und dich fragen kannst, welches Geschenk in der Erfahrung verborgen liegt.

Dieses Buch ist unter anderem eine Einladung an dich, dich authentisch zu zeigen, auch dann, wenn von deinem Umfeld vielleicht etwas anderes erwartet wird. Das kann teilweise zu herausfordernden Situationen führen! Was, wenn dein Gegenüber von dir enttäuscht ist, wenn du ihm plötzlich nur noch in den Momenten Zeitgeschenke machst, in denen dir nach Geschenken zumute ist? Wenn du nicht mehr immer bereitstehst, nur weil du weißt, dass du sonst eben genau mit dieser Enttäuschung konfrontiert werden würdest? Dieser Thematik ist im dritten Teil des Buches ein gesamtes Kapitel gewidmet. Es lohnt sich, sich dem Thema sorgfältig, achtsam und in kleinen Schritten anzunähern, so dass man nicht aufgrund von Unverständnis vonseiten anderer Menschen mit unangenehmen Gefühlen überflutet wird! Natürlich kann man die Dinge radikal verändern und das muss nicht der schlechtere Weg sein, in dem Fall sollte man jedoch gut für den Sturm gerüstet sein, der dadurch ausgelöst werden könnte!

Geschenke empfangen

Wenn wir von der Essenz des Schenkens sprechen, dann geht es nicht nur darum, wie wir (Zeit-)Geschenke schenken, sondern auch, wie wir (Zeit-)Geschenke empfangen. Für viele von uns ist das Empfangen die größere Herausforderung als das Schenken. Aber erst, wenn wir beides gelernt haben, können wir wirklich aus der Essenz des Schenkens heraus handeln! Denn solange wir das Empfangen nicht beherrschen, sorgen wir für ein Ungleichgewicht, was in der Folge Erwartungshaltungen schürt. Wenn wir nicht einfach annehmen können, was uns geschenkt wird, weil wir immer das Gefühl haben, dass wir eine Gegenleistung erbringen müssen, dann erwarten wir automatisch von den anderen eine Gegenleistung für unsere Geschenke. Selbst wenn dies nicht unserer Einstellung entspricht und wir von ganzem Herzen schenken möchten, wir sind dann trotzdem enttäuscht, wenn nichts zurückkommt und sei es nur die Dankbarkeit des Gegenübers, die wir erwartet hätten. Die Haltung, die mit der Essenz des Empfangens einhergeht, ist von Wertschätzung und Dankbarkeit geprägt. Es geht darum, das anzunehmen, was andere uns schenken möchten, ohne zu vergleichen, was wir ihnen im Gegenzug schenken. Wie leicht fällt dir das? Kannst du es einfach dankend annehmen, wenn dir eine Person ein großes Geschenk macht? Ohne das Gefühl zu haben, etwas zurück schenken zu müssen? Wenn du das kannst, dann ist dieses Kapitel vielleicht nicht so relevant für dich. Aber viele Menschen können das nicht gut, weil sie gelernt und verinnerlicht haben, dass sie immer gleich viel an die gleiche Person und auf möglichst gleiche Art und Weise zurückgeben müssen, weil sie sonst Schmarotzer wären oder Asoziale. Wie reagierst du, wenn du ein besonders tolles Geschenk erhältst? Freust du dich darüber oder ist es dir auch irgendwie unangenehm? Was sagst du zu deinem Gegenüber? Fällst du ihm um den Hals und bedankst dich? Oder sind deine Aussagen geprägt von Sätzen wie »das wäre nicht nötig gewesen« oder »ich weiß gar nicht wie ich mich dafür je revanchieren kann«?

Wenn du im Einklang mit der Essenz des Empfangens bist, dann freust du dich über jedes Geschenk, egal wie klein oder groß, wie schön oder hässlich es ist. Du freust dich darüber, dass eine Person dir etwas schenken möchte, weil sie somit ihre Liebe zu dir zum Ausdruck bringt. Du darfst es annehmen und dich darüber freuen. Du musst in dem Moment nicht darüber nachdenken, wie du dich revanchieren kannst. In dem Moment, in dem du ein Geschenk empfängst, ist das größte Gegengeschenk, das du der schenkenden Person machen kannst, dass du dich darüber freust! Wenn du das Geschenk nicht schön findest, dann kannst du dich darüber freuen, dass dir die Person etwas schenkt. Du musst dazu nicht lügen und die Auswahl des Geschenks loben, aber du kannst der Person zeigen, wie schön du es findest, dass sie an dich denkt. Und wenn du das Geschenk zu groß, zu teuer oder sonst übertrieben findest, dann darfst du dir bewusstmachen, dass dies nicht deine Entscheidung ist. Es ist die Aufgabe des Schenkenden, zu beurteilen, was adäquat ist und was er in das Geschenk an dich investieren möchte. Und seine Entscheidungen sind unabhängig von deinen Entscheidungen. Du bist nicht verpflichtet, im Gegenzug ein ebenso großes Geschenk zu machen. Wenn du Mühe hast, Geschenke anzunehmen, dann ist es eine Einladung an dich, zu hinterfragen, ob du dir nicht selbst erlauben darfst, geliebt, verehrt und beschenkt zu werden, dass du so große Geschenke empfangen darfst. Je besser du Geschenke empfangen kannst, desto besser kannst du Schenken, denn die Freude über die empfangenen Geschenke führt automatisch dazu, dass du andere beschenken möchtest. Und je mehr du lernst, jedes Geschenk mit Freude zu empfangen, egal ob es deinen Vorstellungen entspricht, desto freier wirst du beim Schenken, indem du beginnst, wirklich das zu schenken, was du gerne schenken möchtest und nicht das, was von dir erwartet wird oder wovon du denkst, es würde von dir erwartet.

Der Paar- und Beziehungsberater Gary Chapman spricht von fünf verschiedenen »Sprachen der Liebe«, also Formen, wie Menschen anderen gegenüber ihre Liebe zeigen, aber sich gleichzeitig von den anderen erhoffen, in derselben »Sprache« eine Antwort zu erhalten. Er unterscheidet zwischen Lob und Anerkennung,

Zweisamkeit, Geschenken und kleinen Aufmerksamkeiten, Hilfsbereitschaft und Zärtlichkeit. Unabhängig davon, ob diese fünf Kategorien ausreichen, um alles zu umschreiben, was ein Zeichen der Liebe sein kann, lohnt es sich, wenn wir uns überlegen, welches quasi unsere Muttersprache ist, welche anderen Sprachen wir erlernt haben und wie wohl wir uns mit unterschiedlichen Sprachen fühlen. Oft spüren wir, dass unser Gegenüber eine andere Sprache spricht, passen uns dann an, haben aber längerfristig das Gefühl, selbst zu kurz zu kommen oder immer geben zu müssen, ohne genügend dafür zurückzuerhalten. Eigentlich hat jeder Mensch so viel zu geben, hat Talente, Fähigkeiten und seine eigene »Sprache der Liebe« . Wenn wir uns einfach dafür öffnen, anstatt innerlich zu erwarten, dass der andere dasselbe für uns macht wie wir für ihn, dann bringt er Liebe in unser Leben in einer Form, wie wir Liebe vielleicht noch gar nicht kennen. Was für eine Bereicherung! Wir haben oft das Gefühl, der andere müsste dasselbe für uns tun wie wir für ihn. Auch wenn wir vielleicht sagen, dass wir keine Erwartungen an andere haben, so überlegen wir doch oft im Sinne von »ich mache xy für die Person, warum macht sie nicht dasselbe für mich?«. Anstatt zu sehen was sie alles Anderes und Neues in unser Leben bringt. Jeder Mensch zeigt Liebe auf seine individuelle Art, aber wir können das erst spüren, wenn wir uns dafür öffnen, dass seine Art anders ist als unsere und wir nicht daran festzuhalten versuchen, dass er es genauso machen muss wie wir. Und wenn wir uns dafür öffnen, dann bemerken wir, dass gerade der Unterschied eine Bereicherung darstellt und wir neue Facetten der Liebe kennenlernen.

Mini-Meditation:

Kommen dir Geschenke in den Sinn, über die du dich nicht gefreut hast? Egal, ob es sich um Zeitgeschenke oder materielle Geschenke handelt, wähle ein, zwei Geschenke aus, über die du dich nicht freuen konntest. Begib dich in deiner Fantasie noch einmal in die Situation, während du gleichzeitig deinen Körper entspannst und ruhig atmest. Schau mal, welche Gefühle hochkommen, wenn du dich mental noch einmal in diese Situation begibst und dann schau l, ob es dir gelingt, in dieser Situation auf irgendeine Art und Weise Freude oder Dankbarkeit zu empfinden für das Geschenk, das die Person gemacht hat oder machen wollte. Richte deine Aufmerksamkeit auf dein (physisches) Herz und nimm wahr, ob sich da ganz leise ein angenehmes, warmes, weites Gefühl ausbreitet. Sollte das im Moment nicht funktionieren, dann wiederhole die Übung zu einem späteren Zeitpunkt.

Beim Geschenkeempfangen ist es hilfreich, sich immer wieder bewusst zu machen, dass es keine klare Grenze zwischen dem Schenken und dem Beschenkt werden gibt! Diese Grenze gibt es nur in unseren Köpfen! Wenn Peter Sabine das Gitarre spielen beibringt, dann denken wir automatisch, dass Peter der Schenkende ist und Sabine die Beschenkte. Das ist natürlich korrekt. Aber gleichzeitig gilt auch das Umgekehrte! Peter macht in dem Moment die Erfahrung, dass er etwas weitergeben kann, was Sabine freut. Er macht die Erfahrung, dass er gut erklären kann, wie Gitarre spielen geht, so dass es jemand anderes lernen kann. Er macht die Erfahrung, dass er etwas Schönes auf dieser Welt bewirken kann und diese Erfahrung braucht er genauso wie die Erfahrung, dass andere ihm etwas geben. Wir brauchen alle genauso Menschen, die uns inspirieren, wie auch Menschen, die sich von uns inspirieren lassen! Menschen, die uns etwas lehren, genauso wie Menschen, welchen wir etwas weitergeben können! Menschen, die sich um uns kümmern, genauso wie Menschen, um die wir uns kümmern können!

Wünsche und Erwartungen

Viele Kinder haben zu Weihnachten eine lange Wunschliste. Und es muss genau das sein, was auf dieser Liste steht, sonst ist die Enttäuschung groß und das Weihnachtsfest im Eimer. So viel anders sind wir Erwachsenen oft auch nicht! Schau dir nur mal die Wunschliste an, welche du an deinen Partner hast! Er soll immer seine Sachen aus dem Eingangsbereich wegräumen, den Abfall hinuntertragen, dir den Nacken massieren, wenn du verspannt bist, dich in Ruhe lassen, wenn du schlecht gelaunt bist, deinen Eltern zum Geburtstag schreiben, Abstand halten von der Ex-Partnerin, die noch immer an ihm interessiert ist, maximal zwei Gläser Wein trinken … Die Liste ist endlos, oder? Und genauso endlos ist vermutlich seine Wunschliste an dich. Wie gehst du mit solchen Wunschlisten um? Die meisten Menschen tappen regelmäßig in die Falle, dass sie anderen Zeit schenken möchten; sie aber damit enden, unzählige Erwartungen zu erfüllen, anstatt sich mit der Essenz des Schenkens zu verbinden und aus der Freude heraus zu schenken. Beim Schenken geht es jedoch auch darum, eigene Grenzen zu spüren und sich zu erlauben, etwas für sich zu behalten beziehungsweise sich im Klaren zu sein, wann es an der Zeit ist, sich selbst etwas zu schenken. Oft spüren wir jedoch die eigenen Grenzen schlecht, wenn wir es gewohnt sind, Erwartungen anderer zu erfüllen. Wir tun dies oft völlig automatisch und bemerken es kaum mehr. Dies geschieht meist, um Konflikte zu vermeiden. Wir wissen beispielsweise genau, wenn wir jetzt nicht noch einkaufen gehen, dann ist der Partner unzufrieden, wenn er nach Hause kommt. Somit gehen wir einkaufen, ohne uns überhaupt zu überlegen, ob wir das tun möchten. Wir fühlen uns vielleicht gestresst, dass wir das »tun müssen«. Aber zu hinterfragen, ob wir das wirklich *müssen*, würde uns nicht in den Sinn kommen.

Gerade wenn du besonders feinfühlig bist, dann spürst du sofort, welche Wünsche und Erwartungen andere an dich haben. Sollest du gleichzeitig harmoniebedürftig sein, dann ist die Wahrscheinlichkeit hoch, dass du jeden Tag unzählige Wünsche und Erwartungen anderer Menschen erfüllst. Und wenn du das seit Kindheit so gemacht hast, dann bemerkst du das wahrscheinlich kaum mehr, weil es völlig normal für dich geworden ist. Wenn du in Zukunft Zeitgeschenke machen möchtest, anstatt Erwartungen zu erfüllen, dann ist es als Erstes wichtig für dich, dass du dir bewusstmachst, was da unbewusst bei dir passiert, in welchen automatischen Programmen du funktionierst! Du musst also zunächst erkennen, wo du überall Erwartungen anderer erfüllst. Wenn du dir das bewusst machst, kannst du anfangen, dies zu hinterfragen. Du kannst dir dann auf einer bewussten Ebene die Frage stellen, ob du das gerne für deinen Partner machen möchtest, dass du einkaufen gehst, bevor er abends nach Hause kommt. Es ist dann deine Entscheidung, ob du ihm dieses Zeitgeschenk machen möchtest, oder ob du den Konflikt in Kauf nehmen möchtest, weil es dir eigentlich gerade wichtiger ist, deine Freundin anzurufen, anstatt einkaufen zu gehen. In dem Moment, in dem du eine bewusste Entscheidung triffst, schaffst du für dich die Möglichkeit, ein Zeitgeschenk zu machen, sei es an deinen Partner, an deine Freundin oder an dich selbst. Wenn du hingegen unbewusst und aus einem Automatismus heraus handelst, dann wirst du dich vermutlich von all den Erwartungen gestresst fühlen, die andere an dich haben, ohne dabei wahrzunehmen, dass eine Erwartung lediglich eine Aufforderung darstellt, eine Entscheidung für ein Zeitgeschenk zu treffen. Es ist am Schluss nicht die Erwartung, die in dir den Stress auslöst! Du erschaffst den Stress für dich selbst, wenn du von dir erwartest, dass du alle Erwartungen erfüllst!

Nun gilt die Sache aber auch umgekehrt! Andere Menschen spüren auch deine Erwartungen. Mit sehr hoher Wahrscheinlichkeit ist ein mehr oder weniger großer Teil der Zuwendungen an dich ebenfalls kein bewusstes Schenken, sondern vielmehr ein Erfüllen von (vermuteten) Erwartungen. Dabei wäre es doch schön, wenn jedes (Zeit-)Geschenk, das du erhältst, von Herzen kommen würde und die Person sich bewusst dazu entscheiden würde. Wir können jedoch unser Umfeld dazu ermuntern, dies so zu handhaben, indem wir diese Kultur des Schenkens vorleben. Dazu gehört, keine Erwartungen an unser Gegenüber zu haben. Beispielsweise keine Erwartungen daran, dass etwas zurückkommt, wenn wir jemandem etwas schenken. Es ist erst in dem Moment ein Geschenk, das wir aus tiefstem Herzen schenken möchten, wenn es nicht an Erwartungen geknüpft ist! Also keine Erwartungen, dass sich der andere revanchieren muss. Keine Erwartungen, dass sich der andere freuen muss. Nicht einmal die Erwartung, dass der andere das Geschenk annehmen muss.

Schenken ist ein Akt der Wertschätzung. Wir sagen: Danke, dass es dich gibt. Ich möchte dir zeigen, dass ich dich nicht als selbstverständlich hinnehme, sondern dass ich sehe, was ich an dir habe. Ich möchte unsere Zusammengehörigkeit stärken und ein Zeichen dafür setzen, dass wir gegenseitig unser Leben bereichern. Du bereicherst mein Leben und ich möchte mit diesem Geschenk dein Leben bereichern. Dabei wird die Beziehung zueinander gefestigt. Bei gegenseitigen Erwartungen hingegen geschieht das Gegenteil: Es ist nicht ein Zeichen der Wertschätzung und Liebe, sondern die Handlung entsteht aus der Angst heraus. Aus der Angst, den anderen zu verlieren, zu verletzen oder mit ihm in einen Konflikt zu geraten. Wir fühlen uns dann verpflichtet, etwas für den anderen zu machen. Und sobald wir es als Pflicht wahrnehmen, fühlt es sich nach einer Belastung an, selbst wenn es etwas ist, was wir eigentlich gerne tun. Die Belastung belastet in der Folge die Beziehung zu diesem Menschen, macht sie weniger frei und leicht, als sie eigentlich sein könnte.

Wenn du nun feststellst, dass du ganz viele Erwartungen an andere Menschen hast, problematisiere dies nicht zu sehr! Auch wenn du möglicherweise erkennst, dass diese Erwartungen die Beziehungen zwischen dir und anderen Menschen auf eine gewisse Art unfrei und kompliziert machen: Es geht nicht darum, sich jetzt sofort jegliche Erwartungen an andere zu verbieten! Wenn wir uns Dinge verbieten wollen, dann sind wir wieder in einem Zustand, in dem wir streng und wenig verständnisvoll mit uns selbst umgehen und somit die Leichtigkeit und Freude verloren geht! Es geht für den Moment vielmehr darum, wahrzunehmen, welche Erwartungen überhaupt da sind. Wahrzunehmen, wie diese Erwartungen die Beziehungsdynamik beeinflussen. Durch dein bewusstes Wahrnehmen spürst du sehr gut, an welcher Stelle kleine Schritte in Richtung Veränderung angesagt wären und wo du die Erwartungen im Moment beibehalten möchtest, weil sie eine Funktion erfüllen, welche an dem Punkt, an dem du gerade im Leben stehst, wichtig für dich ist!

Mini-Meditation:

Du kannst in deiner Vorstellung üben, keine Erwartungen an andere zu haben. Überlege dir eine Situation, in welcher du einer Person unbedingt ein (Zeit-)Geschenk machen wolltest oder das in Zukunft möchtest. Nimm dann diese Situation mit, wenn du dich gemütlich hinsetzt und deinen Körper entspannst. Nun stell dir vor, dass du dieser Person das Angebot machst oder das Geschenk überreichst. Nimm deine Gefühle wahr und deinen starken Wunsch, dass die Person das Geschenk annehmen und sich darüber freuen soll. Dann entspanne erneut deinen Körper, lass alle Spannung los und jedes Bedürfnis, die Situation zu kontrollieren. Der Wunsch darf nach wie vor da sein, aber sag der Person in Gedanken, dass dein (Zeit-)Geschenk ein Angebot ist, das von Herzen kommt, das sie annehmen oder ablehnen darf. Lass sie frei, so dass sie unabhängig von deinen Wünschen für sich entscheiden darf, wie sie dieses Geschenk findet und ob sie dieses annehmen möchte.

Geschenke, die nicht gefallen

Du hast das sicher auch schon erlebt, dass dir jemand ein (Zeit-)Geschenk machen wollte, das du gar nicht haben wolltest. Es geht jetzt an dieser Stelle nicht um die Geschenke, die wir nicht annehmen können, darüber haben wir bereits im Kapitel *Geschenke empfangen* gesprochen. Es geht um die Geschenke, die wir gerade überhaupt nicht wollen. Dein Bruder lädt dich zu einem Nachmittag mit Gesellschaftsspielen ein, aber du würdest viel lieber Fußball spielen gehen. Oder deine Nachbarin möchte unbedingt für dich einkaufen gehen, weil du so viel zu tun hast, aber du weißt genau, dass sie wieder zur Hälfte nicht die Produkte mitbringen würde, die du haben wolltest. Oder deine Tochter möchte dir all die Lieder vorsingen, die sie in der Musikstunde gelernt hat, während du eigentlich die Zeit nutzen wolltest, um dich um deine E-Mails zu kümmern. Auch beim Geschenke empfangen geht es darum, etwas zu schenken. Du kannst deinem Gegenüber das Geschenk machen, sein Geschenk entgegenzunehmen. Oder du kannst – in dem Fall eines unerwünschten Geschenks – dir selbst das Geschenk machen, das Geschenk abzulehnen und somit deine Zeit in etwas anderes zu investieren. Auch hier geht es darum, eine bewusste Entscheidung zu treffen. Nehmen wir das Beispiel der Tochter, welche dir Lieder vorsingen möchte: Du kannst dich bewusst dazu entscheiden, ihr die Zeit zu schenken, welche du benötigst, um ihr Geschenk zu empfangen. Oder du kannst dich bewusst dazu entscheiden, ihr zu sagen, dass du dieses Geschenk im Moment nicht annehmen möchtest. Das Wichtige dabei ist, dass du dich in dem Moment, in dem du ein Geschenk ablehnst, mit dem Gefühl der Dankbarkeit verbindest. Dankbarkeit darüber, dass dieser Mensch dir etwas schenken und damit seine Liebe zu dir zum Ausdruck bringen möchte. In dem Moment, in dem du diese Dankbarkeit fühlst, gelingt es dir viel besser, die richtigen Worte zu finden, warum du das Geschenk nicht entgegennimmst.

Solltest du dich dazu entscheiden, ein Geschenk, das dir gerade nicht gefällt, trotzdem entgegenzunehmen, dann stehst du vor der Frage, welche Bedeutung du dem nun gibst. Um beim Beispiel der Tochter zu bleiben, könntest du dich beispielsweise dafür entscheiden, dass du es zu deiner Priorität machst, deine Tochter fühlen zu lassen, dass du dich für sie interessierst. Du kannst somit in dem Moment ein Zeitgeschenk an sie machen, indem du ihr zuhörst und Interesse an ihr und den Liedern zeigst, die sie vortragen möchte.

Nun gibt es noch eine andere Möglichkeit, als einfach nur die Entscheidung anzunehmen oder nicht. Wer sagt denn, dass wir ein Geschenk genauso empfangen müssen, wie es von dem Schenkenden gedacht war? Warum also nicht die Tochter, die uns Lieder vorsingen möchte, fragen, ob sie die Lieder am Abend singen könnte, während du gleichzeitig das Abendessen zubereitest? Warum nicht die Nachbarin, welche für dich einkaufen gehen möchte, fragen, ob sie nicht stattdessen kurz auf dein Kind aufpassen könnte? Warum nicht dem Bruder, der dich zu Gesellschaftsspielen einladen möchte, vorschlagen, dass ihr euch zwischendurch alle nach draußen begebt, um eine Runde Fußball zu spielen? Wenn du ein Geschenk nicht als Geschenk ansiehst in der Art und Weise, wie es daherkommt, dann überleg dir, wie du es selbst für dich zum Geschenk machen kannst! So kannst du dich darüber freuen und wenn du dich darüber freust, dann machst du gleichzeitig dem Schenkenden die Freude, dass er sieht, dass sein Geschenk gut ankommt!

Aber wie ist das nun bei Personen, von denen man sich beinahe schon belästigt fühlt? Ein Beispiel dafür wäre ein Mann, der eine Frau auf einen Drink einladen möchte, ihr Komplimente oder Geschenke macht, während die Frau dies als aufdringlich und unangenehm empfindet. Geschenke, welche man als eine Art von Belästigung empfindet, sollte man sehr klar und deutlich zurückweisen. Aber trotzdem gilt es auch hier, das Geschenk dahinter zu erkennen. Diese Person, egal wie aufdringlich sie dir erscheinen mag, wollte dir etwas schenken. Das ist ein Kompliment an dich, und zwar sogar dann, wenn die Person dich kaum kennt. Trotzdem hat sie dich in dem Moment ausgewählt, weil ihr irgendetwas an dir gefallen hat. Wenn es dir gelingt, das Geschenk zu erkennen, dann fällt es dir leichter, auf mitfühlende (und trotzdem sehr klare) Art und Weise deine Ablehnung kundzutun. Auf diese Art und Weise ist die Zurückweisung sowohl für dich als auch für dein Gegenüber weniger unangenehm und du hast in dem Moment weniger Grund dazu, dich davor zu drücken, die Wahrheit auszusprechen. Was denkst du, welche Situation fühlt sich besser an für den Mann, der um eine Frau wirbt sowie für die Frau, die den Mann etwas aufdringlich findet: Version A, bei der die Frau zu ihrem Verehrer sagt: »Das sind wirklich schöne Rosen und ich fühle mich geehrt, dass du mir diese schenken möchtest und du dir den Aufwand gemacht hast, diese bei mir vorbeizubringen, aber ich möchte diese nicht entgegen nehmen, weil sich dies so anfühlen würde, als gäbe ich dir das Gefühl, dass du eine Chance bei mir hättest. Ich muss dir ehrlich sagen, dass ich keine romantischen Gefühle für dich empfinde.« Oder Version B, bei welcher die Frau die Rosen entgegen nimmt mit einem gequälten Lächeln, sich bedankt, innerlich jedoch einen Kampf ausficht zwischen der Seite, welche der Ansicht ist, dass sie das Geschenk nicht zurückweisen darf und der Seite, welche der Ansicht ist, dass das Annehmen des Geschenks die ganze Situation noch schlimmer macht. Oder Version C, bei welcher die Frau sich einfach belästigt fühlt, sie die Tür gar nicht erst öffnet und sie dem Mann vom Fenster aus mitteilt, dass er sie in Ruhe lassen soll. Oder Version D, bei welcher die Frau die Rosen entgegennimmt, sich kaum bedankt und kein freundliches Gesicht macht, in der Hoffnung, dass der Verehrer dadurch erkennt, dass sie nicht an ihm interessiert ist.

Andere Menschen können in der Regel unerwartet gut mit Zurückweisungen umgehen, wenn wir für die Zurückweisung gute Worten finden, das Geschenk anerkennend, welches sie uns übergeben wollten und sich darüber freuend, selbst wenn wir das

Geschenk an sich nicht haben möchten. Es geht also darum, Wertschätzung auszudrücken, unabhängig davon, ob uns das Geschenk gefällt oder nicht. Wenn uns das gelingt, dann haben daneben auch die unbequemen Wahrheiten Platz. Dabei dürfen wir jedoch nie vergessen, dass Ehrlichkeit ohne Mitgefühl auf eine brutale Art verletzend sein kann! Radikale Ehrlichkeit ist ein Geschenk an deine Mitmenschen, allerdings nur dann, wenn es dir gelingt, diese mit Liebe und Mitgefühl zu behandeln!

Wie wir es bereits im letzten Kapitel angeschnitten haben, dasselbe gilt auch umgekehrt: Es ist völlig in Ordnung, wenn eine Person das, was wir ihr schenken möchten, nicht haben will. Das ist zwar im ersten Moment eine unangenehme Situation, doch auch hier können wir uns darauf fokussieren, dass es nicht um das Geschenk an sich geht, sondern darum, dass wir der Person unsere Liebe zeigen wollten. Und genauso können wir auch hier kreative Wege finden, wenn erkenntlich wird, dass sie sich ein anderes Geschenk wünschen würde. Wenn du sie zum Essen einladen wolltest und erkenntlich wird, dass sie gerade viel um die Ohren hat und eine Einladung zum Essen eher ein zusätzlicher Stressfaktor wäre, dann könntest du sie fragen, ob du mit bereits fertig gekochtem Essen bei ihr vorbeikommen sollst, so dass sie nicht den Anreiseweg auf sich nehmen muss. Wenn du jemanden zum Tanzen aufforderst und er oder sie eigentlich gerade nicht mit dir tanzen möchte, dann kannst du das ansprechen und mitteilen, dass es auch ein anderes mal sein kann. Wenn du mit deiner Tochter die Hausaufgaben machen wolltest, sie jedoch lieber mit den Nachbarskindern spielen würde, dann kannst du ihr vorschlagen, dass die Nachbarskinder ihre Hausaufgaben mitnehmen und ihr einen Wettbewerb veranstaltet, bei dem man Punkte gewinnen kann und mit dem korrekten Erledigen der Hausaufgaben kann man eine hohe Punktzahl erzielen. Wenn es dir gelingt, dich mit der Liebe zu verbinden, die hinter dem Schenken steht, dann kannst du die Kränkung und den Ärger darüber, dass ein Geschenk gerade nicht willkommen ist, überwinden und bist offen für kreative Lösungen, wie du deine Liebe zum Ausdruck bringen kannst, so dass sie gut bei deinem Gegenüber ankommt!

Zeit verschenken im Rahmen deiner Berufung

Oft hindern uns unbewusste Muster und Überzeugungen daran, beruflich das zu tun, was uns Freude macht und wo wir am besten andere beschenken könnten. Wir haben zum Beispiel gelernt und internalisiert, dass Arbeit hart sein muss. Man hat uns eingeredet, dass wir mit dem, was wir der Welt schenken möchten, keinen Erfolg haben werden. Wir sind irgendwo tief in uns drin der Überzeugung, dass das, was wir am liebsten tun würden und am besten könnten, nicht erwünscht ist oder wir haben Angst davor zu scheitern und machen somit lieber Dinge, die wir ungern tun. Ist das bei dir so? Womit würdest du gerne die Welt beschenken? Was, wenn es tatsächlich möglich wäre, dir deinen Lebensunterhalt darüber zu sichern? Würde es sich nicht schön und leicht und frei anfühlen, wenn du den ganzen Tag das tun könntest, was dir Freude macht und du damit anderen eine Freude machen kannst und damit dein Geld verdienst? Hättest du ein schlechtes Gewissen, wenn du darüber dein Geld verdienen würdest? Und ist ein schlechtes Gewissen wirklich angebracht? Du wirst darauf entgegnen, dass es ja kein Geschenk mehr ist, wenn man Geld dafür erhält. Aber vielleicht musst du das Geld einfach als Geschenk ansehen, das dir dein Gegenüber macht. Denn dein Gegenüber fühlt sich vermutlich in dem Moment beschenkt von dir, ist dankbar und möchte deshalb auch etwas schenken. Du glaubst, dass du nur Dinge gerne tust, die kein Geschenk für andere sein können? Möglicherweise wäre es dann an der Zeit, noch einmal genauer darüber nachzudenken! Du liebst es zu surfen? Das kann man anderen beibringen. Du spielst gerne Gesellschaftsspiele? Vielleicht könntest du selbst ein Gesellschaftsspiel kreieren, Nachmittagsbetreuung für Kinder anbieten und mit ihnen Gesellschaftsspiele spielen, für ein Magazin Spiele-Reviews schreiben, eine Spiele-Messe organisieren oder bei jemandem der so etwas organisiert anfragen, ob du mitmachen kannst oder bei einem Spiele-Laden anfragen, ob sie dich einstellen wollen, um ihren Kunden Spiele näherzubringen und zu erklären. Du backst gerne Kuchen? Du könntest beispielsweise einzigartige Kuchen kreieren mit speziellen Zutaten oder interessanten Verzierungen und Möglichkeiten suchen, Restaurants oder Privatpersonen zu beliefern oder sie an einem Marktstand zu verkaufen. Du denkst, du bist nicht gut genug in dem, was du gerne tust? Oder du hast nicht die notwendige Ausbildung? Das sind die Überzeugungen, die uns daran hindern, unser wahres Potential zu leben! Wir setzen selbst die Grenzen in unserer Vorstellung was möglich ist und was nicht. Die Welt gehört den Menschen, die sich selbst keine solchen Grenzen setzen! Es gibt viele erfolgreiche Menschen, die sich einfach entschlossen haben, ihren Weg zu gehen, ganz egal ob sie zu dem Zeitpunkt genügend Erfahrungen, Talent oder die richtige Ausbildung hatten. Sie hatten lediglich ihre Entschlossenheit und ein starkes Gefühl der Freude über das, wie sie ihre Zeit verschenken möchten. Vielleicht haben sie ganz klein angefangen in ihrer Freizeit und daraus wurde zunehmend etwas Großes. Natürlich kann man genauso glücklich sein, wenn man seine Leidenschaft nur als Hobby ausüben möchte. Und es muss auch nicht unser großes Hobby sein, das wir zum Beruf machen. Dieses Kapitel ist lediglich eine Einladung an dich, dir zu überlegen, ob das, was du fünf Tage pro Woche etwa acht Stunden pro Tag tust, etwas ist, womit du die Welt beschenken möchtest!

Schreib-Aufgabe:

Überleg dir, womit du die Welt gerne beschenken möchtest. Steht das, was du beruflich machst, im Einklang damit? Oder gibt es innerhalb von dem, was du beruflich tust Möglichkeiten, deine Talente und deine Freude einzubringen? Lebst du dein Potential? Wo schlummern Talente und Fähigkeiten in dir, welche gerne genutzt werden würden und bei denen es schade ist, wenn die Welt nie etwas davon sieht?

Oft ist unsere Angst zu versagen, dort am größten, wo wir am meisten für etwas brennen, was für uns am meisten mit Leidenschaft und Liebe verbunden ist. Dies stellt einen der Hauptgründe dar, warum viele Menschen nicht ihrer Berufung nachgehen und die Potentiale, die in ihnen schlummern, verkümmern lassen. Doch sie alle werden eines Tages wehmütig auf ihr Leben zurückschauen und sich wünschen, sie wären mutiger gewesen. Sie hatten Angst vor dem Verlieren und haben somit gar nicht erst mitgespielt. Aber dabei gibt es doch eigentlich gar nichts zu verlieren, es gibt nur etwas zu gewinnen. Im schlimmsten Fall eine Erfahrung, welche wir zur persönlichen Weiterentwicklung nutzen können.

4. Und jetzt zur Umsetzung ...!

Wenn du in diesem Buch bis hierhin gekommen bist, solltest du nun das Konzept von »Verschenke deine Zeit sinnvoll« gut kennen und verstehen. Hoffentlich hast du dir dazu viele eigene Gedanken gemacht und auch schon einiges umgesetzt! Vieles klingt in der Theorie so einfach, doch die Umsetzung ist oft schwieriger als gedacht. Deshalb wird in diesem dritten Teil des Buches noch einmal sehr handlungsnah und konkret auf verschiedene Themen eingegangen, welche dich dabei unterstützen, das Konzept in deinen Alltag zu integrieren und in deinem Leben Ansatzpunkte zu finden. Es handelt sich größtenteils um Dinge, die in den ersten Teilen des Buches bereits angesprochen, jedoch nicht näher ausgeführt wurden. Du musst nicht überall gleichzeitig ansetzen, sondern es reicht, wenn du an ein, zwei Stellen beginnst. Wenn einmal ein Stein ins Rollen kommt, dann verhält es sich oft wie bei Dominosteinen: Der eine stößt den nächsten an und du musst nicht mehr alles bewusst steuern und kontrollieren, sondern es geht wie von selbst weiter. Fokussiere dich also einfach auf die Punkte, bei welchen du Lust verspürst, anzusetzen! Dadurch bleibst du in der Freude und es wird nicht zu einem weiteren »To do« auf deiner Liste, was den Druck verstärkt, der sowieso schon auf dir lastet! Sieh also die folgenden Kapitel als eine Art Werkzeugkiste. Du kannst sie alle lesen, damit du weißt, was du alles in deine Werkzeugkiste packen könntest, danach kannst du jedoch die Werkzeuge wählen, welche du gerade jetzt in deinem Leben brauchst. Oder wenn du schon ganz genau weißt, welche Werkzeuge du jetzt brauchst, dann kannst du auch genau zu dem Kapitel springen und dir die anderen für Momente aufsparen, in jenen du ein anderes Werkzeug benötigst.

Vom Taubheitszustand in den Lebendigkeitszustand

Kannst du dich an die Unterscheidung zwischen Taubheitszustand und Lebendigkeitszustand erinnern? Vielleicht magst du noch einmal kurz zurückblättern zu den Seiten 44 bis 50, auf denen das erklärt wird. Im Taubheitszustand macht man keine Geschenke, da »opfert man Zeit«. Aus dieser Opferhaltung möchten wir herauskommen! Jeder Mensch kennt die beiden Zustände und wechselt mehr oder weniger regelmäßig zwischen den beiden hin und her. Es gibt jedoch große Unterschiede darin, wie viel Zeit wir in welchem Zustand verbringen und ob wir gewohnheitsmäßig eher in den Taubheits- oder in den Lebendigkeitszustand wechseln. Die allermeisten erwachsenen Menschen befinden sich zu einem großen Teil der Zeit in einem Taubheitszustand. Aber du kennst bestimmt ein, zwei Personen, bei denen das anders ist, sie leben aus der Begeisterung heraus, gestalten ihr Umfeld und ihre Erlebnisse aktiv mit und ihnen scheinen die Dinge stets einfach so zuzufallen. Wenn du so einen Menschen kennst, hast du möglicherweise Lust, etwas mehr Zeit mit ihm zu verbringen, zu beobachten, wie er denkt und fühlt und handelt und dir etwas davon abzuschauen. Wenn es dir gelingt, nicht neidisch auf ihn zu sein, sondern ihn als Inspiration zu sehen, dann kannst du dich von seiner Lebenseinstellung mitreißen lassen! Oder verbinde dich in einer Mini-Meditation mit der Lebendigkeit dieses Menschen!

Mini-Meditation:

Es gibt Leute, bei denen man das Gefühl hat, dass sie sich dauerhaft in einem Lebendigkeitszustand befinden. Du kennst sicher so einen Menschen. Falls dir niemand aus deinem privaten Umfeld einfällt, dann kommt dir möglicherweise eine bekannte Person in den Sinn oder eine fiktive Figur aus einem Film oder einem Buch. Bei diesen Menschen wirkt es so, als würde ihnen alles spielerisch leicht gelingen. Wähle einen solchen Menschen aus und nimm dir einige Minuten Zeit, dich in ihn hineinzufühlen. Schließe deine Augen und versuche dir vorzustellen, wie es sich anfühlt, dieser Mensch zu sein. Was geht ihn ihm vor, wenn irgendwelche Hürden und Hindernisse vor ihm auftauchen? Wie geht er an neue Situationen heran? Wie geht er damit um, wenn ihm einmal etwas nicht gelingt? Eventuell magst du auch aktuelle Herausforderungen in deinem Leben nehmen und dir vorstellen, wie dieser Mensch an diese Herausforderungen herangehen würde. Welche Einstellung er dazu hätte und was für Gefühle vorherrschend wären.

Wir können nicht nur über andere Menschen zu unserem eigenen Lebendigkeitszustand finden, denn wie bereits erwähnt, kennen wir diesen eigentlich alle. Überlege dir, in welchen Situationen du in diesem Zustand bist. Gibt es Personen, Aktivitäten, Konstellationen, in welchen dies regelmäßig der Fall ist? Wenn du solche findest, dann lade diese öfters in dein Leben ein, suche und moduliere diese Situationen ganz bewusst so oft wie möglich! Mach es zu deinem Ziel, dein Leben so zu gestalten, dass du dich so oft als möglich in diesem Zustand befindest. Richte deinen Fokus vielmehr darauf, diesen Zustand anzustreben, anstatt darauf,

Probleme zu lösen! Denn die Probleme lösen sich oft wie von selbst, wenn wir uns längerfristig in einem Lebendigkeitszustand befinden!

Im Kindesalter befanden wir uns alle gewohnheitsmäßig in einem Lebendigkeitszustand. Nur wenn wir diese Lebendigkeit nicht leben durften, haben wir sie zwischenzeitlich unterdrückt. Aber du kannst sicher auf Kindheits-Erinnerungen zurückgreifen, in welchen du das fühlen kannst. Du trägst den Zugang zum Lebendigkeitszustand in dir und kannst dich jederzeit damit verbinden! Du könntest dazu eine Art Mini-Meditation machen und die Augen schließen, um dich in dein lebendiges, lebenshungriges, neugieriges Kindheits-Ich hineinzufühlen. Oder brauchst du dazu Fotos, Erzählungen von anderen oder sonstige Erinnerungsstücke? Was auch immer funktioniert, ist das Richtige!

Wenn dir nun weder die Methode mit der bekannten Person noch die Methode mit dem Kind in dir entspricht, dann magst du dir vielleicht ein Bild davon erschaffen, wie dein aktuelles oder zukünftiges Ich aussieht, sich fühlt, denkt und handelt, wenn es sich im Lebendigkeitszustand befindet! Du kannst dir dazu in deiner Vorstellung Kurzfilme dazu kreieren, wie dein Leben dann verläuft und wie es sich anfühlt. Du kannst Fotos von dir machen, wie du dann aussiehst, wie du dann lächelst. Du kannst einen Text dazu schreiben, wie sich das Leben dann anfühlt und wie du auf das Leben reagierst. Oder vielleicht magst du dich mit jemandem zusammentun und ihr erzählt euch in einem inspirierenden Gespräch gegenseitig, wie es sich anfühlt, wenn ihr in Zukunft immer mehr aus einem Lebendigkeitszustand heraus euer Leben gestaltet.

Ganz egal, welche Variante dir am besten gefällt, finde Wege, dich in einer bestimmten Regelmäßigkeit mit deiner Lebendigkeit zu verbinden. Mach ein Ritual daraus, indem du beispielsweise immer nach dem Aufwachen, vor dem zu Bett gehen oder vor dem Essen ein Bild anschaust, das dich daran erinnert, du eine Mini-Meditation dazu machst oder ein kurzes selbst kreiertes Video dazu anschaust. Hänge dir Erinnerungszettel auf oder besorge dir ein Schmuckstück, das dich daran erinnert. Suche dir Gleichgesinnte und vereinbare mit ihnen, dass ihr euch gegenseitig unterstützt und austauscht. Notiere dir deine Fortschritte in deinem Zeit-Geschenk-Notizbuch. Richte deine Wohnung so ein, dass du inspiriert bist, in den Lebendigkeitszustand zu wechseln! Wenn du z.B. als Kind ständig in Bewegung warst und auf Bäume geklettert bist und du dich gut daran erinnerst, wie lebendig du dich damals fühltest, dann besorg dir einen Gymnastikball oder ein Mini-Trampolin oder Jonglierbälle und platziere diese Gegenstände so, dass sie dir regelmäßig ins Auge springen. Wenn du dich besonders lebendig fühlst beim Singen, dann magst du vielleicht im Badezimmer einen Lautsprecher installieren, so dass du immer unter der Dusche deine Lieblingslieder hören und dabei laut mitsingen kannst. Aber auch hier gilt: Lass es nicht zu einer langweiligen Routine verkommen im Sinne eines weiteren »To Dos« auf deiner Liste, was du lustlos abarbeitest! Es geht ja genau darum, deine Lebensfreude zu aktivieren! Wenn du nicht in der Stimmung dazu bist, anstatt es halbherzig zu tun, schenk dir doch einfach in dem Moment Zeit für das was du sonst gerade brauchst!

Um in den Lebendigkeitszustand zu finden, ist es wichtig, immer wieder automatische Verhaltensmuster zu durchbrechen. Mach es dir zur Gewohnheit, Gewohnheiten nicht zur Gewohnheit werden zu lassen! Geh nicht immer in dasselbe Restaurant zum Mittagessen, sondern probiere mal etwas Neues aus! Nimm nicht immer denselben Weg von der Arbeit nach Hause, sondern wähle jedes Mal eine andere Strecke. Lass dich beim Kleider

Shopping von einer Verkäuferin beraten und probiere die Kleider an, welche sie dir vorschlägt, anstatt von Anfang an auf dieselben Farben und Schnitte zuzusteuern, die du immer wählst. Iss einmal die Pizza zum Frühstück und das Müsli zum Abendbrot, wenn dir danach ist. Lade eine dir nicht so bekannte, aber interessant erscheinende Person zu dir nach Hause ein, anstatt immer nur deine besten Freunde. Schlag deiner Freundin vor, die Ferien ganz anders zu gestalten, als ihr es gewohnt seid. Geh nach Feierabend nicht wie gewohnt sofort nach Hause, sondern wähle dir auf dem Heimweg ein schönes Plätzchen in der Natur und genieße für einen Moment die Tatsache, dass du für heute genug gearbeitet hast. Nutze am Arbeitsplatz das Übergeben eines Dokumentes an eine andere Person als Chance, ein paar Worte mit ihr zu wechseln, wenn du das sonst nicht tun würdest. Schlag deiner Mutter vor, diese Woche anstelle des üblichen gemeinsamen Essens bei ihr einen gemeinsamen Spaziergang mit Picknick zu veranstalten. Oder schlag deiner Fußballmannschaft vor, dieses Jahr anstelle eines Weihnachtsessens eine Spendenaktion zu starten. Was immer dir in den Sinn kommt, finde immer wieder Wege, Routinen aufzubrechen und Neues zu erschaffen, was deinen Alltag spannend macht!

Du kannst dir gewisse Zeiten vornehmen, in welchen du die Welt durch eine andere Brille wahrnimmst, mach ein Spiel daraus! Wenn du das nächste Mal einen Spaziergang machst: Nimm dir vor, während diesem Spaziergang die Welt mit Kinderaugen wahrzunehmen. Für Kinder ist alles interessant und dadurch entdecken sie so vieles, was uns Erwachsenen verborgen bleibt. Wenn du die Welt mit Kinderaugen siehst, dann nimmst du plötzlich die schönen Blumen am Wegrand wahr und erfreust dich daran. Du entdeckst vielleicht wilde Beeren oder Nüsse, die du essen kannst. Du beobachtest eventuell fasziniert einen

Regenwurm, der sich über die Straße schlängelt. Du bleibst gegebenenfalls bei der Baustelle stehen und schaust zu, wie ein Haus gebaut oder renoviert wird. Du nimmst wahr, wie glücklich oder unglücklich sich ein Mensch gerade fühlt, der deinen Weg kreuzt. Du hörst die Vögel zwitschern oder das Laub rascheln.

Im Taubheitszustand fühlt sich das Leben oft schwer an. Du lässt zu, dass dir das Leben alles aufbürdet, was es so an Bürden findet und du erträgst das alles in der Überzeugung, dass es keinen Ausweg gibt. Übe dich darin, diese Momente zu erkennen. Und wenn du sie erkennst, frag dich, ob du bereit bist, die Schwere loszulassen und in die Leichtigkeit zu wechseln. Bist du bereit, die Ernsthaftigkeit hinter dir zu lassen? Vielleicht gelingt es dir in dem Moment, über die Absurdität dessen zu lachen, dass du dir so viel aufbürdest. Du weißt genau, dass es auch anders ginge und trotzdem gelingt es dir oft nicht, es zu ändern. So geht es den allermeisten von uns über weite Strecken unseres Lebens hinweg. Wir mühen uns ab und kämpfen unsinnige Kämpfe und vergessen dabei das, was wirklich zählt. Vielleicht ist es nicht dein Zugang, darüber zu lachen, aber wenn es dir gelingt, dann ist das ein sehr schöner Weg, von der Ernsthaftigkeit zu einer Leichtigkeit zu finden. Oder gehörst du zu den Leuten, die bei diesen Sätzen gerade kopfschüttelnd denken: »Wenn du wüsstest, wie das in meinem Leben aussieht, dann wäre dir auch nicht zum Lachen zu Mute.« Ja, solche Lebenssituationen gibt es und manchmal ist es dann an der Zeit, zunächst einmal traurig zu sein oder einen Wutanfall zu haben, bevor man dann zu einem späteren Zeitpunkt darüber lachen kann. Aber gerade auch in den Situationen, in welchen wir das Gefühl haben, dass wir vor einem riesigen Berg stehen, würde es uns guttun, das Ganze mit etwas Leichtigkeit und Humor zu sehen. Denn aus dieser anderen Perspektive sieht der Berg oft plötzlich gar nicht mehr so hoch aus, oder wir entdecken einen Tunnel im Berg oder wir nehmen plötzlich wahr, wie schön dieser Berg eigentlich ist und dass es viele Gründe gibt, warum wir es genießen können, diesen Berg zu erklimmen. Oder es kommt uns in den Sinn, dass wir den Berg gemeinsam mit einem guten Freund erklimmen und dabei gemeinsam eine gute Zeit verbringen könnten. Unsere Gedanken erschaffen unsere Realität. Wenn ich mich ausgeliefert fühle, dann zeigt mir das Leben, dass ich ausgeliefert bin. Ich suche dann unbewusst überall in meiner Umgebung und meinen Erfahrungen nach Informationen, welche meine Wahrnehmung bestätigen. Und da wir in jedem Moment mit Informationen überflutet werden, welche wir nicht alle bewusst aufnehmen können, gibt es immer irgendeine Art von Information, welche gerade zu unserer Überzeugung passen könnte. Diese Information gelangt dann in unser bewusstes Denken, während wir die anderen Informationen zu einem großen Teil nicht bewusst aufnehmen. Es sind also vermutlich genauso viele Informationen da, welche dir bestätigen könnten, dass du nicht ausgeliefert bist, aber solange du der Überzeugung bist, ausgeliefert zu sein, wirst du genau das erleben. Psychologen nennen das die selbsterfüllende Prophezeiung. Neben der Tatsache, dass wir vor allem Informationen aufnehmen, welche unsere Sichtweise bestätigen, gehen wir auch mit einer Erwartungshaltung auf andere zu. Und die anderen reagieren dann entsprechend auf uns. Wenn ich also beispielsweise mit der Erwartung in die Welt hinausgehe, dass andere immer Druck auf mich ausüben, dann werde ich genau das erleben, weil ich mich dann unbewusst so verhalte, dass andere genau mit diesem Verhalten auf mich reagieren. Wenn ich überzeugt bin, dass es Wege gibt, dann öffne ich mich für die Möglichkeiten und die Wege tauchen vor mir auf. Ich sehe plötzlich die Möglichkeiten, die schon immer da waren, die ich jedoch nie wahrgenommen habe. Aber ich erschaffe mir auch Möglichkeiten, indem ich mit dieser Erwartung auf Menschen zugehe und ich die Menschen somit implizit und unbewusst dazu einlade, mir Chancen zu bieten oder Informationen zu geben, welche mich weiterbringen. Menschen, die sich gewohnheitsmäßig in einem Lebendigkeitszustand befinden, haben dieses Vertrauen, dass sich irgendwo schon ein Türchen für sie öffnen wird, und dadurch gehen sie mit einer Leichtigkeit durchs Leben, die dafür sorgt, dass ihnen vieles einfach so zufliegt.

Im Lebendigkeitszustand findest du dein Leben und alles, was dir dein Leben präsentiert, interessant und spannend. Du siehst in allem eine potenzielle Quelle für Spaß oder zumindest für neue Erfahrungen und Einsichten. Es geht dabei nicht darum, die unangenehmen Emotionen auszuklammern oder wegzudrücken, im Gegenteil! Diese werden vielmehr mit offenen Armen in Empfang genommen und gewürdigt als Zustände und Gefühle, welche ebenfalls erfahren werden möchten. Weil sie uns etwas lehren. Oder weil sie dem Leben mehr Tiefe geben. Oder weil sie uns anstoßen. Oder beispielsweise bei der Trauer um einen geliebten Menschen, weil sie uns fühlen lassen, wie tief die Liebe für diesen Menschen gewesen ist.

Du kannst dich auch mit ein bisschen Schummeln in den Lebendigkeitszustand begeben, indem du Übungen machst, welche diese Herangehensweise ans Leben trainieren:

Stell dir zum Beispiel vor, du hast ein kleines Kind an deiner Seite. Das kleine Kind möchte ständig unterhalten werden. Vielleicht hast du ja ein kleines Kind oder verbringst ab und zu Zeit mit einem Kind, umso besser! Frag dich: Wie kannst du allein mit dem, was da gerade ist, dieses Kind unterhalten? Es gibt unzählige Möglichkeiten! Jongliere mit der Wasserflasche, die du in der Hand trägst, balanciere über den Randstein, trommle mit deinen

Fingern einen Takt, baue einen Turm mit den Gegenständen, die du gerade eingekauft hast, klettere auf einen Baum, beobachte Menschen und überleg dir Geschichten dazu, was diese gerade tun, singe ein lustiges Lied, das du aus deiner Kindheit kennst oder das du gerade neu erfindest, kreiere lustige Wortspiele indem du dir überlegst, was sich auf die Worte reimt, die dir gerade in den Sinn kommen, setze dir selbst Challenges: Schaffst du es, in dreißig Sekunden die gesamte Treppe zu Fuß zu bezwingen? usw. Durch diese Übung kommst du in einen Lebendigkeitszustand, weil du in deiner Umgebung nach Chancen zum Spaß haben suchst und somit deiner Freude folgst.

Oder eine andere Übung, welche den Lebendigkeitszustand simuliert/trainiert: Wenn du durch die Stadt gehst, schau dir jeden Menschen, der dir entgegenkommt, bewusst an. Wie fühlt sich das wohl an, dieser Mensch zu? Geh einen kurzen Moment in das Gefühl hinein, das der Mensch bei dir auslöst. Du tauchst dabei bei all den Menschen ein, denen du begegnest, jeweils für wenige Sekunden in ganz viele verschiedene Welten. Dabei erlebst du ein Abenteuer in einer Situation, welche für andere Menschen einen langweiligen Alltag darstellt.

Wenn wir uns in einem Taubheitszustand befinden und irgendwie schwer daraus herausfinden, dann kann es manchmal helfen, junge Katzen, Hunde oder Kinder zu beobachten, welche eine wunderschöne Verkörperung des Lebendigkeitszustands darstellen. Wenn wir gerade keinen Zugang zu gewissen Teilen von uns selbst haben, dann können andere Lebewesen, welche diesen Zugang haben, uns daran erinnern, dass wir diesen Teil in uns tragen und uns helfen, diesen wieder zu aktivieren. Ebenfalls können wir über unseren Körper und über Sinneswahrnehmungen in die Lebendigkeit zurückfinden. Kinder können uns dabei ein gutes Beispiel sein, sie wollen alles berühren, riechen, schmecken, mit allen Sinnen wahrnehmen, wollen sich bewegen und ihren Körper spüren. Warum sollten wir als Erwachsene nicht auch die Rinde des Baumes berühren, das nasse, weiche Moos am Boden oder den Eiszapfen, der vor unserem Fenster hängt? Wir können die heiße Teetasse in unseren Händen bewusst wahrnehmen oder die kuschelige Decke, mit der wir uns zudecken, wenn wir frieren. Wir können mit einem Finger ganz sanft über unsere Hände und Arme streicheln und bewusst wahrnehmen, wie sich unsere Haut anfühlt. Wir können unsere Muskeln spüren bei Stretching-Übungen, können im Wohnzimmer tanzen oder singen. Auch unser Atem kann uns helfen, uns lebendig zu fühlen! Bewusstes Atmen erinnert uns daran, dass wir am Leben sind! Mit jedem Atemzug können wir JA sagen zum Leben!

Mini-Meditation:

Setz dich bequem und aufrecht hin und dann lenke deine Aufmerksamkeit auf deinen Atem. Mit jedem Einatmen nimm den Sauerstoff wahr, der in deinen Körper strömt und dich belebt! Mit jedem Ausatmen lass die Kontrolle los und fühle mehr und mehr das Vertrauen, das automatisch da ist, wenn du aufhörst, alles kontrollieren zu wollen. Akzeptiere alle Gefühle, die aufkommen, sag ja zu ihnen, egal wie angenehm oder unangenehm sie gerade sein mögen. Halte sie nicht fest, fokussiere sie nicht, sondern lass sie einfach da sein. Konzentriere dich auf deinen Atem. Akzeptiere alle Gedanken, die aufkommen und lass sie da sein, aber lass dich nicht in einen Gedankenstrudel hineinziehen, sondern komm mit deiner Aufmerksamkeit immer wieder zurück zu deinem Atem. Nimm das Leben wahr, das mit deinem Atem durch dich hindurch fließt.

Den Körper mit einbeziehen und in die Handlung kommen

Wir neigen oft dazu, Probleme zu wälzen und haben dabei oft viele Erkenntnisse, doch es fällt uns schwer in die Handlung zu kommen. Nur mit nachdenken und reden ist Veränderung oft schwierig. Es ist wichtig, dass wir den Körper mit einbeziehen, weil dann erst etwas in Bewegung gerät. Oft sind schon ganz kleine Dinge ausreichend, wie z.B. einen Entschluss aufzuschreiben, einen ganz kleinen ersten Schritt zu tun oder die Körperposition, Mimik oder Gestik auf das Ziel abzustimmen. Wir unterschätzen oft, wie wirkungsvoll dies sein kann, lesen hunderte von Büchern oder führen hunderte von Gesprächen, besuchen vielleicht hunderte von Therapiestunden und bemerken dabei manchmal nicht, dass eine kleine Handlung in dem Moment genau das wäre, was den Stein ins Rollen bringen könnte. Eine Handlung beeinflusst in der Folge unsere Gedanken und Gefühle. Wenn wir uns beispielsweise Zeit für etwas nehmen, obwohl wir uns eigentlich gestresst fühlen und denken, dass wir keine Zeit haben, dann führt die Handlung dazu, dass unsere Gedanken und Gefühle entsprechend angepasst werden, denn unser Gehirn registriert: »Oh, das stimmte ja gar nicht, tatsächlich habe ich ja doch Zeit.« Natürlich werden die automatischen Gedanken wiederkommen. Doch wenn wir regelmäßig mit unseren Handlungen ein anderes Signal aussenden, dann werden irgendwann auch die automatischen Gedankenmuster immer mehr angepasst.

Mini-Meditation:

Wähle einen ruhigen Ort und stell dich aufrecht hin. Nimm eine Position ein, die ausdrückt, wie du dich fühlst, wenn du dich schützt und verschließt. Bleibe einen Moment in dieser Position. Beobachte deine Gefühle und Gedanken. Atme tief und bewusst während du das tust. Versuche nichts an deinen Gefühlen zu verändern, sondern nimm sie einfach so wahr und akzeptiere sie so, wie sie sich präsentieren. Dann wechsle deine Position und nimm eine Position ein, die ausdrückt, wie du dich fühlst, wenn du dich dem Leben öffnest. Lass dies auf dich wirken, indem du ruhig und bewusst atmest und interessiert beobachtest, wie sich das anfühlt. Wechsle einige Male zwischen den beiden Positionen hin und her und übertreibe die Positionen, indem du dich so fest als möglich streckst oder beugst und die Arme hinzunimmst. Zum Schluss wähle für dich eine Position, die sich so anfühlt, wie du dich den Rest des Tages fühlen möchtest und behalte diese für einen Moment bei, um dir einzuprägen, wie sich dies anfühlt und deinen Körper darauf einzustimmen.

Die Mini-Meditation zeigt dir, wie einfach und wirkungsvoll du über den Körper deine Gedanken und Emotionen beeinflussen kannst. Was könnte nun auf Handlungsebene ein erster Schritt in die Richtung deiner Ziele sein? Du möchtest beispielsweise die Branche wechseln und in einem anderen Arbeitsbereich tätig sein? Dann kaufe dir ein Utensil, welches du in deinem neuen Job brauchen wirst, um deinem Gehirn zu signalisieren, dass du in Zukunft in diese Richtung gehen wirst. Du möchtest mehr Zeit haben, um Bücher zu lesen? Dann kaufe dir ein Buch und lege es auf den Nachttisch. Du möchtest dich gesünder ernähren und mehr Gerichte selbst zubereiten, anstatt Dinge aus der Packung aufzuwärmen? Dann such dir im Internet tolle, gesunde Rezepte, drucke sie aus und hänge sie an deinen Kühlschrank. Du möchtest fitter werden und von nun an jeden Morgen eine halbe Stunde joggen gehen? Dann lege dir bereits die Jogging-Schuhe und das Jogging-Outfit bereit. Du möchtest selbstbewusster auftreten? Beginne damit, eine Körperposition einzunehmen, welche Selbstvertrauen ausstrahlt.

Zu sich zurückfinden

Manchmal verlieren wir den Draht zu uns selbst, wenn wir all den Sinnesreizen unserer Umgebung ausgesetzt sind und all den Erwartungen und Wünschen, welche andere an uns herantragen. Wir nehmen dann einen Zeitdruck wahr und sind geistig bei allen anderen, nur nicht bei uns selbst. Dies geht teilweise so weit, dass wir überhaupt nicht mehr wissen, was wir eigentlich wollen. Die ganze Welt zerrt an uns und wir nehmen nur noch dieses Zerren wahr, lassen uns ein bisschen in die eine und dann ein bisschen in die andere Richtung ziehen und haben dabei vielleicht ein oberflächliches Gefühl von »wichtig sein«. Sobald dieses oberflächliche Gefühl jedoch angekratzt wird, kommt eine tiefe Orientierungslosigkeit zum Vorschein. Doch diese Orientierungslosigkeit ist nicht dein wahres Ich, diese Orientierungslosigkeit ist nur das, was du spürst, wenn du zu sehr in der Außenwelt gelebt und den Zugang zu dir selbst verloren hast. Aber diesen Zugang zu dir selbst kannst du immer wieder finden! Nicht jeder Mensch findet ihn auf dieselbe Art und Weise, aber jeder Mensch hat die Fähigkeit dazu, diesen Zugang wieder zu finden, selbst wenn er über Jahre hinweg von sich selbst abgekapselt gelebt hat! Wenn du manchmal den Zugang zu dir selbst verlierst, dann experimentiere und finde für dich heraus, auf welche Art und Weise es dir am besten gelingt, wieder mit deinem innersten Kern in Kontakt zu kommen. Habe Geduld, wenn es nicht sofort klappt. Es kann sein, dass es Zeit braucht, aber wenn du entschlossen bist und dir die Zeit nimmst, die notwendig ist, dann wird es gelingen. Methoden, zu sich zurückzufinden, sind für einige Menschen Meditation oder einfach Stille. Für andere Menschen ist es der Aufenthalt in der Natur. Wieder andere können über Musik gut zu sich selbst finden oder über körperliche Aktivität oder über die Atmung. Einige Leute können über Berührung zu sich selbst finden, sei es dadurch, von einem Partner gestreichelt und umarmt zu werden oder sich während einer Massage fallen zu lassen. Wieder anderen Personen hilft es vor allem, aus ihrem Alltag herauszukommen und das gewohnte Terrain zu verlassen, sei es örtlich oder die alltäglichen Handlungen betreffend. Und oft sind Extremsituationen eine Art, wieder zu sich zurückzukommen und sich wieder zu spüren, sei das bei einem Fallschirmsprung oder bei einem Bad im kalten Fluss im Winter.

In Stresssituationen – und wenn wir den Zugang zu uns selbst verlieren, dann befinden wir uns meist in einer Art Stresssituation - atmen wir sehr oberflächlich. Teilweise halten wir sogar den Atem an, ohne es zu bemerken. Stress wird oft auf psychisches Empfinden, auf ein unangenehmes Gefühl reduziert, dabei ist unterdessen bekannt, dass sich Stress auf verschiedenste Art und Weise auf körperlicher Ebene abspielt. Der Atem ist eine von vielen Komponenten. Durch die ausgeschütteten Stresshormone werden beispielsweise die Verdauung oder das Immunsystem heruntergefahren. Der Körper möchte seine gesamte Energie für die Situation zur Verfügung haben, die uns gefährlich erscheint und bei uns Stress auslöst. Oder wir schlafen schlechter, weil wir uns in einer Art Alarmzustand befinden. Über Atemtechniken und bewusstes Atmen können wir über unseren Körper und unserem Gehirn signalisieren, dass wir uns nicht in einer Gefahrensituation befinden, und wir uns entspannen dürfen. Durch oberflächliches und zu schnelles Atmen machen wir unser Nervensystem glauben, dass es sich um eine Gefahrensituation handelt. Deshalb richten wir uns in dem Moment darauf aus, gefährliche Situationen abzuwenden und während wir damit beschäftigt sind, ist nicht die Zeit, uns mit unserem Innersten zu verbinden und zu spüren, was wir wirklich im Leben wollen und was uns Freude macht. Atemtechniken gibt es wie Sand am Meer und jede Fachperson, jede Homepage und jedes Buch möchte dir wahrscheinlich weismachen, dass genau ihre Technik die richtige ist. Tatsächlich ist jedoch diejenige die richtige, die sich für dich persönlich richtig anfühlt. Du kannst damit experimentieren, dir Videos oder Artikel mit Vorschlägen zu Atemtechniken zu besorgen, aber du kannst das auch für dich selbst herausfinden. Es muss nicht kompliziert sein, um wirkungsvoll zu sein! Es kann zum Beispiel so simpel sein wie ganz einfach die Atmung bewusst zu verlangsamen.

Wie du bereits aus dem vorherigen Kapitel weißt, beeinflussen sich Gedanken, Emotionen und der Körper bzw. das Verhalten gegenseitig. Auch über die Atmung können wir unsere Gedanken und Emotionen beeinflussen. Durch bewusstes, ruhiges Atmen beruhigen wir die Gedanken und Emotionen, so dass diese langsamer und bewusster werden. Und wenn wir unsere Gedanken auf eine bewusstere Ebene bringen, dann handeln und reagieren wir nicht mehr so viel mit automatischen, unbewussten Mustern. Wenn wir bemerken welche Automatismen bei uns ablaufen, dann bietet das die Chance, uns bewusst für oder gegen das

Denken, Verhalten oder Fühlen zu entscheiden, das sonst automatisch ablaufen würde. Und je bewusster wir dies alles gestalten, desto mehr stehen wir mit unserem wahren Ich in Verbindung. Denn jede bewusst gefällte Entscheidung ist eine Entscheidung darüber, wer wir sind und wer wir sein möchten. Jede unbewusst gefällte Entscheidung ist eine Entscheidung dafür, einfach so weiterzumachen, wie es unser Umfeld von uns erwartet und wie wir »programmiert« wurden - durch unsere Eltern, unser Umfeld, unsere Schule, die Gesellschaft, die Dinge, die wir im Fernsehen gesehen haben etc.

Die innere Stimme wieder hören

Wenn wir wieder mehr mit uns selbst in Verbindung stehen, dann gelingt es uns besser, unsere innere Stimme wieder zu hören. Diese innere Stimme, die eigentlich ganz genau weiß, was richtig für uns ist, wo es sich lohnt, unsere Zeit zu investieren und welche Projekte wir eigentlich längst begraben sollten, weil sie uns gar nicht glücklich machen. Wenn wir vermehrt unserer inneren Stimme zuhören, dann werden wir uns bewusst darüber, wie wir unser Leben leben wollen, so dass wir die Zeit, die wir haben so nutzen, wie es zu uns passt und wir einen Weg einschlagen, der auf uns zugeschnitten ist. Sobald wir uns auf diesem Weg befinden, nimmt das Gefühl, keine Zeit zu haben, mehr und mehr ab, weil wir uns immer mehr gegen die Dinge entscheiden, welche unsere Zeit fressen, uns aber keinen Schritt auf dem Weg weiterbringen, den wir eigentlich gehen möchten.

Welches ist unsere wahre »innere Stimme«, unsere Intuition? Manchmal ist es schwierig, diese von anderen »inneren

Stimmen« zu unterscheiden. So können wir beispielsweise Angst auch als eine Art innere Stimme wahrnehmen, eine Stimme, die sagt: »Stopp, das ist keine gute Idee, das kommt sicher nicht gut.« In dem Moment ist es sinnvoll, nicht nur auf die innere Stimme zu hören, sondern auch unseren Verstand zu gebrauchen und uns zu fragen, ob es sich um eine Angst handeln könnte, die uns auf eine tatsächliche Gefahr hinweist. Oft kommen wir dann zum Schluss, dass es sich eher um einen Schutzmechanismus handelt. Eine automatisierte Reaktion, welche oft seit der Kindheit aufgrund von früheren Erfahrungen vorliegt. Wir wollen uns davor schützen, erneut eine entsprechende Erfahrung zu machen, zum Beispiel die Erfahrung abgelehnt zu werden. Dabei wäre es vielleicht eine Situation, bei der es sich lohnen würde, das Risiko einzugehen. Denn nur so können wir eine korrektive Erfahrung machen nämlich jene, dass diese Situation gar nicht so gefährlich war und wir, um beim Beispiel zu bleiben, gar nicht abgelehnt werden.

Wahrscheinlich kennst du diese Situationen, bei denen du auf Anhieb wusstest, dass du etwas tun möchtest. Es hat sich einfach von der ersten Sekunde an richtig angefühlt, dass du nicht daran gezweifelt und nicht einmal genauere Informationen dazu benötigt hast, weil du wusstest, dass es das Richtige ist. Da hat sich deine innere Stimme sehr laut und deutlich zu Wort gemeldet! Tatsächlich ist Intuition immer das allererste Gefühl, das wir zu einer Sache haben. Das Problem ist, dass oft sofort nach dem ersten Impuls oder Gefühl ganz viele andere Gefühle, Bewertungen und Gedanken folgen, so dass sich dies alles miteinander vermischt und wir am Schluss nicht mehr sagen können, was denn nun unsere Intuition dazu sagt. Und wenn wir darüber nachdenken, dann hilft uns das nicht weiter. Das Einzige, was in dem Moment hilft, ist zu sich selbst und zu seiner inneren Ruhe zurückzufinden, denn so erleichtern wir es der inneren Stimme, zu uns zu sprechen. Sie tut dies am liebsten dann, wenn wir uns nicht gedanklich zu intensiv mit dem Thema auseinandersetzen, denn da müsste sie mit all den Gedanken konkurrieren und würde sofort in Frage gestellt werden. Viel lieber spricht sie zu dir in einem ruhigen Moment, wenn du dich für Antworten von ihr öffnest, dich aber nicht darauf konzentrierst, diese Antworten zu finden oder zu erhalten. Dann kommt plötzlich die Erkenntnis oder du spürst plötzlich mit einer inneren Sicherheit, welchen Weg du wählen möchtest.

Wenn wir Mühe haben, unsere innere Stimme zu hören, dann übernimmt oft unser Körper die Aufgabe der inneren Stimme. Unser Körper sagt beispielsweise: »Stopp, es ist genug«, indem ein Körperteil zu schmerzen beginnt. Leider wollen wir oft nicht auf unseren Körper hören und wollen nur das Symptom weghaben, anstatt uns zu überlegen, was uns das Symptom sagen könnte. Vielleicht war der Bänderriss beim Fußballspielen ein Signal deines Körpers, dass du über deine Grenzen hinausgehst, dass du zu verbissen bist oder dass du andere Lebensbereiche wegen des Fußballspielens vernachlässigst. Oder die Sehnenscheidenentzündung mit den schmerzenden Unterarmen möchte dir sagen, dass es eigentlich längst an der Zeit wäre, deinen Schreibtischjob zu verlassen und das zu tun, wovon du schon seit Kindesjahren träumst.

Aber pass auf, wir sind sehr gut darin, uns selbst etwas vorzumachen! Auch unser Körper kann uns etwas vormachen, so dass wir zum Beispiel eine Schonhaltung einnehmen und uns gewissen Herausforderungen nicht stellen. Dies dient dann der Vermeidung und hindert uns daran, unsere Komfortzone zu verlassen und somit auch daran, im Leben voranzukommen. Wenn wir das Gefühl haben, dass uns unsere innere Stimme die ganze Zeit sagt, wir sollten mehr Cola trinken, Schokolade essen und Fernsehen schauen dann ist das vermutlich nicht wirklich die innere Stimme, sondern irgendein anderer unbewusster Teil von uns. Außer natürlich du gehörst zu den Menschen, die sich so etwas nie erlauben! Auf jeden Fall lohnt es sich, mit dem kritischen Verstand zu hinterfragen, ob wir nicht dieses Konzept der »inneren Stimme« gerade missbrauchen, um Dinge vor uns selbst zu rechtfertigen. Wenn wir tatsächlich unserer inneren Stimme folgen, dann fühlt es sich richtig an, was wir tun, aber es ist nicht immer der einfachste und bequemste Weg!

Vielleicht gehörst du zu den Menschen, die nicht von einer »inneren Stimme« sprechen, sondern davon, dass sie auf ihr Herz hören möchten. Dies ist genauso gut und richtig! Die moderne Medizin beginnt erst langsam herauszufinden, wie sich Herz und Hirn gegenseitig beeinflussen. Tatsächlich beeinflusst das Gehirn unser Herz genauso wie das Herz unser Gehirn. Das HeartMath Institute forscht seit einigen Jahren zu dem Thema und hat festgestellt, dass die Nervenbahnen in beide Richtungen Informationen austauschen, dass also auch Informationen vom Herz ins Gehirn fließen. Unabhängig davon, wie weit die Forschung zu dem Thema schon ist, wir haben alle Erfahrungen damit, wie es sich anfühlt, wenn wir eine Entscheidung »mit dem Herzen« anstatt mit dem Verstand getroffen haben. Was denkst du, wie würde dein Leben aussehen, wenn du öfters mit dem Herzen entscheiden würdest? Und wie würde unsere Welt aussehen, wenn das alle Menschen öfters tun würden? Wie viel einfacher ist es, sich mit der Essenz des Schenkens zu verbinden und seine Zeit zu verschenken, wenn man auf sein Herz hört!

Es gibt so viele Redewendungen, welche auf unser Herz Bezug nehmen! Einem wird »warm ums Herz«, das Herz »geht auf« oder »verschließt sich«, etwas »kommt von Herzen«, eine Person ist »herzlich« oder »herzensgut«, man ist »mit ganzem Herzen dabei«, investiert »viel Herzblut« in eine Sache oder in eine »Herzensangelegenheit«. Dies kommt nicht von ungefähr! Tatsächlich können wir eine Verbindung zu unserem Herz aufbauen. Wenn uns das gelingt, dann können wir unser Herz bei Entscheidungen um Rat fragen, die wir fällen müssen. Wir bekommen dann die Antwort in der Form eines Gefühls. Oft fühlt es sich an, als würde das Herz weit oder eng werden, je nachdem, ob die Antwort ja oder nein ist. Versuche einmal bei der nächsten Entscheidung, die ansteht, deine Aufmerksamkeit auf dein Herz zu lenken und nimm wahr, ob du die Stimme deines Herzens erkennen kannst!

Mini-Meditation:

Nimm dir einen Moment Zeit, um zur Ruhe zu kommen. Du kannst dich dabei darauf konzentrieren, deine Muskeln bewusst loszulassen oder du kannst beispielsweise deinen Atem beobachten. Danach beginne, mit deinem Herzen, deinem wahren Ich, deiner Seele oder einer sonstigen Repräsentation deiner inneren Stimme zu sprechen. Erkläre, dass du dich für alle Erkenntnisse öffnest, die gerade wichtig für dich sind, eventuell auch Erkenntnisse zu einem bestimmten Thema, das dich gerade beschäftigt. Danach gib dir einfach Zeit, entspannt da zu sitzen, ohne ein Ziel. Erwarte nichts. Es kann sein, dass Antworten und Erkenntnisse kommen. Es kann aber auch sein, dass diese erst in den nächsten Tagen oder Wochen kommen, wenn du beispielsweise etwas erlebst, was damit in Zusammenhang steht. Versuche nichts zu kontrollieren, sondern spür das Vertrauen, dass die Antworten zu gegebener Zeit an die Oberfläche kommen werden, wenn du dich dafür öffnest.

»Wer immer nur auf seine Mitmenschen hört, wird irgendwann taub für seine innere Stimme«, schrieb einst der österreichische Schriftsteller Ernst Ferstl. In der heutigen Zeit müssen wir wieder lernen, in die Stille zu kommen, in der wir unsere eigene innere Stimme hören können. Anstelle all der Stimmen, die durch andere Menschen oder von außen an uns herangetragen werden, durch die Medien, durch alle, die uns vorgeben wollen, wie unser Leben im Erfolgsfall zu verlaufen habe! Manchmal brauchen wir eben einfach nur eine Auszeit von unserem Alltag und damit von all den Personen, welche täglich um uns herum sind, um unsere innere Stimme wieder hören zu können.

Balance zwischen Energie und Ruhe

Wenn wir total begeistert für eine Sache sind und diese voller Energie anpacken, uns gedanklich nur noch damit beschäftigen und all unsere Zeit in dieses Projekt investieren, dann fühlt sich das wahnsinnig toll an. Es ist jedoch ein sehr schmaler Grat zwischen Begeisterung und Übermotivation. Wenn wir übermotiviert sind, dann wollen wir zu viel. Wir gönnen uns dann keine Ruhe mehr. Alles wird plötzlich zum Stress, auch wenn es das ist, was wir wirklich tun wollen. So ganz langsam und ohne, dass wir es bemerken, wird aus dem *Wollen* ein *Müssen*. Ein vollkommen selbstauferlegtes Müssen. Es ist deshalb wichtig, dass wir uns immer wieder kritisch hinterfragen und schauen, ob wir in diese Entwicklung hineingeraten. Sollte das so sein, dann lohnt es sich, eine Art Zwangspause einzulegen, so lange bis wir zu unserer inneren Ruhe zurückfinden und wieder spüren, dass wir WOLLEN. Und zwar aus einer Freude heraus und nicht aus einer Art

Stress heraus. Der Flowzustand, der Zustand, in welchem alles läuft, es sich leicht anfühlt und man völlig zeitlos wird, liegt in dem Bereich zwischen Unter- und Übermotivation. Du kennst den Zustand sicher von Tätigkeiten, die du über alles liebst, in denen du dich völlig verlieren kannst. Das fühlt sich so an, als ob man von Wellen getragen wird. Übermotivation hingegen, fühlt sich eher an wie gegen den Strom zu schwimmen. Zwar noch immer mit derselben Begeisterung und Entschlossenheit auf das Ziel ausgerichtet, aber es ist kräftezehrend. Und im Bereich der Untermotivation fühlen wir uns so, dass wir zwar ein Ziel vor Augen haben und wissen, wo wir hinmöchten, aber die Strömung zieht uns auf die andere Seite und wir haben keine Lust, uns anzustrengen und einige kräftige Schwimmzüge zu nehmen, um die Richtung zu ändern. Wir sollten uns immer wieder fragen, in welchem Bereich wir uns gerade befinden, Über- oder Untermotivation oder im Flowzustand. Wenn wir uns im Flowzustand befinden, dann existiert kein Stress, kein Zeitdruck, nein nicht einmal ein Gefühl dafür, wie viel Zeit vergeht. Wir nutzen die Zeit, die wir haben für das, was wir tun möchten und somit ist es nicht wichtig, auf die Uhr zu schauen und zu prüfen, wie viel Zeit vergeht. Ein Flow-Erleben ist nur dann möglich, wenn wir zu der aktuellen Tätigkeit oder Situation von ganzem Herzen ja sagen. Wenn wir das machen, dann können wir bei sogenannt ungeliebten Aufgaben in einen Flowzustand kommen, beispielsweise beim Aufräumen oder beim Putzen. Wir sagen ja zu der Tätigkeit und lassen uns voll darauf ein, sind voll präsent und widmen uns vollständig dieser Aufgabe. Aus diesem Grund ist es effektiv, sich oder anderen ein Zeitgeschenk zu machen. Denn in dem Moment, in dem wir die bewusste Entscheidung für das Geschenk treffen, sagen wir ja dazu und bahnen somit den Weg für ein Flow-Erlebnis. Wir sagen außerdem: »Ja, ich möchte das gerne tun!« und nicht: »Ja, dann tue ich es eben …« oder: »Ich muss das jetzt unbedingt tun!«, wodurch wir uns die Chance geben, aus dem Bereich der Unter- oder Übermotivation herauszufinden. Es geht also darum, immer wieder die richtige Balance zu finden. Du kannst es dir so vorstellen, dass du ganz bewusst die Segel setzt und dich danach einfach vom Wind treiben lassen darfst. Dies benötigt in dem Moment des Segelsetzens einen kleinen initialen Aufwand. In dem Moment, in dem die Segel gesetzt sind, ist es jedoch nicht mehr kräftezehrend. Jedoch musst du stets wachsam bleiben, welche Hindernisse auftauchen, ob sich der Wind dreht, ob du auf Kurs bleibst. Und je nachdem ist eine Anpassung notwendig und du musst die Segel neu ausrichten.

Es ist wichtig, dass wir lernen zu unterscheiden: Brauchen wir gerade mehr oder weniger Stimulation? Oft sind wir überreizt mit zu vielen Eindrücken und Gedanken und sollten uns somit auf weniger konzentrieren und uns mehr Ruhe gönnen. Es gibt auch Situationen, in welchen wir lethargisch sind. Dies ist zu unterscheiden von einer Müdigkeit oder Erschöpfung, die daher rührt, dass wir sehr viel getan haben und jetzt eine Pause brauchen! Wenn sich Lethargie einstellt, dann handelt es sich um einen länger andauernden Zustand. Wir kommen nicht in die Gänge, können uns zu nichts aufraffen, sind zu nichts zu begeistern. In dem Fall sollten wir unseren Alltag anreichern und wieder in die Freude finden. Für beide Fälle findest du in diesem Buch verschiedene Anregungen und die einen werden dich ansprechen, die anderen weniger. Du kannst dir diese herauspicken, die für dich passend sind oder dich inspirieren lassen und selbst kreativ werden. Übe jedoch, dich regelmäßig zu fragen, ob du gerade in Balance bist oder in die eine oder andere Richtung ausschlägst. Wenn du anfängst, frühzeitig zu erkennen, in welche

Richtung das Pendel ausschlägt, dann kannst du entsprechend reagieren, um dich wieder ins Lot zu bringen.

Perspektivenwechsel

Am Schluss ist immer alles nur eine Frage der Perspektive! Zwei Menschen können von außen betrachtet dasselbe Leben leben, wobei jedoch der eine andauernden Zeitdruck empfindet, während der andere es genießt, Zeit für all das zu haben, was er tut! Natürlich solltest du dein Leben so einrichten, dass die Dinge, die du machst, mit deinen Werten und deinen Zielen im Einklang stehen (dazu mehr in den folgenden Kapiteln). Der allerwichtigste Punkt ist jedoch, dass du dich entscheidest, *eine Perspektive* einzunehmen, welche im Einklang mit dem ist, wie du dein Leben leben möchtest. Stell dir einen einfachen Gegenstand vor, beispielsweise eine Tasse. Je nachdem, aus welcher Perspektive du darauf schaust, siehst du ganz andere Dinge. Wenn du von oben darauf schaust, siehst du die große Öffnung. Wenn du von unten darauf schaust, siehst du nichts von dieser Öffnung, aber siehst vielleicht die Herstellerangaben. Wenn du von der einen Seite darauf schaust, siehst du den Aufdruck. Von der anderen Seite her betrachtet, ist der Aufdruck nicht zu sehen, dafür siehst du den Henkel, den du zuvor nicht gesehen hast. Genauso ist es mit dem Leben, wir können nie alle Aspekte gleichzeitig wahrnehmen, aber wir können die Perspektive auswählen, aus der wir auf das Leben blicken möchten! Deine Zeit zu verschenken, ist eine Möglichkeit, die Perspektive zu wechseln! Vielleicht tust du genau dasselbe, wie zuvor! Aber du tust es bewusst, du entscheidest dich dafür und du weißt, warum und wofür du es tust! Dadurch nimmst du deine Zeit als rares, kostbares Gut wahr, das du mit Bedacht in das investierst, was dir wichtig ist! Dies macht für dein inneres Erleben einen riesigen Unterschied im Vergleich zu der Einstellung, dass du immer zu wenig Zeit für alles hast, was du tun solltest!

Der Tipp mit dem Perspektivenwechsel klingt so simpel, dass man kaum glauben kann, dass er so wirkungsvoll ist. Deshalb an dieser Stelle ein beeindruckendes Beispiel: Der jüdische Psychologe Viktor Frankl hat in den Jahren 1942 bis 1945 den Schrecken verschiedener Konzentrationslager am eigenen Leib miterlebt. Für viele von uns ist dies eine der schrecklichsten Vorstellungen und die meisten würden wohl mit ihrem Schicksal hadern und überwiegend Gefühle von Schmerz, Trauer, Wut, Hass, Verzweiflung und Hilflosigkeit fühlen. Obwohl Frankl sicher diese Gefühle erlebte, entschloss er sich, die Perspektive zu wechseln. Er suchte für sich einen Sinn in der Sache und definierte diesen darin, dass er, wenn das alles vorbei wäre, Vorträge darüber halten würde, welche Auswirkungen Erfahrungen, wie er sie machte, auf die menschliche Psyche haben. Somit richtete er in diesem Elend, das er erlebte, seinen Fokus auf etwas Sinnvolles, auf etwas, was ihm Kraft gab. Damit zeigt er uns allen, wie wichtig es ist, mit welcher Brille wir auf unser Leben blicken und dass es selbst unter inhumansten Bedingungen möglich ist, eine lebensbejahende Perspektive einzunehmen!

Du kannst dir das Leben so vorstellen, dass wir alle verschiedenfarbige Brillen tragen. Je nachdem welche Farbe deine Brille hat, nimmst du eine Situation ganz anders wahr als eine andere Person, die eine andersfarbige Brille trägt. Welche Farbe hat deine Brille? Und möchtest du diese Brille tragen oder wäre es einmal an der Zeit, eine andere Brille auszuprobieren? Du könntest probeweise für einen Tag eine andersfarbige Brille anziehen und schauen, wie dir die Welt in diesen neuen Farbtönen gefällt. Zum Beispiel könntest du dich entscheiden, einen Tag lang die rosarote Liebes-Brille anzuziehen. Das bedeutet, dass du an dem Tag überall nach Zeichen der Liebe Ausschau hältst und du mit deiner Aufmerksamkeit dortbleibst, wo du diese Zeichen erkennst, anstatt deinen Blick den Zeichen von Neid, Gier oder Machtgehabe zuzuwenden. Du wirst an dem Tag plötzlich mit Liebe gepflegte Gärten, Menschen, die sich gegenseitig helfen, Menschen, die Rücksicht nehmen, kleine Zeichen der Aufmerksamkeit etc. wahrnehmen, die dir gewöhnlich gar nicht auffallen.

Hier noch einige weitere Anregungen zum Perspektivenwechsel beim Thema Zeit:

Wenn du das Gefühl hast, du hättest keine Zeit, dann kannst du das auch als etwas Positives sehen! Es bedeutet, dass du viele Ideen hast, was du mit deiner Zeit anfangen möchtest! Und dass du viele Möglichkeiten hast – so viele, dass du gar nicht alles gleichzeitig tun kannst! Möchtest du mit einer Person tauschen, die keinen Zeitmangel hat? Stell dir ihr Leben vor, vermutlich ist dieses Leben karg und eintönig. Und vermutlich langweilt sie sich. Oder sie fühlt sich nicht imstande, die Projekte anzupacken, von denen sie träumt. Eine seit Jahren arbeitslose Person, die ab und zu Bewerbungen schreibt und den Rest der Zeit vor dem Fernseher sitzt, ist nicht dankbar dafür, so viel Zeit zur Verfügung zu haben! Dann doch lieber so viele Ideen und Projekte und Möglichkeiten haben, dass wir gar nicht alles umsetzen können, oder? Wir müssen dabei lediglich schauen, dass wir uns nicht in den vielen Möglichkeiten verlieren und wir den Blick auf das lenken, was wir wählen, anstatt auf die vielen anderen Möglichkeiten, die wir somit im Moment nicht auch noch wählen können.

Das Absurde an unserem Leben ist ja, dass wir immer das wollen, was wir nicht haben. Die oben erwähnte arbeitslose Person wünscht sich eine Beschäftigung und wenn wir eine Beschäftigung haben, dann wünschen wir uns freie Zeit. Es ist nichts Schlechtes daran, sich das zu wünschen, was man nicht hat. Wichtig dabei ist jedoch, dass wir immer wieder den Blick auf das lenken, was wir haben! Dazu braucht es eben bei vielen Menschen einen bewussten Perspektivenwechsel, denn automatisch richten wir den Fokus oft auf das, was wir haben wollen und nicht auf das, was wir haben. Es verhält sich im Leben auch so, dass wir Dinge oft erst dann zu schätzen wissen, wenn wir einmal in einem Mangel leben mussten. Also erst dadurch, dass wir das Gefühl kennen, unter Zeitmangel zu leiden, können wir das Gefühl, genügend Zeit zu haben, wirklich schätzen und uns daran erfreuen! Es ist etwas völlig anderes, wenn die zuvor erwähnte arbeitslose Person abends um 20 Uhr im Fernsehen einen Film anschaut, nachdem sie bereits einen Großteil ihrer Zeit an diesem Tag mit fernsehen verbracht hat, oder ob eine arbeitstätige Person nach einem ereignisreichen Tag abends um 20 Uhr entscheidet, dass sie sich jetzt die Zeit nimmt, einen Film zu schauen!

Wir Menschen wollen immer irgendwo hin. Wir wollen ständig irgendetwas erreichen, was wir noch nicht haben, wollen etwas sein, was wir noch nicht sind. Was wir dabei außer Acht lassen ist die Tatsache, dass mit dem, was wir in Zukunft erreichen oder haben oder sein werden auch Verluste einhergehen. Wir werden damit gewisse Dinge verlieren, die wir jetzt aktuell haben! Ein Beispiel dafür ist eine Frau, die unbedingt abnehmen möchte. Sie ist ständig darauf fokussiert, dass sie dünn sein möchte und tut vieles dafür, Gewicht zu verlieren. Sie hat nur dieses Idealbild vor sich. Irgendwann hat sie das Ziel erreicht und hat Kleidergröße 36. Da bemerkt sie, dass sie jetzt nicht mehr solche Rundungen hat, wie dies zuvor der Fall war, ihre Brüste sind kleiner geworden, ihr Gesäß flacher. Und plötzlich vermisst sie etwas, was sie vorher hatte, jedoch zum damaligen Zeitpunkt einfach als selbstverständlich hingenommen hatte. Oder nehmen wir als Beispiel einen Mann, der sich wünscht, mit seiner Firma weltweiten Erfolg zu haben. Solange er diesen Erfolg nicht hat, ist er ständig darauf ausgerichtet, dass er dahin kommen möchte. Sobald er diesen Erfolg dann hat, wird ihm bewusst, dass jetzt, da er ein gefragter Mann ist, sein Leben hektischer geworden ist und er nicht mehr so viel Zeit für Gemütlichkeit hat, wie zuvor. Wir sollten uns also regelmäßig fragen, was wir NICHT MEHR haben, sobald wir unsere Ziele erreicht haben. Und genau diese Dinge sollten wir im aktuellen Moment genießen und unsere Aufmerksamkeit darauf lenken, anstatt in Gedanken stets auf das zu fokussieren, was wir noch nicht haben.

Einen Perspektivenwechsel können wir auch gut vornehmen, wenn wir unsere Sprache anpassen! Wie oft sagst du täglich »ich muss«? Mit diesem Ausspruch bestätigst du dir erneut das müssen und somit den Druck, den du in Verbindung damit wahrnimmst. Tatsächlich gibt es aber kaum etwas, was du *musst*. Du empfindest es als müssen, weil du die Alternative unattraktiv findest, aber du könntest dich theoretisch für die unattraktive Alternative entscheiden oder aber überlegen, ob du nicht einen Weg für eine attraktivere Alternative findest. Gewöhn dir also ab, zu sagen, »ich muss«! Sag stattdessen, »ich möchte«. Dieser kleine Unterschied bewirkt einen Perspektivenwechsel und er erinnert dich in dem Moment daran, dass du eine bewusste Entscheidung treffen wolltest, anstatt einfach das zu tun, was du aus einem Automatismus heraus tun würdest.

Und einer der wichtigsten Perspektivenwechsel beim Zeit verschenken ist der, dass du darauf fokussieren solltest, Spaß zu haben, während du Dinge erledigst, anstatt den Fokus darauf zu legen, möglichst viel in möglichst kurzer Zeit zu erledigen! Stell dir vor, du hast einen Tag lang Zeit und du hast dir vorgenommen, deine Wohnung zu putzen, deine Rechnungen zu bezahlen, Joggen zu gehen und beim Online-Shopping eine Tasche zu suchen, die dir gefällt. Du hast jetzt die Option, dies alles an dem Tag zu schaffen, dabei jedoch ständig auf die Uhr zu schauen und dich andauernd selbst anzutreiben und dir für nichts so richtig Zeit zu nehmen, oder aber du stöberst gemütlich voller Neugier durchs Internet und freust dich über die schönen Taschen, die du siehst, bezahlst deine Rechnungen und erinnerst dich dabei freudig und in Dankbarkeit an das, wofür du da bezahlst, putzt voller Hingabe deine Wohnung während du dazu deine aktuellen Lieblingslieder hörst und merkst dann am Ende des Tages, dass es jetzt zu spät ist, noch joggen zu gehen. Welche Variante ist dir lieber?

Menschen, die nach der Einstellung leben, dass es keine verschwendete Zeit gibt, entscheiden sich dafür, dies auch nicht zu erleben. Anstatt sich auf das alltägliche Beurteilen einzulassen, ob das jetzt sinnvoll oder nicht sinnvoll genutzte Zeit ist, nähern sie sich der Sache von einer anderen Perspektive: Sie konzentrieren sich darauf, in jeder Sache einen Sinn zu sehen! Sie fragen sich also regelmäßig: »Wozu ist das wohl gut?« und es gibt immer eine mögliche Antwort auf diese Frage. Bei Dingen, die auf den ersten Blick nicht so attraktiv wirken, ist es meistens irgendetwas, was wir gerade lernen dürfen. Diese innere Haltung ist so wertvoll, weil sie mit einbezieht, dass wir tatsächlich oft erst rückblickend erkennen, wofür etwas gut war oder vielleicht auch gar nie, weil uns gewisse Informationen dazu fehlen. Es könnte zum Beispiel sein, dass die Tatsache, dass wir den Zug verpasst haben, dazu geführt hat, dass wir nicht gemeinsam mit einem

Taschendieb im Zug gesessen haben und somit unser Mobiltelefon nicht gestohlen wurde. Es geht also nicht nur darum, in allem einen Sinn zu finden, sondern zusätzlich auch darum, sich bewusst zu machen, dass wir zwar glauben, zu wissen, was das Beste für uns ist, dass dies jedoch eine Illusion ist. Umgekehrt gilt ja auch, wenn ich den Zug erwische und der Taschendieb mein Mobiltelefon stiehlt, dann könnte es ja sein, dass ich dadurch eine Nachricht betreffend eine Verabredung nicht sehe und ich somit heute nicht an diesen Ort reise und ich somit nicht in den Unfall verwickelt bin, in welchen ich sonst verwickelt gewesen wäre! Wir können also sowieso nicht wissen, was das Beste ist.

Es ist deine Entscheidung, welche Perspektive du einnehmen möchtest! Du hast in jeder Sekunde deines Lebens die Möglichkeit, deinen Blickwinkel zu ändern und dich zu entscheiden, die Dinge anders zu sehen!

Schreib-Aufgabe:

Schreib in dein Zeit-Geschenk-Notizbuch in welchen Situationen du zukünftig eine andere Perspektive einnehmen möchtest. Welche neue Perspektive wirst du dir aneignen? Und wie fühlt sich das Leben an, wenn diese Perspektive zur Gewohnheit geworden ist?

Werteklärung

Neben deinen ungeschriebenen Regeln kann auch eine ungenügende Auseinandersetzung mit deinen wahren Werten dazu führen, dass du nicht das tust, was dich wirklich erfüllt im Leben. Das führt dazu, dass du dafür anfällig bist, zu tun, was andere von dir erwarten oder was andere als gut und richtig definieren und du dann eben ständig das Gefühl hast, zu wenig Zeit zu haben, weil du merkst, dass dich das, was du tust gar nicht erfüllt. Weil es nicht das ist, wonach du dich in deinem Innersten sehnst. Was ist dir wirklich wichtig? Welche Sehnsüchte hast du? Sollen zum Beispiel in deinem Leben enge Beziehungen zu anderen Menschen im Fokus stehen? Möchtest du dich vor allem persönlich weiterentwickeln und entfalten? Ist für dich Freiheit das höchste Gut? Strebst du nach Erfolg? Möchtest du die Welt und alles, was unser Leben auf dieser Erde zu bieten hat erkunden? Oder befindest du dich eher auf einer Reise nach innen, um zu entdecken, welche Schätze in dir selbst verborgen liegen? Bist du auf der Suche nach extremen Erfahrungen? Oder steht deine Gesundheit an erster Stelle und somit ein Lebensstil, welcher beinhaltet, dass du dich gut um deinen Körper und deine Fitness kümmerst? Was ist dir wichtig im Umgang mit anderen Menschen und im Umgang mit dir selbst? Ehrlichkeit? Respekt? Humor? Möchtest du dir viel neues Wissen erarbeiten? Möchtest du anderen Menschen etwas beibringen? Möchtest du für andere da sein, wenn sie Hilfe brauchen? Oder möchtest du andere inspirieren und mit deiner Begeisterung anstecken? Wie möchtest du diese Welt prägen/beeinflussen? Was soll von dir einmal weiterexistieren, wenn du nicht mehr hier bist? Sollen sich die Menschen an deine tiefe Liebe erinnern? Oder an deine großartigen Ideen? Oder an deine Lebensfreude, deine Abenteuerlust? Möchtest du Dinge erschaffen für die Nachwelt, etwa Gemälde, Kochrezepte oder Computerspiele? Wie möchtest du dem Leben begegnen? Voller Ehrfurcht? Voller Dankbarkeit? Neugierig? Offen für alles was kommt? Voller Vertrauen, dass jede Erfahrung dich reicher macht? Strebst du nach Harmonie und Konstanz oder suchst du eher nach einem bewegten, emotional intensiven Leben, das intensive Hochphasen und entsprechend auch Krisen mit sich bringt, welche wieder gemeistert werden können? Worin besteht für dich der Sinn im Leben? Wie definierst du Glück? In welchen Momenten fühlst du dich zufrieden? Was hast du in dir, was gelebt und in die Welt hinausgetragen werden möchte? Auf welche Art kannst und möchtest du glänzen? Möchtest du Grenzen sprengen oder Tabus brechen oder möchtest du alte Verletzungen heilen? Was möchtest du vielleicht tun oder nicht tun, nachdem du schwierige Erfahrungen mit einem Thema gemacht hast? Möchtest du dich beispielsweise für Mobbingopfer einsetzen, nachdem du das selbst erlebt hast? Oder möchtest du all deinen Mitmenschen stets respektvoll gegenübertreten, weil du die Erfahrung gemacht hast, wie schmerzhaft es ist, wenn man respektlos behandelt wird? An welchen Stellen würdest du die Welt gerne verändern und gibt es Dinge, die du gerne dazu beitragen möchtest? Zum Beispiel indem du mit deinem Konsumverhalten Firmen unterstützt, welche sich für gewisse Themen einsetzen. Oder indem du deinen Besitz mit anderen teilst. Welche Gedanken lassen dein Herz höher schlagen? Wovon handeln deine Tagträume? Davon, dass du Hindernisse bezwingst, Mut beweist und Heldentaten vollbringst? Oder davon, dass du den Frieden in dir findest und du Erfüllung, Entspannung und Zufriedenheit erlebst in alltäglichen Handlungen wie in einem guten Essen oder einem heißen Bad? Welche Menschen siehst du als Vorbilder? Was fasziniert dich an ihnen? Ihre stilvolle Kleidung? Ihre Weisheit? Ihre Eloquenz? Ihr Selbstvertrauen oder ihre Hartnäckigkeit? Was davon möchtest du in deinem Leben ebenfalls pflegen? Bist du ein Familienmensch, lebst du für deinen Fußballverein oder bist du aus freien Stücken Einzelgänger? Was steht somit im

Vordergrund für dich, Familie, Freundschaften, Gemeinschaft oder für dich selbst gut zu sorgen? Sind dir Genuss und Auszeiten wichtig oder möchtest du in großen Schritten vorwärtskommen? Bist du stolz auf deine Großzügigkeit, deine Hilfsbereitschaft oder darauf, dass du alles, was du machst, mit viel Leidenschaft und Hingabe tust?

Bei der Frage, was dir wichtig in deinem Leben ist, frag weiter nach warum und wozu. So kannst du die Werte dahinter identifizieren. Wenn es dir beispielweise wichtig ist, ein eigenes Haus zu haben: Frage dich, warum und wozu du dieses Haus haben möchtest. Geht es darum, von niemandem abhängig zu sein, somit nicht einer Hausverwaltung ausgeliefert zu sein, welche Entscheidungen über deinen Kopf hinweg trifft. Demnach steht Freiheit und Unabhängigkeit im Zentrum? Oder geht es darum, dass du dein Heim gerne selbst gestalten möchtest? Möchtest du deine eigenen, tollen Ideen umsetzen und nach außen tragen, indem du ein Haus nach deinen Vorstellungen baust? Geht es darum, etwas zu erschaffen, zu gestalten? Oder steht die Sicherheit im Zentrum für dich? Ist es dir wichtig, dass du über die materiellen Güter verfügst, welche du zum Leben brauchst, so dass du dich in Sicherheit fühlst und entspannen kannst? Oder geht es um das Ausleben eines Kindheitstraumes, in welchem du von deinem eigenen Haus geträumt hast, in dem du große Partys feiern kannst? Steht die Verwirklichung von Träumen im Vordergrund? Oder der soziale Aspekt, weil du viel Platz brauchst, um Leute zu dir einzuladen? Mit den Fragen »warum« und »wozu« gelangen wir von dem, was uns in unserem Alltag wichtig ist, zu den dahinterstehenden Werten. Vielleicht sind mehrere solcher Fragen notwendig. Hier als Beispiel: Du träumst von einer Weltreise. Warum? Weil du dich für andere Kulturen interessierst. Warum? Weil diese deinen Horizont erweitern. Wozu? Weil du deinen

Lebensstil und die vorherrschenden Konventionen hinterfragen möchtest. Wozu? Weil du dich nach mehr Freiheit in deinen Entscheidungen sehnst. Wozu? Um zu entdecken, wer du wirklich bist und welche Denk- und Verhaltensmuster du als deine ureigenen anerkennst bzw. welche angelernt sind. Wozu? Um zu entdecken, welche alten Muster du loslassen darfst. Wozu? Um dein wahres Wesen zu verkörpern und nach deiner inneren Weisheit zu leben. Wozu? (…) Es ist deine Entscheidung, wann du aufhörst, weiter zu fragen. Entweder dann, wenn du keine weitere Antwort auf die Fragen, nach warum und wozu entdeckst oder wenn du denkst, du bist bei einem für dich wichtigen Wert angelangt.

In dem Moment, in dem wir uns auf das fokussieren, was uns wirklich wichtig ist, können wir alles in den Dienst dieses Wertes stellen und wir können dadurch jede Tätigkeit als sinnvoll erleben. Wenn es beispielsweise einen unserer höchsten Werte darstellt, dass wir dafür sorgen möchten, dass unsere Kinder ein liebevolles Zuhause haben und sie sich liebevoll umsorgt fühlen, dann können wir entscheiden, ob wir Putzen und Waschen als notwendiges Übel ansehen oder als Geschenk an unsere Kinder. Denn mit der sauberen Wohnung und der frisch duftenden Wäsche sorgen wir für das wohlige Gefühl, das sie haben, wenn sie vom Kindergarten oder der Schule nach Hause kommen. Oder wenn Solidarität einen unserer höchsten Werte darstellt, dann können wir das Bezahlen der schon wieder hoch ausfallenden Steuern, als Akt der Solidarität ansehen, anstatt uns darüber zu ärgern. Wir können uns stattdessen darauf fokussieren, dass wir damit ans Funktionieren unserer Gesellschaft einen Beitrag leisten, wovon insbesondere auch finanziell schwächer gestellte Personen profitieren. Unsere Werte helfen uns dabei, das Geschenk zu erkennen, das wir mit jeder Handlung an uns selbst oder an andere machen können. Es fühlt sich ganz anders an, die Wohnung zu putzen mit dem Gefühl, damit den Kindern ein liebevolles Zuhause zu schenken, als die Wohnung zu putzen, weil man das eben tun »muss«!

Oft haben wir ein veraltetes oder fremdes Wertesystem verinnerlicht, nach dem wir noch immer leben, obwohl eigentlich für uns persönlich aktuell andere Werte im Vordergrund stehen sollten. Außerdem haben wir oft konkurrierende Werte, also beispielsweise, wenn wir gleichzeitig nach Freiheit und auch nach Sicherheit streben oder nach Wachstum und auch nach Ruhe und Konstanz. Es lohnt sich also, sich in regelmäßigen Abständen bewusst damit auseinanderzusetzen. Dabei hilft es, sich zu vergegenwärtigen, dass wir die gewählten Werte jederzeit wieder ändern können. Wenn wir uns dazu entscheiden, dass im aktuellen Lebensabschnitt das Streben nach Freiheit im Vordergrund steht, dann bedeutet das nicht, dass wir für den Rest unseres Lebens auf Sicherheit verzichten müssen. Wir können ja diese Entscheidung bereits Morgen verändern. Oder schon in dem Moment, in dem wir es niederschreiben und bemerken, dass dies doch nicht unseren inneren Prioritäten entspricht. Wichtig ist jedoch, dass wir für den Moment unsere Werte definieren, so dass uns diese als Leuchtturm in stürmischen Zeiten dienen. Denn in stürmischen Zeiten brauchen wir Orientierung, sonst trägt uns der Sturm dorthin, wo *er* möchte.

Schreib-Aufgabe:

Schreibe eine Liste mit den Werten, die wichtig für dich sind. Danach überlege dir, ob gewisse Werte miteinander in Konkurrenz stehen. Sollte dies der Fall sein, überlege dir, wie du damit umgehen möchtest! Kannst du einen der beiden Werte für den Moment hintenanstellen oder gibt es Kompromisse indem zum Beispiel in einem Lebensbereich, der eine Wert und in einem anderen Lebensbereich der andere Wert im Vordergrund stehen darf? Wähle daraufhin ein paar wenige Werte aus, nicht mehr als vier oder fünf, welche du für deine aktuelle Lebensphase in den Vordergrund stellen möchtest. Dies so lange, bis du das nächste Mal eine Werteklärung vornimmst. Schreibe die gewählten Werte groß und in schöner Schrift in dein Zeit-Geschenk-Notizbuch. Vielleicht magst du es noch bildlich gestalten mit Symbolen oder Farben. Oder du magst neben dem Notizbuch eine Karte für dich anfertigen, auf welche du diese Werte schreibst. Platziere dann die Karte an einem Ort, wo du sie regelmäßig siehst.

Hauptziele und Ausrichtungen

In den zwei vorangehenden Kapiteln haben wir festgestellt, dass unsere ungeschriebenen Regeln und oder eine ungenügende Werteklärung dafür sorgen kann, dass wir nicht das tun, was für uns eigentlich wichtig wäre und wir somit ständig das Gefühl haben, zu wenig Zeit zu haben. Wenn wir nun in diesen zwei Bereichen Ordnung geschaffen haben, dann gilt es als nächstes, konkrete Ziele zu formulieren. Denn Ziele sind handfester, als Werte und unser Gehirn braucht eine Vorstellung davon, welche Wege wir einschlagen möchten, um im Einklang mit unseren Werten zu leben. Ähnlich wie bei den Werten gilt es jedoch auch bei den Zielen sich auf einige wichtige Ziele zu fokussieren und allfällige Zielkonflikte zu klären.

Wahrscheinlich hast du wie die meisten Menschen unzählige Ziele. Die Kunst ist nun, ähnlich wie bei den Werten, sich auf bestimmte Ziele zu fokussieren. Wenn du ein bestimmtes Ziel in den Fokus stellst, dann heißt das nicht, dass du dich von den anderen verabschieden musst! Du kannst diese Ziele noch immer zu einem späteren Zeitpunkt stärker fokussieren. Und du musst sie nicht aufgeben, du kannst dich nach wie vor in diese Richtung bewegen, mit der kleinen Einschränkung einfach, dass du diesen Zielen im Moment gerade nicht so viel Aufmerksamkeit zukommen lässt, weil du ein anderes Ziel gerade in den Vordergrund gerückt hast. Um hierfür geeignete Begrifflichkeiten einzuführen: Sprechen wir von Hauptzielen und Ausrichtungen. Die Hauptziele sind die Ziele, welche uns jetzt in dem Moment am allerwichtigsten sind, welche im Fokus stehen sollten und bei denen wir uns entschließen, unsere Energie in die Zielerreichung zu investieren. Ausrichtungen sind alle anderen Ziele, auf welche wir im Moment nicht den Hauptfokus legen. Denn wir können schlichtweg nicht auf zehn verschiedene Ziele gleichzeitig den Hauptfokus legen. Das führt nur dazu, dass wir uns verzetteln und am Schluss keines der Ziele wirklich fokussieren können. Hauptziele sollten wir maximal zwei oder drei gleichzeitig haben. Und es ist wichtig, dass diese nicht zu Widersprüchen führen. Wenn deine Hauptziele beispielsweise sind, (1) dich voll auf deine Karriere zu konzentrieren und (2) mehr Zeit mit deinen Kindern zu verbringen, dann führt das zu Zielkonflikten und du wirst dich stets schuldig oder auf sonst eine Art und Weise nicht gut fühlen, egal auf welches Ziel du fokussierst. Solltest du tatsächlich solche Ziele wählen, welche in Konkurrenz zueinander stehen, dann ist es wichtig, dass du die Ziele klarer formulierst! Bei unserem Beispiel könntest du somit deine Ziele folgendermaßen formulieren: Ich möchte mich in jeder Arbeitswoche voll auf meine Karriere fokussieren und ich möchte mir die Wochenenden freischaufeln, um mehr Zeit mit meinen Kindern zu verbringen.

Alle Ziele, die du nicht als aktuelle Hauptziele definierst, kannst du als Ausrichtungen beibehalten. Das bedeutet, dass du dich darauf ausrichtest, also dir bewusst machst, dass du in diese Richtung gehen möchtest, dass du aber weder deine Aufmerksamkeit darauf richtest, noch Energie in dieses Ziel investierst. Auf jeden Fall nicht auf die Art und Weise, dass es sich nach einem Investment anfühlt. Natürlich darfst du Energie da rein geben, aber nur dann, wenn es dir in dem Moment Freude macht. Wenn es leicht und lustvoll vonstattengeht. So, dass es eben eigentlich kein Investment von Energie ist, sondern dir eher Energie *schenkt*, weil du dich dabei gut fühlst. Es sollte keine Selbstdisziplin dahinter sein, sondern nur reine, pure Freude. Und wann immer du verschiedene Optionen hast, dann entscheidest du dich dazu, dich auf deine Hauptziele zu konzentrieren. Kein hin und her überlegen, sondern es ist einfach klar, deine Hauptziele stehen im Moment im Fokus. Tatsächlich ist es oft so, dass wir dann gerade bei den Ausrichtungen, welche wir gar nicht in den Fokus stellen, ganz nebenbei große Schritte nach vorne machen! Denn manchmal ist es genau das, was es braucht, dass wir einfach aus der Freude heraus in eine Richtung gehen und das Ganze ein bisschen lockerer sehen, nichts erwarten, sondern mühelos geschehen lassen. Oft können wir auch während die Aufmerksamkeit auf einem Hauptziel liegt, gleichzeitig unsere Ausrichtungen berücksichtigen. Wenn zum Beispiel mein Hauptziel ist, dass ich ein Instrument richtig gut beherrschen möchte und ich somit mein Ziel, sportlich zu sein, zu einer Ausrichtung erkläre, dann kann ich beispielsweise zu Fuß gehen oder mit dem Fahrrad zum Geigenunterricht fahren. So bleibe ich trotzdem fit und aktiv. Wichtig ist dabei, verwechsle das nicht mit Multitasking: Es geht nicht darum, alles gleichzeitig zu machen! Versuch mit deiner Aufmerksamkeit während der Geigenstunde beim Geige spielen und während dem Velofahren beim Velofahren zu bleiben. Und vor allem: Verliere nicht die Leichtigkeit! Fang nicht an, überall zu planen, wie du möglichst viele Ausrichtungen noch irgendwo unterbringen kannst! Denn so geschieht es nicht mehr aus der Freude heraus. Schenke dir das, worauf du Lust hast. Bei schönem Wetter mag der Spaziergang zur Geigenstunde ein wunderbares Geschenk an dich selbst sein. Aber die Woche darauf regnet es vielleicht und ist kalt und windig. Dann hast du wohlmöglich nicht so viel Lust auf einen Spaziergang. Und insbesondere bei den Ausrichtungen geht es eben nicht darum, diszipliniert sein zu müssen!

Schreib-Aufgabe:

Nimm dir für diese Schreib-Aufgabe genügend Zeit, denn es ist eine der Wichtigsten in diesem Buch. Solange in dir keine Klarheit herrscht, wo du dich hinbewegen möchtest, nützen alle guten Tipps und Methoden nichts, denn wie willst du dich voller Elan in eine Richtung bewegen, wenn die Richtung nicht klar definiert ist?! Schreib auf einer Seite alle Ziele auf, welche dir in den Sinn kommen, das können konkrete Ziele sein aber auch Dinge, die eher diffus sind. Ein eher diffuses Ziel wäre zum Beispiel, wenn du mehr Selbstliebe in dein Leben bringen möchtest.

Konkreter ist es, sobald du weißt, auf welche Art und Weise du das tun möchtest, zum Beispiel indem du mehr für dich einstehst und andere nicht über dich bestimmen lässt. Es können Ziele auf allen Ebenen sein, Ziele in Bezug auf deinen Beruf, deine Beziehungen, deine Freizeitbeschäftigungen, dein persönliches Wachstum, deinen Körper etc. Schreib einfach alles auf. Und wenn du denkst, deine Liste ist vollständig, dann überlege dir, welche Punkte davon deine Hauptziele sein sollen. Argumentiere dabei nicht mit deinem Kopf, sondern nimm diejenigen, zu denen es dich am meisten hinzieht.

Wenn du dich entschieden hast, markiere deine Hauptziele, kreise sie ein, schreibe sie noch einmal groß auf die nächste Seite oder finde sonst eine Form, zu feiern, dass jetzt deine gesamte Aufmerksamkeit und Energie in diese Ziele fließen darf! Danach nimm dir einen Moment Zeit, dich von den anderen Zielen, welche jetzt von dir zu Ausrichtungen gemacht wurden, für den Moment zu verabschieden. Verabschiede dich von der Idee, dass du diese Ziele jetzt so schnell wie möglich erreichen musst. Lass die Gefühle zu, die damit einhergehen. Das kann die Erleichterung sein, weil der Druck von dir abfällt, den du dir gemacht hast, als du zu viele Ziele gleichzeitig fokussieren wolltest. Oder es ist die Trauer darüber, dass du gewisse Ziele jetzt hintenanstellen musst. Das ist alles in Ordnung und es ist wichtig, diese Gefühle zu würdigen! Sobald du das Gefühl hast, dass du dich genügend von der Vorstellung verabschiedet hast, dass du deinen Ausrichtungen genauso viel Energie widmen kannst wie deinen Hauptzielen, wende dich wieder deinen Hauptzielen zu. Überlege, ob es irgendwo versteckte Zielkonflikte gibt. Überlege dir, ob die Ziele konkret genug sind, sodass du weißt, welche ersten Schritte nun anstehen. Wenn nötig, dann passe deine Zielformulierungen an. Wichtig ist, dass du deine Ziele positiv und im Präsens formulierst. »Ich ernähre mich fortan gesund!« anstatt: »Ich werde in Zukunft keine ungesunden Sachen mehr essen.«

Du aktivierst somit das Bild deines Ziels, auf welches du dich ausrichten möchtest, anstatt das Bild dessen, was du nicht mehr möchtest. Dadurch zeigst du dir selbst und deinem Gehirn den richtigen Weg. Und durch die Formulierung in der Gegenwartsform wird deutlich, dass du JETZT damit beginnst, nicht irgendwann einmal. Wenn du nun deine Hauptziele visualisiert und ausformuliert hast, dann solltest du deinen Fokus noch einmal auf die Ausrichtungen lenken. Du hast dich entschlossen, keine Energie in diese Ziele respektive Ausrichtungen zu investieren. Du hast dich entschlossen, dass du in diese oder jene Richtung gehen darfst, wenn und weil es dir Freude macht! Jedoch geht dies oft ziemlich gegen unsere Natur. Haben wir doch alle unbewusst abgespeichert, dass wir Ziele nur dann erreichen, wenn wir hart dafür arbeiten. Aus diesem Grund solltest du schriftlich in einer Art Vertrag mit dir selbst festhalten, dass du dich – solange du nicht deine Ziele und Ausrichtungen wieder änderst – nicht anstrengen wirst, um diese Ziele (Ausrichtungen) zu erreichen! Schreib den Vertrag in deinen Worten! Die nachfolgende Formulierung dient lediglich als Inspiration: *»Ich, (dein Name), entscheide mich heute dazu, mich auf die Ziele A und B zu fokussieren und all meine Energie in das Erreichen dieser Ziele zu investieren. X und Y sind nicht vergessen. Ich werde mich darauf ausrichten, dass ich dies eines Tages auch erreichen werde. Doch ich erlaube mir aktuell, mich diesbezüglich zu entspannen und mir keinen Druck zu machen. Ich verspreche mir an dieser Stelle, dass ich nur aus der Freude heraus handle, wenn ich in meinem Leben irgendetwas tue, was mich X oder Y näherbringt!«* Wenn wir etwas niederschreiben, hat es eine ganz andere Kraft, als wenn wir es lediglich denken. Es ist dann ein deutliches Statement. Wir müssen es explizit in Worte fassen, es wird also konkreter, fassbarer. Wenn du schreibst: »*Ich mache jetzt, …*«, dann richtet sich dein Gehirn automatisch darauf aus!

Deine Ziele solltest du jedoch nicht nur niederschreiben, sondern es lohnt sich vor allem auch, sich die Ziele bildhaft vorzustellen. Male dir in deinem Geist aus, wie es sich dort anfühlt, wo du hinmöchtest! Was siehst du, hörst du, fühlst du, wenn du dort angelangt bist? Nimm dir unbedingt die Zeit dazu, denn dein Gehirn – und insbesondere die unbewussten Teile davon – braucht eine möglichst lebhafte Vorstellung von dem Ziel! Nur so kann es genau wissen, in welche Richtung es steuern soll, welche Chancen es packen soll, auf welche Informationen es fokussieren soll. So viel von dem, was wir tun, geschieht unbewusst. Da ist es wichtig, dass wir unser Unterbewusstsein mit an Bord haben! Wir müssen ihm ganz genau zeigen, was es ist, was wir anstreben. Wenn du suchst, findest du sicher ein passendes Bild oder ein Symbol dafür, das du irgendwo deponieren kannst, wo du es regelmäßig siehst. Und nutze deine Tagträume dazu, dich ans Ziel zu träumen. Wenn du eine blühende Fantasie hast, dann kannst du dir die Zielerreichung in der Vorstellung ausschmücken mit unzähligen Details und so richtig in die damit verbundenen Gefühle eintauchen. So stärkst du nebenbei deine Motivation und deine Zielbindung.

Deine ungeschriebenen Regeln auflockern

Wenn du das Gefühl hast, du hättest keine Zeit, dann sieh es als eine Nachricht deines Herzens an dich: Dein Herz möchte dir in dem Moment mitteilen, dass du keine Zeit für die Dinge hast, die dir wichtig sind! Es möchte dich dazu auffordern, deine

Prioritäten zu überdenken und vielleicht neue Wege zu gehen! Es ist ein Hinweis darauf, dass du nicht genügend die Ziele verfolgst, die jetzt für dich wichtig wären! Denn in dem Moment, in dem du dich auf das fokussierst, was wichtig ist, spielt Zeit keine Rolle! Du machst es und wie viel Zeit du dafür brauchst ist nebensächlich; die Zeit eben, die benötigt wird. Denn du siehst dich ja währenddessen deinen höheren Zielen näherkommen. Unsere ungeschriebenen, verinnerlichten Regeln halten uns oft davon ab, wirklich das zu tun, was wir tun möchten. Jeder Mensch hat hunderte oder tausende solcher Regeln in seinem Kopf, die meisten davon sind uns nicht bewusst. Sie kommen dann zum Vorschein, wenn wir uns fragen, warum wir gewisse Dinge, die uns wichtig wären, nicht tun. Warum hast du deinen Job nicht längst gekündigt, obwohl er dich nicht erfüllt? Du kannst das nicht, weil du als Mann die Verantwortung trägst, stets finanziell für deine Familie zu sorgen, um ihnen Sicherheit und Stabilität bieten zu können, was nicht mehr der Fall wäre, wenn du zwischenzeitlich arbeitslos wärst oder einen weniger gut bezahlten Job annehmen würdest, bis du dich beruflich neu orientiert hast? Oder du kannst das nicht, weil du damit dir und deinem Umfeld eingestehen würdest, dass du eben doch nicht für deinen Job gemacht bist, auch wenn dieser sehr prestigeträchtig ist? Ziemlich starre Regeln ohne viel Verständnis für dich selbst sind das, oder? Wäre eventuell eine Formulierung adäquater wie: Ein Ehepaar hat gemeinsam so gut sie können für die finanzielle und emotionale Sicherheit und Stabilität der Familie zu sorgen, wobei gemeinsam Lösungen gesucht werden sollten, wenn sich ein Ehepartner mit seiner Rolle, so wie er sie gerade ausübt, nicht mehr glücklich fühlt. Deine echten Freunde werden sich nicht darum kümmern, wie angesehen dein Job ist, sondern darum, dass du zufrieden und glücklich bist. Oder ein anderes Beispiel: Du erledigst am

Arbeitsplatz einen Haufen Arbeiten, die niemand machen möchte, du natürlich auch nicht. Warum sagst du nicht, ein anderer solle diese jetzt einmal übernehmen? Du denkst, dass du das tun musst, weil du dich in anderen Bereichen als weniger kompetent und weniger als einen Gewinn für das Unternehmen wahrnimmst, als deine Mitarbeiter? Oder weil es wirken würde, als wärst du egoistisch und undankbar, wenn du einen Teil dieser Arbeiten an jemand anderen abgeben möchtest? Wäre es auch hier an der Zeit für neue und offenere Regeln, falls du dir überhaupt erneut Regeln auferlegen möchtest? Wie wäre es zum Beispiel mit der Sichtweise, dass die Firma dich ausgewählt hat, weil du als geeignetster Bewerber herausgestochen hast und sie dich mit all deinen Stärken und Schwächen eingestellt haben? Dass die Schwächen sein dürfen, ohne dass du dich dabei mit deinen Mitarbeitern vergleichen musst, welche andere Stärken und Schwächen haben. Und dass du mit all deinen Stärken und Schwächen willkommen bist. Dass du an deinen Schwächen arbeiten darfst, aber nicht für etwas kompensieren musst, was du vielleicht einfach nicht hast. Sondern vielmehr deine Stärken einbringen und damit die Firma bereichern darfst. Und was, wenn du dir erlauben würdest, egoistisch zu sein und auf dich selbst zu schauen?

Schreib-Aufgabe:

Schreib mindestens zehn Mal die Worte: »*Wenn ich mir erlauben würde, wirklich frei zu sein, dann würde ich …*«, in dein Zeit-Geschenk-Notizbuch. Und nun beende diese Sätze. Was ist dabei herausgekommen? Als zweiten Schritt überlege dir, ob und wenn ja bei welchem dieser Punkte du dir für die nächste Zeit eine Veränderung vornimmst. Wo möchtest du dir ein bisschen mehr Freiheit erlauben? Es kann zunächst nur ein kleiner Schritt sein, der dir erlaubt, dich etwas freier zu fühlen!

Sehr wirkungsvoll ist die folgende Übung:

Schreibe alles auf, was du aus deiner Sicht in dieser Woche noch tun »musst«. Auch die kleinen Dinge, wie Pflanzen gießen, Rechnungen bezahlen. Auch die alltäglichen Dinge wie den Abwasch nach dem Essen erledigen oder die Beine rasieren. Lasse diese Liste dann von einem kritisch denkenden Freund kommentieren. Lade ihn ein, alles in Frage zu stellen, dich herauszufordern, überall zu hinterfragen, ob du das wirklich tun »musst«, dir Alternativen aufzuzeigen und wenn du die Alternativen ausschließt, kann der andere hinterfragen, warum du dir das nicht vorstellen kannst und ob es nicht doch eine Möglichkeit gäbe, umzudenken.

Hier ein paar Beispiele: Du denkst, du musst jeden Tag deine Haare waschen und föhnen. Musst du das wirklich? Könntest du dich nicht wagen, sie nur jeden zweiten Tag zu waschen? Würde das überhaupt jemand merken? Gibt es nicht eine Frisur, die dir gut steht, auch wenn die Haare nicht ganz frisch gewaschen sind?

Oder wäre zwischendurch Trockenshampoo eine Lösung? Oder waschen, aber dann lufttrocknen lassen? Wenn du der Ansicht bist, dass deine Haare luftgetrocknet weniger gut aussehen, gibt es einfache Tricks, wie du sie am besten trocknen lässt, so dass sie dir trotzdem gefallen? Musst du wirklich jeden Tag eine gesunde, frische Mahlzeit für deine Kinder kochen? Könntest du eventuell die doppelte Menge kochen und am nächsten Tag die Reste aufwärmen? Wenn deine Kinder das nicht toll finden, gibt es eine Option, das Gericht am nächsten Tag mit etwas zu ergänzen? Oder könnten deine Kinder etwas beim Kochen beitragen? Könntest du dich mit einer Nachbarin zusammentun, so dass ein Tag sie für alle kocht und ein Tag du? Wäre es vertretbar, einmal pro Woche eine etwas weniger gesunde Mahlzeit zu haben, die dafür weniger zu tun gibt? Ist es wirklich notwendig, dass du jeden Tag die Kinder zur Kita begleitest, oder würde sich nicht die Studentin aus der Nachbarschaft über einen kleinen Zuschuss freuen, zumal sie sowieso Kinder mag und jeweils morgens etwa um dieselbe Zeit aus dem Haus geht? Oder gibt es Eltern anderer Kinder, die aus derselben Region kommen und sowieso mit dem Auto bei dir vorbeifahren? Oder sind die Kinder eigentlich alt genug, dass sie einen Teil des Weges allein bewältigen könnten? (…) Du siehst, in welche Richtung das gehen soll. Es wird alles hinterfragt! Natürlich kannst du das auch selbst tun, aber selbst rücken wir oft sehr ungern von den uns selbst auferlegten Regeln ab, bzw. oft bemerken wir nicht einmal mehr, dass es sich um Regeln handelt, die wir uns selbst auferlegt haben und die uns in einer Art selbst gebautem Gefängnis festhalten. Deshalb empfehle ich dir, einen Freund hinzuzunehmen, und zwar einen, der sich nicht so leicht mit einer Begründung abspeisen lässt, warum du etwas tun »musst«. Vielleicht magst du auch gleich mehrere Personen einbeziehen, nicht solche, die mit dir zusammenleben und sich an deine Lebensweise angepasst haben, sondern Leute, die eine andere Perspektive und neue Ideen hineinbringen.

Toleranz entwickeln bezüglich offenen To-Dos

Wenn wir ständig danach streben, endlich einmal »alles erledigt zu haben« und wir das Gefühl haben, dass wir Spaß erst dann verdient haben, wenn wir zunächst die unangenehmen Dinge erledigt haben, dann üben wir konstant eine Art von Druck auf uns selbst aus und sorgen dafür, dass unser Leben zu einem großen Teil aus Dingen besteht, die wir tun *müssen*. Tatsächlich kann man nie alles erledigt haben oder nie für lange. Kaum hast du die eine Aufgabe erledigt, taucht die nächste auf. Wenn du jede dieser Aufgaben als Hindernis siehst, dein Leben zu genießen, dann kannst du dein Leben nie genießen! Es geht also darum, auch dann genießen zu können, wenn wir wissen, dass wir noch viel zu tun haben. Es geht darum, eine höhere Toleranz bezüglich offenen To-Dos zu entwickeln. Was du heute kannst besorgen, …. das kannst du genauso gut auch Morgen! Oft passiert gar nichts Schlimmes, wenn wir einmal etwas nicht erledigen. Doch in unserem Kopf regt sich gleich Widerstand bei dem Gedanken daran. Tina hat zum Beispiel das Gefühl, dass sie unbedingt jedes Mal all die Dinge wegräumen muss, die in ihrem Wohnzimmer stehen, wenn sie Besuch empfängt. Es kommt gar nicht in Frage, das überhaupt zu hinterfragen. Oder Laura hält sich stets penibel an die Deadlines, welche ihr am Arbeitsplatz vorgegeben werden und kommt nicht auf die Idee diese zu hinterfragen. Oder Manuel telefoniert seit vielen Jahren jeden Abend mit seiner Mutter und sieht dies als unumstößliche Pflicht an. Vermutlich würde bei allen dreien nicht viel passieren, wenn sie die Aufgabe einmal nicht erledigen würden. Vielleicht wären Tinas Besucher erleichtert, wenn nicht immer alles perfekt aufgeräumt ist, weil sie somit diesen Anspruch auch nicht mehr an sich haben müssen, wenn sie Tina zu sich einladen. Gegebenenfalls würden Lauras Vorgesetzte es nicht einmal bemerken, wenn sie einmal etwas mit einem Tag Verspätung abgibt. Oder sie hätten Verständnis dafür, wenn Laura erklärt, dass sie sich um andere wichtige Dinge kümmern musste. Oder es würde sogar eine Diskussion darüber entstehen, wie Laura entlastet werden kann oder wie mit Deadlines umzugehen ist, wenn man sie nicht einhalten kann. Und Manuels Mutter schätzt die Anrufe ihres Sohnes sicher sehr, möchte aber wahrscheinlich gar nicht, dass er sie auch dann anruft, wenn es für ihn eine zeitliche Belastung ist, weil er gerade sonst sehr eingespannt ist. Vermutlich würde sie es viel mehr zu schätzen wissen, wenn er sie dann anrufen würde, wenn er wirklich Zeit hat und sich dann auch viel mehr auf ein echtes Gespräch einlassen kann.

Die Komödiantin Loretta Laroche macht sich über unsere Gesellschaft lustig, indem sie Sprüche kreiert, die auf unseren Grabsteinen stehen könnten. Könnte der nachfolgende Spruch auch einmal auf deinem Grabstein stehen: »Got it all done. Died anyway.« (»Habe alles erledigt. Trotzdem tot.«)? Soll es in deinem Leben wirklich darum gehen, möglichst viel zu erledigen? Nein? Worum soll es denn gehen? Schreib doch mal in dein Zeit-Geschenk-Notizbuch, welcher Spruch stattdessen auf deinem Grabstein stehen soll! Viele Menschen bleiben ihr Leben lang in einer Art kindlichem Gehorsam: Wenn wir schön brav sind und unser Zimmer aufräumen, dann werden die Eltern nicht böse sein, nicht mit uns schimpfen und dann bekommen wir eventuell ein Eis. Aber hey, du bist jetzt erwachsen! Wenn du einmal dein

Zimmer nicht aufgeräumt hast, dann war das einfach deine freie Entscheidung! Und wenn das deinem Partner nicht passt, dann bist du unterdessen alt genug, um zu verstehen, dass er dich auch dann liebt, wenn du etwas getan hast, was ihm nicht gefällt. Du kannst es doch aushalten, wenn er einmal unzufrieden ist mit dir, oder? Er wird sich bald wieder beruhigen und wissen, dass es eigentlich eine Kleinigkeit ist, über die er sich hier aufregt. Und dein Eis kannst du dir sowieso selbst holen!

Schreib-Aufgabe:

Mach einen Plan für die nächste Woche: Plane für jeden Tag eine kleine Übung, indem du irgendetwas, was an diesem Tag auf der To-Do-Liste steht nicht machst. Schreibe jeweils dazu, welche Konsequenzen du damit in Kauf nimmst. An den jeweiligen Übungstagen: Nimm bewusst wahr, wie es sich für dich anfühlt, dies nicht zu tun. Wahrscheinlich wird sich zwischenzeitlich ein Unbehagen in dir breitmachen. Das ist ein gutes Zeichen, denn es zeigt, dass du das bekannte Gelände verlässt und Neuland betrittst. Hier ist Entwicklung möglich! Nimm das Unbehagen wahr und akzeptiere alle unangenehmen Gefühle. Entscheide dich dafür, diese am heutigen Tag einfach auszuhalten. Du kannst dich am nächsten Tag dazu entschließen, diese Aufgabe wieder wie immer zu erledigen, aber für den Moment geht es darum, die innere Anspannung auszuhalten, die sich einstellt, wenn du es nicht tust. Und vielleicht spürst du, dass es sich richtig befreiend anfühlt, dies für dieses eine Mal nicht zu tun! Am Abend des jeweiligen Tages schreib dein Fazit zu der Übung in dein Zeit-Geschenk-Buch.

Toleranz gegenüber offenen To-Dos entwickeln wir dann, wenn wir uns erlauben, nicht perfekt zu sein. Wenn wir zulassen, dass wir auch dann Liebe empfangen dürfen, wenn wir nicht so viel »leisten«. Wenn wir uns erlauben, unsere Bedürfnisse zu erkennen und diese ernst nehmen. Erlaubst du es dir, Zeit für dich zu haben? Bist du dir selbst so viel wert, dass du dir erlaubst, dir Zeit zu nehmen für das was DIR wichtig ist? Falls du diese Frage nicht mit einem klaren ja beantworten kannst, dann wäre es hilfreich für dich, wenn du dich in Selbstliebe und Selbstfürsorge üben würdest. Zu dem Thema gibt es viele Bücher, Kurse und Informationen, welche dir weiterhelfen, falls du dich darin vertiefen möchtest. An dieser Stelle deshalb der Hinweis, dass du möglicherweise bei der Umsetzung der Inhalte dieses Buches teilweise an deine Grenzen stoßen könntest, falls du dich bisher nicht dazu entschlossen hast, Selbstfürsorge zu einem Teil deines Lebens zu machen. Du musst dazu nicht unbedingt Bücher lesen oder Workshops besuchen! Du kannst dich hier an dieser Stelle dafür entscheiden, dass fortan DU die wichtigste Person in deinem Leben bist. Dass du deine Gefühle und Bedürfnisse ernst nimmst und dich nicht mehr selbst übergehst, indem du auf alle anderen schaust. Du kannst auch ganz einfach auf der Verhaltensebene anfangen, falls dir das gefühlsmäßig noch schwerfällt. Nimm dir einfach jeden Tag irgendwo ein paar wenige Minuten Zeit für etwas, was du gerne tun möchtest. Zeit, die du dir sonst nicht nehmen würdest. Wenn du das regelmäßig machst, dann bestätigst du dir damit, dass du es wert bist, über diese Zeit zu verfügen und mit der Zeit wirst du zunehmend dein Denken in diese Richtung anpassen.

Nicht alles kontrollieren müssen

Gehörst du zu den Leuten, die immer für alles einen genauen Plan haben müssen? Dann wirst du das jetzt nicht gern hören: Je mehr du die Sicherheit brauchst, einen konkreten Plan zu haben, bevor du den ersten Schritt in eine Richtung machst, desto weniger kannst du dich in deinem Leben dem widmen, was wirklich zählt. Denn du bist die ganze Zeit damit beschäftigt, zu planen und wenn du planst, dann bleibst du realistisch und ziehst nur das in Betracht, wovon du bereits weißt, dass es funktioniert. Du nimmst somit dem Leben die Möglichkeit, dich mit Chancen zu überraschen, die plötzlich auftauchen und Wegen, die du nie für möglich gehalten hättest. Stattdessen bleibst du lieber in deinem absehbaren Leben, in dem du vermutlich nicht das tust, was dich erfreut und du somit ständig das Gefühl hast, zu wenig Zeit zu haben, denn das hast du: Zu wenig Zeit für das was wirklich wichtig wäre für dich! Wenn wir das Gefühl haben, Dinge nur dann umsetzen zu können, wenn wir einen krisensicheren Plan dafür haben – welchen es kaum gibt – dann ist das manchmal eine Vermeidungsstrategie. Wir vermeiden es, uns auf den Weg zu machen, unser Leben so zu leben, wie wir es leben möchten. Warum tun wir das? Oft ist es die Angst vor dem Scheitern. Wir glauben vielleicht insgeheim gar nicht daran, dass wir es schaffen können. Oder wir scheuen uns davor, die Verantwortung für unser Leben zu übernehmen. Es ist viel bequemer, sein Leben nicht selbst in die Hand zu nehmen und Verantwortliche dafür zu suchen, warum wir das nicht können. Darin sind wir oft sehr kreativ, die Umstände sind schuld, andere Leute sind schuld, die Gesetze sind schuld etc.

Bist du bereit, ein bisschen Kontrolle abzugeben? Ein bisschen mehr darauf zu vertrauen, deinen Weg zu finden, auch wenn du noch nicht ganz genau weißt, durch welches Gelände er führen wird? Dann überlege, welche Dinge es in deinem Leben gibt, welche deine Zeit fressen und bei denen du dich nicht dafür entscheiden möchtest, sie als Geschenk an dich oder andere zu sehen! Dann triff an dieser Stelle eine Entscheidung! Entweder dafür, diese als (Zeit-)Geschenk an dich oder an jemand anderes zu sehen, oder aber, die Situation so nicht mehr zu akzeptieren. Um ein Beispiel zu nennen: Du könntest dich entscheiden, nicht mehr zu akzeptieren, dass du immer die gesamte Hausarbeit machst und dein Partner oder deine Partnerin sich davor drückt. Du hast dann möglicherweise keine Ahnung, wie du sie oder ihn dazu bringen sollst, einen angemessenen Teil zu übernehmen, hast also keinen konkreten Plan. Aber das ist in dem Moment nicht wichtig, wichtig ist, die Entscheidung zu treffen, die Situation nicht länger zu akzeptieren, wie sie ist. In dem Moment, in dem du die Entscheidung getroffen hast, stellst du dich innerlich darauf ein, dich fortan auf Chancen zu fokussieren, welche in die gewünschte Richtung gehen. Eventuell stolperst du plötzlich über ein Buch oder einen Zeitungsartikel, der dir gute Tipps gibt, wie du das anpacken könntest oder du bemerkst plötzlich einen guten Augenblick für ein Gespräch und hast eine Idee, welche Worte du verwenden könntest, um das Gespräch geschickt zu gestalten. Wenn du überzeugt bist, dass du etwas verändern wirst, du daran glaubst, dass du das wirklich tun wirst und tun kannst und entschlossen bist, diesen – vielleicht steinigen – Weg zu gehen, dann wird sich der Weg vor deinen Füssen abzeichnen. Du kannst es mit einer Wanderung im Nebel vergleichen: Du siehst nur die nächsten paar Meter des Weges, aber du kennst dein Ziel und du weißt, dass da ein Weg hinführt. Du kommst Schritt für

Schritt weiter. Und mit jedem Schritt siehst du eine weitere Wegstrecke vor dir. Es kann sein, dass du in die falsche Richtung läufst, aber früher oder später wirst du dies bemerken und kannst dann die Richtung anpassen. Irgendwann wirst du dein Ziel erreichen, auch wenn du vielleicht ein, zwei Umwege gemacht hast. Manchmal ist es gut, dass wir am Anfang nicht den gesamten Weg zum Ziel vor uns sehen, denn das würde uns gegebenenfalls wie ein riesiger Berg erscheinen und uns demotivieren, den ersten Schritt zu machen. Vielleicht kennst du das Kinderbuch Momo. Der Straßenkehrer in dem Buch antwortet auf die Frage, wie er sich denn motivieren könne, wenn er eine so lange Straße vor sich habe: »Besenstrich für Besenstrich, Atemzug für Atemzug.« Genauso sollten wir das Leben angehen und einen Schritt nach dem anderen machen. Und wenn wir zurückblicken, wie viel wir bereits geschafft haben, dann stärkt das unser Vertrauen darin, dass es immer vorwärtsgehen wird. Das hilft uns deutlich mehr als die Sorge darüber, ob wir wohl den richtigen Weg finden. Versuche es so zu sehen, dass es *auf jeden Fall* der richtige Weg ist. Es ist *dein* Weg. Und vielleicht führt dein Weg über Stock und Stein, vielleicht nimmst du Umwege, vielleicht Abkürzungen, aber es ist genau der Weg, der dich ans Ziel bringt. Es kann sein, dass sich die Zielerreichung anders gestaltet, als du dir das zunächst gewünscht hast. Im obigen Beispiel betreffend der Hausarbeitsaufteilung könnte es im schlimmsten Fall so sein, dass die Entscheidung, den Status Quo nicht länger zu akzeptieren, zu einer Trennung führt! Das ist dann mit vielen schwierigen Emotionen verbunden und wird sich vermutlich erst auf lange Sicht bezahlt machen. Aber wenn du entschlossen bist, die Weigerung des Partners, sich an der Hausarbeit zu beteiligen nicht weiter zu akzeptieren und er nicht bereit ist, mit dir einen Kompromiss zu finden, dann ist das vielleicht, wo dein Weg dich hinführt. Und wenn du dich einige Zeit nach der Trennung neu in eine Person verliebt hast, die eher bereit ist, anfallende Arbeiten aufzuteilen, bist du vermutlich froh, dass du diesen Weg gegangen bist.

Jeder Mensch hat unterschiedliche Voraussetzungen. Stell dir vor, ein Wissenschaftler und eine Schuhverkäuferin haben beide das Ziel, sich beruflich neu zu orientieren und sich im Bereich der Alternativmedizin zu etablieren. Sie haben nicht dieselben Voraussetzungen und müssen unterschiedliche Wege nehmen und stoßen an unterschiedlichen Orten auf Hindernisse. Die Schuhverkäuferin stößt vielleicht an ihre Grenzen, wenn es um die wissenschaftlichen Grundlagen in den Theoriekursen geht und wird da vielleicht einen Umweg gehen, indem sie sich beispielsweise zusätzlich Wissen über medizinische Studien und medizinische Fachbegriffe aneignen sollte. Der Wissenschaftler hingegen absolviert die Theoriekurse mit Bravour, steht dafür nachher vor großen Herausforderungen, wenn es darum geht, eine eigene Praxis aufzubauen und seinen Patienten das Gefühl zu geben, dass sie bei ihm am richtigen Ort und in guten Händen sind. Er erkennt vielleicht, dass er Unterstützung im Bereich des sozialen Umgangs mit Menschen nötig hat. Am Schluss kamen beide nicht auf direktem Weg zum Ziel, jedoch haben sie beide in einem Bereich dazu gelernt, in welchem sie bisher nicht so stark waren und konnten sich damit persönlich weiterentwickeln. In unserer Kultur herrscht oft eine Angst vor dem Scheitern. Dabei ist Scheitern nichts Schlechtes. Es ist lediglich eine Lernerfahrung, die uns zeigt, worauf wir in Zukunft mehr fokussieren dürfen. Scheitern bedeutet niemals, dass wir diesen Weg nicht weitergehen können. Erfolgreiche Menschen sind in der Regel auf ihrem Weg unzählige Male gescheitert. Sie haben dies lediglich nicht so ernst genommen und möglicherweise würden sie es nicht als Scheitern bezeichnen!

Mini-Meditation:

Schließe deine Augen und fühle einmal, wie viele Dinge du gerne unter Kontrolle haben möchtest. Bei wie vielen Dingen du nicht zulassen kannst, dass sich diese so entwickeln, wie sie sich entwickeln wollen. Nimm den Druck wahr, den du damit in dir selbst erzeugst. Vielleicht spürst du diesen Druck an einem spezifischen Ort in deinem Körper. Überall, wo du das Gefühl hast, kontrollieren zu müssen, fehlt dir das Vertrauen. Das Vertrauen, dass es gut kommt, dass du es schaffen kannst, dass du die Kraft hast, weiterzugehen, auch wenn du einmal scheiterst. Steigere dich einmal in dieses Druck-Gefühl hinein, alles kontrollieren zu müssen. Beobachte, wie sich das anfühlt. Und sobald du dich dazu bereit fühlst, lass für einen Moment das Bedürfnis nach Kontrolle los. Entspanne dich. Atme tief und versichere dir, dass du stark genug bist, eine Niederlage einzustecken. Dass du dich nicht unterkriegen lässt. Dass es egal ist, was Kritiker sagen. Dass du an dich glauben wirst und du weitergehen wirst, egal was passiert. Dass du alles hast, was es braucht, um dein Ziel zu erreichen. Und dass dein Weg genau der richtige für dich ist.

Unsere inneren Widerstände sind oft der Grund dafür, dass wir etwas kontrollieren wollen. Wir wollen irgendetwas nicht fühlen, nicht erleben oder dort nicht hinschauen. Also versuchen wir, es zu kontrollieren und einen Weg außen herum zu finden. Doch wir sind voller solcher Widerstände und wenn wir immer außen herumgehen, anstatt durch den Widerstand hindurch, dann bleiben uns viele Wege versperrt und wir verweigern uns gewissermaßen, das Leben zu fühlen. Vieles passiert trotzdem, ganz egal wie viel Widerstand du leistest. Und selbst wenn es unausweichlich ist, leisten wir oft noch immer Widerstand und weigern uns, zu fühlen, was es da zu fühlen gäbe. Dabei kann es sich beispielsweise um Kränkungen oder Verletzungen handeln oder um äußere Dinge, wie zum Beispiel die Kälte im Winter. Wenn wir innerlich »nein« sagen zu einem Umstand, dann versuchen wir, diese der Situation entsprechenden Gefühle nicht zu fühlen. Tatsächlich schafft jedoch dieser Widerstand viel mehr Leiden als der Umstand selbst. Um auf das Beispiel mit der Kälte zurückzukommen: Wenn wir uns entschließen, uns der Erfahrung der Kälte voll hinzugeben, anstatt zu versuchen, etwas zu kontrollieren, was wir nicht kontrollieren können, dann ist das vielleicht nicht unsere Lieblings-Empfindung. Aber wir können die Empfindung annehmen und neugierig erkunden, wie sich das anfühlt. Wenn wir etwas geübt sind, dann können wir uns sogar in die (unangenehme) Erfahrung hinein entspannen! Leisten wir hingegen Widerstand dagegen, dann sind wir gefangen in Gedanken, dass das nicht so sein sollte, dass wir dem nicht ausgesetzt sein möchten. Wir werden wütend und fühlen uns ausgeliefert. Beginne damit, deine inneren Widerstände bewusst wahrzunehmen. Vielleicht kannst du beginnen, einige davon loszulassen. Bei anderen wird das schwieriger sein und da ist es bereits ein großer Schritt, wenn du sie wahrnimmst und dir bewusst wird, dass dieser Widerstand eigentlich das ist, was Leiden erzeugt. Mach dir dabei bewusst, dass der Widerstand deshalb nicht »schlecht« ist. Er zeigt dir nur, wo bei dir Themen versteckt sind, welchen du noch vermehrt deine Aufmerksamkeit schenken darfst. Dafür darfst du dem Widerstand dankbar sein! Allein durch diese Haltung wird sich dein Umgang mit dem Widerstand über die Zeit verändern!

Unser Bedürfnis nach Kontrolle steht dafür, dass wir uns den unangenehmen Seiten des Lebens nicht ausliefern wollen und wir an den angenehmen festhalten wollen. Das ist eine völlig logische Reaktion, doch wir verweigern uns damit dem Fluss und dem unausweichlichen Zyklus des Lebens. Das Leben besteht aus ständiger Veränderung. Nichts bleibt ewig bestehen und wenn wir versuchen, dies zu erzwingen, dann erschaffen wir lediglich Leiden für uns. Sowohl die freudvollen als auch die leidvollen Zeiten werden vorübergehen. Die Natur zeigt uns das sehr schön, indem beispielsweise die Bäume im Herbst ihre Blätter verlieren, im Frühling wieder neue Blätter und Blüten sprießen und im Sommer Früchte heranreifen. Und im nächsten Herbst alle Blätter wieder abfallen dürfen. Wenn es uns gelingt, die ständige Veränderung genauso gelassen hinzunehmen, wie das die Bäume tun, dann kann sich unser Leben genauso reich anfühlen, wie uns das die Natur vorlebt!

Den Moment auskosten

Wann hast du zuletzt beim Essen eines Gerichts jeden einzelnen Löffel genossen, den Geruch eingesogen, die verschiedenen Geschmäcker und Texturen auf der Zunge wahrgenommen, dich an den verschiedenen Farben erfreut, Dankbarkeit gefühlt für die Liebe, die der Koch oder die Köchin in die Kreation dieses Gerichts gelegt hat? Wann hast du das letzte Mal auf einer Wiese gelegen und den vorbeiziehenden Wolken zugeschaut? Wann hast du zuletzt laut unter der Dusche gesungen? Deine schlafenden Kinder angeschaut voller Freude, diese wundervollen Wesen in deinem Leben zu haben? Deinem Partner tief in die Augen geschaut und dich an eure ersten Begegnungen erinnert? Eine Pyjama-Party mit Kissenschlacht mit deinen Freunden veranstaltet? Am Wegrand eine Katze gestreichelt? Im Wald wilde Beeren gepflückt? Eigentlich bietet unser alltägliches Leben so viele Quellen der Freude. In jedem einzelnen Moment können wir uns dafür entscheiden, die Zeit, die uns geschenkt ist, wertzuschätzen und zu nutzen. In jedem einzelnen Moment können wir uns entscheiden, das Leben auszukosten, anstatt uns dem Leben ausgeliefert zu fühlen.

Dinge wie zum Beispiel essen, duschen, schlafen, zu Fuß zum Bahnhof gehen, ein Kind trösten usw. sind so schöne Sachen! Wir realisieren dies nur nicht mehr, weil sie alltäglich sind. Somit sind wir oft nicht vollständig präsent und erleben die Erfahrung nicht mit all unseren Sinnen und voller Hingabe. Wenn du während des Essens gleichzeitig eine Fernsehsendung schaust, dann hast du am Ende möglicherweise nicht einmal richtig wahrgenommen, was du gegessen hast. Wir müssen lernen, alltägliche Dinge zu zelebrieren, mit allen Sinnen wahrnehmen und auskosten! Schenk dir einmal die Zeit, dich fünf Minuten nur dem Duschvorgang zu widmen. Ohne dabei gleichzeitig im Kopf den Tag zu planen oder zu überlegen, was du wohl bei der vorherigen Konversation mit einer Freundin Dummes gesagt haben könntest. Nimm einfach nur das warme Wasser wahr, den Duft des Duschgels, deine weiche Haut. Dasselbe kannst du mit allen alltäglichen Aktivitäten tun.

Wir sind nie am Ziel. Es gibt immer etwas, was uns stört, etwas was wir ändern möchten, etwas was in dem jetzigen Moment nicht perfekt ist. Es geht deshalb darum, zu üben, uns in imperfekten Momenten zu amüsieren! Du kannst dir einen Sport daraus machen, herauszufinden, wie du in maximal imperfekten Momenten Spaß haben kannst. Werde kreativ! Du wirst über dich selbst und dein kreatives Potential erstaunt sein, wenn du anfängst, dies in deinem Alltag konsequent umzusetzen! Frag dich: Was kann mir dieser aktuelle Moment gerade schenken? Was könnte mich in dem Moment freuen? Was könnte in dem Moment gerade interessant sein? Was könnte mich dieser Moment gerade lehren? Wenn du entschlossen bist, Antworten zu finden auf diese Fragen, dann wirst du in jeder Situation etwas finden, wie du genau diesem Moment jetzt etwas abgewinnen kannst. Inspirierend kann auch sein, wenn du dies gemeinem mit nahestehenden Menschen übst. Ihr könnt euch dann gegenseitig Inspirationen und Ideen liefern, wie ihr diesen Moment auskosten und für euch nutzen könnt! Du kannst aus jeder Aufgabe, auf die du keine Lust hast, ein kleines Fest machen, auf das du dich freust! Plane beispielswiese Wohnung putzen mit lauter Musik, Steuererklärung ausfüllen mit heißem Kakao und Kirschstrudel, oder Kraftübungen mit deinem Lieblingspodcast!

Wie wir Menschen in der Regel funktionieren, ist ja so, dass wir oft erst im Nachhinein erkennen, wie toll frühere Zeiten eigentlich waren. Wenn wir uns mitten in dieser Zeit befinden, dann sind wir fokussiert auf irgendwelche Probleme und Sorgen. Typischerweise denkt ein Teenager, dass es ihn ärgert, dass er in die Schule gehen muss. Er hat viel Ferien, viel freie Zeit am Abend, aber das nimmt er gar nicht wahr. Befindet sich derselbe Mensch dann im Berufsleben, dann beginnt er zu realisieren, wie schön es war, während der Teenagerzeit. Jetzt ist er beruflich voll eingespannt und denkt wehmütig an die Jugendzeit zurück oder fiebert der Pension entgegen. Wird er dann pensioniert, dann bemerkt er, wie gut es ihm getan hat, so eingespannt zu sein und so gebraucht zu werden und er denkt wehmütig an die Berufszeit zurück. Entscheide dich, nicht zu den Menschen zu gehören, deren Leben so verläuft! Auch wenn wir diesen Spruch oft salopp dahingesagt hören, es steckt viel Weisheit in der Aussage: Der Weg ist das Ziel! Wir können lernen, das Geschenk zu erkennen, das jeder Moment in sich trägt, anstatt stets auf das Endziel zu fokussieren, das wir nie erreichen werden, weil wir es stets nach oben anpassen.

Die Kunst besteht darin, die Vielfalt der Emotionen zu genießen, anzunehmen und durch sich hindurch fließen zu lassen. Erst wenn es in unserem Leben ein Auf und Ab gibt, können wir die Zeiten, in denen es aufwärtsgeht, wirklich wertschätzen. Stell dir dein Leben als einen Kinofilm vor. Möchtest du einen Kinofilm, in welchem nur Freude und Liebe und Verbundenheit herrscht? Das klingt im ersten Moment verlockend, aber die Leute in diesem Film werden gar nicht mehr wissen, dass es sich dabei um so schöne Emotionen handelt. Für sie ist dies einfach nur normal. Und ganz ehrlich, dieser Film würde dich schnell langweilen, oder? Es braucht doch etwas Action, Drama, Dinge, die schiefgehen und an denen der Held der Geschichte (also du) wachsen kann. Lustige Situationen, welche aufgrund von Pech und Missgeschicken entstehen. Liebesgeschichten oder Freundschaften, die dadurch gestärkt werden, dass man gemeinsam schwierige Zeiten meistert, sich vielleicht verkracht, vermisst und dann bei der Versöhnung schwört, dies nie wieder zu tun, weil der Wert der Beziehung erst durch den zwischenzeitlichen Wegfall klargeworden ist! Die sogenannt negativen Emotionen sind also in Wahrheit nicht *negativ*. Sie gehören zum Leben dazu und machen das Leben vielseitig und spannend. Wir sollten uns darin üben, diese Emotionen wertzuschätzen. Vielleicht klingt dies im ersten Moment paradox, aber tatsächlich können wir die sogenannt negativen oder unangenehmen Emotionen genießen!

Beispielsweise Traurigkeit kann man in Form von Melancholie auskosten. Vielleicht kennst du das? Es ist dann zwar traurig und Trauer ist nicht unbedingt ein Gefühl, das wir uns wünschen, aber trotzdem ist es auf eine Art schön, melancholische Lieder zu hören, traurige Texte zu schreiben, sich in eine Decke einzukuscheln und den Regentropfen zuzuschauen, die am Fenster entlang nach unten fließen, während die eigenen Tränen auf die Decke tropfen. Oder falls dir dies näherliegt, das Gefühl von Wut auskosten: Diese Energie spüren, die durch einen hindurchfließt, das Gefühl, in seine Kraft zu kommen und für sich einzustehen. Auch Angst können wir zelebrieren. Wir kennen das zum Beispiel aus Horrorfilmen oder Achterbahnen: Wenn wir uns unseren Ängsten stellen, dann löst dies ein kribbeliges Gefühl aus, Adrenalin wird ausgeschüttet, das Leben ist spannend, denn wir wissen nie, ob gleich etwas passiert, was nicht in unsere Komfort-Zone passt.

Tatsächlich kann man sogar Schmerz auskosten. Personen mit Borderline-Persönlichkeitsstörung greifen oft zu selbstverletzendem Verhalten, um sich selbst zu spüren. Dies zeigt, dass dem Schmerz die Funktion zukommt, zu uns selber zu kommen, den Körper zu fühlen, uns selbst wahrzunehmen. Auch die hohe Verbreitung von sadomasochistischen Sextechniken zeigt uns, dass Schmerz und Lustempfinden bei vielen Menschen nahe beisammen liegen! Je mehr du lernst, all deine Emotionen zu lieben, weil du verstehst, dass erst die Fülle und Vielfalt an Emotionen unser Leben lebendig, vielseitig und lebenswert macht, desto mehr beginnst du, jeden einzelnen Moment zu schätzen und voll auszuleben. Dann lebst du das, was wir in diesem Buch *Lebendigkeitszustand* genannt haben. Ein Zustand, bei dem du einen natürlichen Zugang zu der Zeit hast und diese fließen darf, ohne dass du ständig versuchen möchtest, sie festzuhalten, weil es sich so anfühlt, als würde sie dir davonrennen. Wenn wir uns hingegen im Taubheitszustand befinden, dann nehmen wir unsere Gefühle kaum wahr. Wir empfinden nur ein oberflächliches Gefühl von Stress oder Anspannung und wissen gar nicht, welche spezifischen Gefühle darunter verborgen sind. Was in dem Moment hilft ist, das Stressgefühl bewusst wahrzunehmen und anzunehmen - dem Stressgefühl Raum zu geben. Wenn wir dieses akzeptierend fühlen, dann verwandelt es sich und möglicherweise kommen die Gefühle zum Vorschein, welche darunterliegen. Vielleicht magst du für einen Moment zusätzlich in die Anspannung hinein gehen, zum Beispiel indem du bewusst die körperliche Anspannung, die du spürst, verstärkst, dann aber bewusst loslässt und beobachtest, wie sich deine Gefühle verändern. Der Schlüssel zu einem neuen Umgang ist es, *ja* zu sagen zu dem Gefühl, was auch immer du gerade fühlst. Anstatt im Widerstand zu sein, gegen das Gefühl (»Oh nein, ich fühle mich gestresst, das möchte ich nicht.«), das Gefühl willkommen zu heißen, dein Herz für das Gefühl zu öffnen, dir anzuhören, was das Gefühl zu sagen hat und dich voller Neugier darauf einzulassen: Wie fühlt sich das an, so gestresst zu sein? Wo im Körper spüre ich diesen Stress? Was macht dieses Gefühl unangenehm für mich? Was möchte es mir sagen? Kommt dieses Gefühl aufgrund einer real herausfordernden Situation oder weckt es Erinnerungen, Interpretationen oder Erwartungen in mir, welche schlussendlich dafür sorgen, dass ich dieses Gefühl gerade stark fühle?

Mini-Meditation:

Such dir einen schönen Platz, vielleicht in der Natur oder an einem Fenster. Setz dich bequem, aber möglichst aufrecht hin. Gib dir ein paar Momente, um bei dir anzukommen. Dann schließe die Augen und richte deinen Blick nach innen. Sei neugierig und offen und schau einfach einmal, welche Gefühle gerade präsent sind. Begrüße all deine Gefühle und lade sie ein, einen Moment Zeit mit dir zu verbringen. Konzentriere dich währenddessen darauf, dass du dich entspannst. Lass all deine Muskeln weich werden und beruhige deinen Atem. Öffne dein Herz für deine Gefühle und sag JA zu jedem Einzelnen, selbst wenn es sich unangenehm anfühlt. Je unangenehmer sich ein Gefühl anfühlt, desto mehr öffne dein Herz für dieses Gefühl und akzeptiere, dass dieses Gefühl zu dir gehört, so wie alle anderen Gefühle auch. Versuche nicht, ein Gefühl festzuhalten, sondern beobachte einfach, wie die Gefühle auftauchen und sich verwandeln. Lass sie durch dich hindurch fließen. Beende die Übung damit, dass du dich bei deinen Gefühlen bedankst. Bedanke dich dafür, dass sie sich dir gezeigt haben, dass sie da sind und dein Leben so farbig machen!

Um dieses Kapitel mit einem Zitat abzuschließen: Die Sängerin und Songwriterin Fia bringt es in ihrem Lied *Shedding Skins* sehr schön auf den Punkt, wenn sie singt:

> The moment I stop running from the demons in my head
> and instead, I choose to love them
> When saying yes to life, both shadow and light
> my suffering is done and I come alive

(Deutsch: In dem Moment, in dem ich aufhöre, vor den Dämonen in meinem Kopf wegzurennen und mich stattdessen entscheide, sie zu lieben. Wenn ich ja sage zu den Sonnen- und den

Schattenseiten des Lebens, dann ist das Leiden zu Ende und ich erwache zum Leben).

Das kleine Kind in uns wiederfinden

Wir Erwachsenen vernachlässigen oft die spielerische Seite in uns, die wir aber alle haben. Diese verstößt jedoch in vielen Situationen gegen soziale Konventionen und unsere Vorstellung davon, was sozial akzeptiert ist und was nicht. Damit berauben wir uns unserer Leichtigkeit und Lebendigkeit! Dieses Buch möchte dich einladen, diese spielerische Komponente wieder mehr zu entdecken. Zum Beispiel mit der nachfolgenden Übung. Diese wird für eine Situation mit unangenehmen Gefühlen beschrieben, kann aber genauso auf positive Gefühle übertragen werden: Wenn du eine Situation in deinem Leben gewählt hast, stell dir vor, du wärst ein Schauspieler und würdest die Situation darstellen wollen, in der du dich gerade befindest. Zum Beispiel »ich bin total gestresst«: Du darfst in dem Moment voll aufgehen in deiner Rolle, denn der Schauspieler muss es ja für das Publikum so richtig sichtbar machen, was er gerade durchlebt! Nimm die entsprechende Körperhaltung, Mimik und Motorik ein, seufze und stöhne laut, greif dir an den Kopf, wisch dir den Schweiß aus dem Gesicht, renne vom Wohnzimmer ins Schlafzimmer, schlage gegen die Tür, wenn diese nicht schnell genug zu geht, atme schnell, beklage dich laut darüber, wenn es dann auch noch ewig dauert, bis das Wasser kocht, das du für deinen Tee benötigst. Durch die überspitzte Darstellung bekommt das Ganze eine spielerische, spaßige Komponente und oft können wir dann über uns lachen und der Situation ihre Ernsthaftigkeit nehmen. Wenn du die

Übung in einem Kontext machen möchtest, indem du nicht allein bist, dann macht es gegebenenfalls Sinn, deine Mitmenschen zuvor darüber aufzuklären, was du da machst!

Oder anstatt zum Schauspieler zu werden, werde zum Geschichtenerzähler betreffend mühsame Begebenheiten: Ärgern dich beispielsweise die Fliegen oder Wespen in der Wohnung? Beginne, gemeinsam mit deinen Mitbewohnern oder deinen Kindern, dir Geschichten zu ihnen auszudenken: Gebt ihnen Namen: Sieht diese Fliege aus wie ein »dicker Fritz« oder wie ein »kleiner Fratz« oder ist es ein »frecher Flegel«? Und was ist seine Mission? Versucht er herauszufinden, wie viel Geduld der Prinz Goldlocke (oder wie du dich dann nennen magst) hat, um zu testen, ob dieser ein geeigneter Gemahl für Prinzessin Blauauge ist? Und hat er von der Wespe Mia Hilfe geholt, weil er den Schwierigkeitsgrad erhöhen wollte, um ganz sicher zu sein? Aus einer spielerischen Herangehensweise entstehen schnell lustige Geschichts-Eigendynamiken und Insekten sind nicht mehr nur nervig, sondern werden zu Nebendarstellern in den Geschichten, mit welchen wir unser Leben bunter machen. Natürlich funktioniert das nicht nur bei Insekten, sondern bei allem anderen, was uns in unserer aktuellen Wahrnehmung wertvolle Zeit raubt, seien es Menschen, Tiere, Maschinen, oder Gegenstände.

Vielleicht findest du, dass solche Spiele Kinderkram sind? Ja, natürlich! Aber was hält dich so stark davon ab, wieder ebenso viel Spaß zu haben, wie ein Kind? Immerhin haben uns Kinder einiges voraus, wenn es um ihren Umgang mit der Zeit geht: Sie fokussieren einfach auf das, was für sie gerade spannend erscheint und es kümmert sie kein bisschen, wie viel Zeit dafür drauf geht! Wir könnten die Welt als einen riesig großen Spielplatz sehen, so wie Kinder das tun! Warum ziehen wir es vor, in einem Hamsterrad zu leben, in welchem wir das Leben als eine

Aneinanderreihung von unliebsamen Aufgaben wahrnehmen, von denen wir – wenn wir Glück haben – zwischendurch ab und zu eine viel zu kurze Pause erhalten? Wünschen wir uns nicht alle insgeheim, wieder ein bisschen Kind zu sein? Aber es schickt sich halt nicht? Die anderen würden uns belächeln. Albern zu sein trauen wir uns nur noch, wenn wir betrunken sind, weil dann all unsere Hemmungen von uns abfallen.

Schreib-Aufgabe:

Woran hattest du in deiner Kindheit Spaß? Liste alles auf, was dir in den Sinn kommt! Und dann überleg dir, was davon du in welcher Form wieder in dein Leben integrieren könntest! Du kannst auch eine erwachsene Form von Dingen, die dir früher Freude gemacht haben, finden. Wenn du beispielsweise gerne Rollenspiele gespielt hast, könntest du dies in dein Sexleben einbauen! Viele Schriftsteller nutzen sprichwörtlich jede Situation, um daraus eine Geschichte zu machen. Oder wenn du mit Spielzeugautos Rennen veranstaltet hast, könntest du Go-Kart fahren gehen. Überleg dir, warum du etwas gerne getan hast. Wenn du gerne mit Puppen gespielt hast, dann ging es vielleicht darum, diese schön zu kleiden und du könntest jetzt im Erwachsenenleben Freude darin finden, dich oder andere neu einzukleiden und dabei zu beraten.

Natürlich kann es sein, dass du komisch angeschaut wirst, wenn du beispielsweise die Treppe hoch läufst, dir dabei in den Sinn kommt, wie gerne du als Kind herumgeturnt bist und du somit die Chance nutzt, das Treppengeländer für eine kleine Turnübung zu missbrauchen. Oder wenn du mit deinem Freund plötzlich im Park auf die Idee kommst, dass ihr wieder einmal Fangen spielen wollt oder du mit deinem Essen kleine Türmchen baust. Vielleicht halten dich einige Leute für völlig bescheuert. Aber ein Teil in ihnen wird sich danach sehnen, ihre Zeit genauso auszukosten, wie du das gerade tust! Und ab und zu werden Leute neugierig sein auf dich und den Kontakt zu dir suchen, weil sie bemerken, dass dein Lebensstil sie anzieht. Aber natürlich kannst du dir die Übungen auswählen, mit denen du weniger Aufmerksamkeit auf dich ziehst oder Übungen nur dann durchführen, wenn du unbeobachtet bist.

Entscheidungen fällen

Eine Entscheidung zu treffen ist oft wichtiger, als die *richtige* Entscheidung zu treffen. Denn die richtige Entscheidung gibt es oft gar nicht. Und selbst wenn es sie in gewissen Fällen gibt: Fällst du einmal die »falsche« Entscheidung und schaust in einem Jahr oder in zwei Jahren zurück, dann bist du möglicherweise froh darüber, in dem Moment die »falsche« Entscheidung getroffen zu haben, denn du siehst unterdessen, was die Vorteile dieser »falschen« Entscheidung waren. Wie die »falsche« Entscheidung geholfen hat, dich genau an den Punkt zu bringen, an dem du jetzt stehst. Zum Zeitpunkt der Entscheidung stehen uns oft gar nicht alle Informationen zur Verfügung, welche wir bräuchten, um die »richtige« Entscheidung zu treffen. Und die einzige Möglichkeit, diese weiteren Informationen zu erhalten ist, sich für eine Richtung zu entscheiden, in diese Richtung loszulaufen und auf dem Weg zu sehen, ob die Richtung passt oder ob wir sie anpassen oder vielleicht sogar doch in die Gegenrichtung laufen sollten.

Wenn ich hin und her überlege, gehe ich in gar keine Richtung und das ist sicher die schlechteste mögliche Entscheidung.

Unsere Unfähigkeit, Entscheidungen zu treffen, ist oft ein wichtiger Grund dafür, dass wir das Gefühl haben, keine Zeit zu haben. Denn wenn wir uns nicht festlegen und uns alle Optionen offenhalten wollen, dann überfordert uns das Leben und zerrt von allen Seiten an uns. Aus diesem Grund möchte das Konzept des Zeit Schenkens eine Methode vermitteln, wie wir eine bewusste Entscheidung für etwas treffen können, anstatt uns in all den Möglichkeiten zu verlieren, die wir uns offengelassen haben, weil wir uns nicht festlegen wollten.

Da wir sowieso nie alle Informationen zur Verfügung haben und somit nie mit Sicherheit wissen können, welches die »richtige« Entscheidung ist, können wir uns das viele Abwägen und hin und her überlegen gleich ersparen und üben, schnelle Entscheidungen zu treffen. Sollte es dann einmal die »falsche« Entscheidung sein, dann kann man es auch besser wegstecken, weil man nicht so viel Zeit ins Entscheiden investiert hat. Außerdem ist es sehr anstrengend, ständig Ambivalenz auszuhalten, also den Zustand, in dem man sich weder für das eine, noch für das andere entschlossen hat und ständig hin und her gerissen ist. In diesem Zustand findet ständig eine Art innerer Krieg in uns statt, ein ständiges Argumente abwägen. Und wie das so ist bei Kriegen, am Ende bringen sie vor allem Verluste und wenig anderes! Entscheide dich stattdessen mutig für einen Weg und geh diesen mit voller Überzeugung – so lange bis du deine Überzeugung änderst! Wenn du dich im Lebendigkeitszustand befindest, dann ist sowieso jede Entscheidung die richtige Entscheidung! Denn es geht darum, was wir daraus machen, wenn wir eine Entscheidung getroffen haben. Und wir können in jeder Situation etwas finden, was schön ist oder uns einen Schritt weiterbringt (was natürlich nicht heißt, dass wir deshalb nicht die Entscheidung auch wieder revidieren dürfen!).

Schreib-Aufgabe:

Gibt es ein Thema, bei dem du aktuell keine richtige Entscheidung getroffen hast? Bist du bereit, hier und jetzt darüber zu entscheiden? Wenn ja, dann halte es schriftlich fest. Schreib, warum du dich jetzt an dieser Stelle dafür entscheidest und dass du dich im Moment der Entscheidung gegen die Alternative(n) entscheidest. Halte fest, dass du dir jetzt das Geschenk machst, diesen Weg mit voller Überzeugung zu gehen, ohne ständig darüber nachzudenken, ob die Alternativen möglicherweise besser gewesen wären. Und schreib dazu, dass du gleichzeitig deine Gefühle ernst nehmen wirst. Dass du hinschauen und hinhören wirst, wenn irgendetwas in dir sich zu Wort meldet und findet, dass du auf dem falschen Weg bist. Du darfst in dem Moment ganz genau hinhören und hinschauen und je nachdem deine Entscheidung überdenken und revidieren!

Mini-Meditation:

Oft hilft es uns, Dinge zu Ende zu denken, um zu erkennen, dass etwas gar nicht so schlimm wäre. So beispielsweise, die falsche Entscheidung getroffen zu haben. Wähle eine aktuelle Entscheidung und dann male dir in deiner Fantasie aus, was passieren würde, wenn deine Entscheidung »falsch« wäre. Vermutlich würdest du Zeit und/oder Geld verlieren. Stell dir im Geiste vor, wie das wäre. Und dann stell dir vor, was du in dem Fall tun würdest. Wie du damit umgehen würdet und wie du aus der Situation das Beste machen würdest. Und wenn du dies durchüberlegt hast und dir klar wurdest, dass es kein Weltuntergang wäre, dann kannst du diese Gedanken jetzt loslassen. Und wenn du magst, begib dich als Gegengewicht dazu in der Fantasie in die Situation, wie es sich anfühlen würde, wenn es die goldrichtige Entscheidung wäre!

Gibt es bei dir auch Dinge, die du tun willst, »wenn du einmal genügend Zeit hast« oder »wenn du einmal genügend Geld hast«? Handelt es sich dabei um Dinge, die dir wichtig sind oder um Träume und Visionen von dir? Dann überlege dir, ob das nicht eine Ausrede ist, die dich am Schluss davon abhält, es je zu machen. Aus Angst davor, zu scheitern. Aus Angst vor dem Unbekannten. Aus Bequemlichkeit. Warum sagst du nicht einfach, du tust das jetzt? Du wirst die Zeit und das Geld dazu finden, wenn du voller Entschlossenheit hinter dieser Entscheidung stehst! Auch wenn du noch nicht weißt, wie du dorthin kommen willst. Ab dem Moment deiner Entscheidung wirst du beginnen, erste Schritte in die Richtung zu machen und dann tauchen Wege vor dir auf!

Stolz auf unsere Gaben sein

Auf etwas stolz zu sein, ist in unserer Gesellschaft verpönt. Man wird schnell als selbstverliebt, narzisstisch, egoistisch, eingebildet, oder was auch immer angeschaut. Und so entscheiden sich viele von uns, lieber schön bescheiden zu sein und ihr Licht unter den Scheffel zu stellen, anstatt das Risiko einzugehen, von anderen negativ beurteilt zu werden. Das ist traurig, denn wir verbieten uns quasi von klein auf, selbst zu sehen, wie toll wir sind und welche wundervollen Stärken, Fähigkeiten und Talente wir haben. Wir verbieten uns quasi, uns aufrichtig darüber zu freuen, was wir Tolles in dieser Welt erschaffen. Wir trainieren, den Blick auf das zu lenken, was wir noch nicht so gut können. Wenn uns jemand lobt, dann schauen wir schnell, was wir entgegnen können, um das Lob abzuschwächen oder zurückzugeben. Und wenn wir uns freuen, dass wir etwas geschafft haben, dann würden wir niemals groß allen herumerzählen, wie stolz wir darauf sind und bremsen uns somit in dem Impuls, die Freude darüber zu teilen. Damit erschaffen wir uns selbst eine Welt, in welcher positive Dinge unterdrückt werden. Denn unsere Umgebung reagiert ja genauso, wenn wir mit dazu beitragen, dass dies die soziale Norm darstellt.

Wie im zweiten Teil dieses Buches bereits angesprochen, gehört zum Konzept des Zeitschenkens dazu, dass man überzeugt davon ist, der anderen Person etwas Tolles zu schenken. Das tun wir ja auch wenn wir in einem Geschäft ein materielles Geschenk für jemanden auswählen, dann wählen wir etwas Schönes, was uns gefällt und wovon wir denken, dass sich die andere Person freuen wird. Natürlich kann es sein, dass wir einmal das Falsche erwischen und das sollte dann kein Drama sein, aber wir sollten während des Schenkens in der Freude sein darüber, das Leben dieser Person mit unserem Geschenk zu bereichern. Genauso ist das bei Zeitgeschenken: Wir dürfen dabei vollständig in der Freude darüber sein, dem anderen etwas zu geben. Das bedeutet auch, dass wir uns nicht überlegen müssen, ob das, was wir schenken wohl »genug« oder »gut genug« ist! Wir sollten unser Geschenk weder kleinreden, noch kleindenken! Im Gegenteil; weil kleinreden und kleindenken oft automatisch passiert, sollten wir uns darin üben, es groß zu reden oder zumindest groß zu denken! Nicht in dem Sinne, dass wir es überhöhen, sondern in dem Sinne, dass wir uns bewusstmachen, was für ein Geschenk es darstellt und wir uns bewusst all die Vorzüge des Geschenks ins Gedächtnis rufen. Erinnere dich dabei an deine Talente und sei stolz darauf, diese zu haben! Wenn du dich beispielsweise dazu entschließt, heute deiner Großmutter etwas Zeit zu schenken, indem du sie anrufst, dann erspar dir die Gedanken, ob es nicht zu wenig ist, sie anzurufen. Ob du nicht eigentlich endlich wieder einmal bei ihr vorbeigehen solltest. Ob du nicht ein egoistisches Verhalten zeigst, indem du heute auch noch deinen Freund treffen möchtest und deshalb lieber anrufen würdest, anstatt vorbeizugehen. Solche Gedanken zerstören die Freude über das Zeitgeschenk, das du ja tatsächlich machst! Und zwar sowohl für dich als auch bis zu einem gewissen Grad für deine Großmutter, da sie es sicher spürt, wenn du nicht voll in deiner Freude bist! Stattdessen ruf dir in Erinnerung, dass du eine Person bist, die gut zuhören kann. Oder eine Person, die sehr schöne Komplimente machen kann oder voller Herzlichkeit ist. Verbinde dich mit deinen Stärken und schenke deiner Großmutter in dem Moment etwas davon, anstatt dich mit einem schlechten Gewissen selbst zu bremsen!

Mini-Meditation:

Du kannst in deinen Gedanken üben, stolz und voller Freude zu schenken. Es ist egal, ob du dafür eine vergangene Situation oder eine zukünftige Situation wählst. Wähle eine Situation, in welcher du jemandem deine Zeit schenkst, es aber eine Herausforderung für dich darstellt, das Geschenk darin zu sehen. Schließe deine Augen und komm zuerst einmal ganz bei dir an. Dann begib dich in deiner Imagination in diese Situation. Fühle all die unangenehmen Gefühle, das schlechte Gewissen, das vielleicht hochkommt. Akzeptiere diese Gefühle und versuche nicht, sie zur Seite zu schieben. Öffne dein Herz für dich und für all die Gefühle, die zu dir gehören. Und erst wenn du fühlst, dass du jetzt so weit bist, beginne damit, dir in Erinnerung zu rufen, welche Talente und Stärken du hast, mit welchen du hier in dem Moment die andere Person beschenkst! Verbinde dich mit deinem Herzen, tauche in das Gefühl ein, dass du dieser Person etwas Schönes schenken willst und fühle, dass du genau das tust!

Vielleicht denkst du jetzt: »Das macht ja alles Sinn, aber trotzdem möchte ich nicht als überheblich oder eingebildet abgestempelt werden.« Du sollst auch nicht überheblich oder eingebildet werden! Und ein Großteil der Menschen kann gut unterscheiden zwischen Überheblichkeit und purer Freude oder Stolz. Trotzdem gibt es Menschen, die dich verurteilen, wenn du voller Stolz über ein erfolgreiches Projekt von dir erzählst. In dem Moment ist es hilfreich zu wissen, dass es sich dabei um Menschen handelt, welche sich das selbst nicht erlauben. Sie haben selbst in ihrem Gehirn Regeln aufgestellt, an welche sie sich halten und diese besagen, dass man sich nicht selbst feiern darf. In dem Moment, in dem du das tust, führst du ihnen vor Augen, wie schön das wäre. Sie spüren ihre inneren Grenzen, welche sie einschränken und das verursacht unangenehme Gefühle in ihnen. Und wie Menschen oft sind, projizieren sie die unangenehmen Gefühle nach außen. Das Einfachste, was sie tun können, ist in dem Moment, der Person die Schuld zu geben, welche sie an ihre inneren Grenzen erinnert. Wenn sie diese Person abwerten und deren

Verhalten verurteilen, dann müssen sie sich nicht länger mit ihren unangenehmen Gefühlen herumschlagen und können sich wieder in ihre Komfortzone innerhalb der selbst auferlegten Grenzen zurückziehen. Aber tatsächlich ist es ein Geschenk, das du ihnen in dem Moment machst! Denn jedes Mal, wenn du sie an ihre inneren Grenzen erinnerst, bekommen sie die Chance, diese wahrzunehmen. Und wenn sie diese wahrnehmen, dann besteht die Chance, sie zu hinterfragen und vielleicht sogar zu verschieben oder einzubrechen. Denn eigentlich wünschten sie sich genauso frei sein zu können, wie du es in dem Moment bist.

Woran du dich ebenfalls erinnern solltest, ist, dass andere Menschen, welche ebenfalls nicht so starre Grenzen in ihrem Kopf haben, sich in dem Moment von dir angezogen fühlen, in dem du voller Freude und Stolz über etwas berichtest. Und das sind genau die Menschen, welche du anziehen *möchtest*! Mit ihnen kannst du eine Welt aufbauen, in welcher sich Menschen gegenseitig inspirieren, miteinander und füreinander freuen und in der jeder sein Licht strahlen lassen darf! Wäre das nicht eine gute Alternative zu einer Welt, in welcher sich jeder stets mit Schuldgefühlen herumschlägt und sich klein macht, anstatt seine wahre Größe zu leben? Und damit ist nicht gemeint, alles Unangenehme zu ignorieren und nicht auch Schwäche zeigen zu dürfen. Es ist vielmehr ein Plädoyer dafür, alles ausdrücken zu dürfen, sowohl Verletzlichkeit als auch Stolz.

Wir Menschen tendieren dazu, immer auf das ausgerichtet zu sein, was wir erreichen möchten, bzw. auf das, was gerade (noch) nicht gut in unserem Leben ist. Wenn wir dann ein Ziel erreicht haben, freuen wir uns kurz, um wenig später bereits das nächste Ziel ins Auge zu fassen. Oder das Nächste zu finden, was uns stört und wofür wir eine Lösung finden sollten. So verbringen wir unsere Zeit zu geschätzt 99,9 Prozent mit Streben nach mehr. Wie wäre es, stattdessen 90 Prozent der Zeit mit Streben nach mehr zu verbringen und 10 Prozent damit, uns über erreichte Ziele zu freuen, diese zu feiern und stolz zu sein darüber, dass wir das geschafft haben? Oder vielleicht sogar in einem Verhältnis von 80 zu 20 Prozent? In der Denkweise, die viele von uns pflegen, nehmen wir kleine Erfolge und Fortschritte oft nicht einmal wahr! Erst wenn wir einmal zurückschauen und sehen, wo wir unseren Weg begonnen haben, merken wir, dass wir schon eine unglaubliche Strecke zurückgelegt haben. Beginne, in deinem Alltag vermehrt die Erfolge und Fortschritte zu fokussieren! Und feiere deine Errungenschaften! Was hast du davon, wenn du dem Erfolg kaum einmal mehr als ein paar Minuten deine Aufmerksamkeit widmest? Du hast diesen Sieg für dich errungen, damit du etwas hast, worüber du dich freuen kannst, also tu es!

Umgang mit der Informationsflut

Die Tatsache, dass uns unendlich viele Informationen rund um die Uhr zur Verfügung stehen, ist Fluch und Segen zugleich. Es ist wichtig, dass wir lernen, einen achtsamen Umgang mit der Informationsflut zu pflegen, da uns diese ansonsten völlig vergessen lässt, was wirklich wichtig für uns ist. Wir haben dann das Gefühl, allem nachgehen und alles umsetzen zu müssen und verlieren uns darin. Es ist also wichtig, dass wir die Informationen begrenzen und auch, dass wir bewusst auswählen, welchen Informationen wir aus der ganzen Fülle an Informationen tatsächlich Zugang zu unserem Kopf gewähren wollen! Bei vielen Menschen sind dies zu einem großen Teil die Negativschlagzeilen in der Zeitung und aus dem Fernsehen, das Jammern oder Lästern von Kollegen, die Darstellung davon, wie man sich in gewissen Fernsehsendungen oder Kinofilmen gegenseitig hassen und zerstören kann, und so weiter. Und dann sind es beispielsweise die vielen Ideen und Vorstellungen, wie die Welt sein sollte, aus den Frauenzeitschriften. Und die vielen Meinungen aus unserem Umfeld, welche uns vorgeben, an welche sozialen Normen wir uns halten sollten, was »okay« und was »nicht okay« ist, worauf man stolz sein und wofür man sich schämen sollte, welche Ziele man sich setzen sollte. Und dann ist da die Werbung, die uns vorgibt, wie wir aussehen und uns kleiden sollten und welche Statussymbole wir benötigen, um »jemand zu sein«. Wie viel von all diesen Informationen, welche täglich auf dich niederprasseln, stärken dich darin, deinen eigenen Weg zu gehen, dich auf deine Werte zu besinnen und das Leben auszukosten? Falls es nur wenige sind oder dir gerade gar keine in den Sinn kommen, dann solltest du deinen Fokus darauf richten, dich mehr auf Informationsquellen auszurichten, welche dich darin bestärken, deine Zeit so zu nutzen, dass du mit deinem Leben zufrieden sein kannst! Und vor allem solltest du dir überlegen, ob du nicht einige der Informationsquellen, welche dich negativ beeinflussen, reduzieren oder wegstreichen kannst! Du kannst deinen Umgang mit den Informationsquellen anpassen, anstatt sie wegzustreichen! Beispielsweise kannst du dich auf Social Media einfach bewusst mit Menschen vernetzen, welche ehrlich teilen, was sie gerade freut oder beschäftigt und dich von den Leuten distanzieren, welche täglich Hochglanzbilder von sich posten und dir vermitteln, dass man perfekt sein und ein perfektes Leben haben kann. Oder du kannst die Beziehung zu deiner Nachbarin neugestalten, welche dir stets eine halbe Stunde lang erzählt, was alles schlecht in der Welt läuft. Du könntest zum Beispiel beginnen, sie öfters nach ihren Träumen zu fragen oder ihr von deinen Träumen berichten oder davon, was dich gerade begeistert.

Um wieder mehr bei dir selbst anzukommen und zu spüren, was wirklich wichtig für dich ist, ist es empfehlenswert, ab und zu medienfreie Tage einzulegen. Ein Tag, ein Wochenende oder idealerweise einmal eine Woche ohne Handy, ohne Zeitung, ohne Fernseher, ohne Internet. Du lernst in solchen Zeiten, wieder mehr im Moment zu leben und die Informationen aus deinem Inneren zu hören, welche sonst durch die vielen Informationen von außen gar nicht mehr hörbar sind. Das Ziel sollte es sein, irgendwann regelmäßige medienfreie Zeitfenster in deinen Alltag zu integrieren, also eine Art Ruhe-Inseln, in welchen du zu dir selbst zurückfinden kannst. Diese müssen nicht unbedingt lange andauern, sondern die Regelmäßigkeit ist fast wichtiger.

Je mehr Informationen du von außen erhältst, desto mehr lässt du dir von anderen Menschen sagen, wie die Welt funktioniert, was wichtig ist, um erfolgreich zu sein, welche Ziele man im Leben haben sollte und welche Regeln du befolgen solltest. Diese anderen Menschen sagen dir dann auch, was im Leben möglich ist und was nicht. Wenn du ihnen ständig zuhörst, dann hörst du deine eigene innere Stimme nicht mehr und hörst das nicht mehr, was du selbst für möglich und richtig und wichtig hältst! Du lebst also quasi in der Welt der anderen! Und oft hast du dir diese anderen nicht einmal bewusst selbst ausgewählt! Wenn irgendein Wissenschaftler oder irgendeine Studie sagt, dass etwas nicht möglich ist, dann hat das oft so einen großen Einfluss auf uns, dass wir diese Möglichkeit gar nicht mehr in Betracht ziehen. Dabei liegt vielleicht der Wissenschaftler falsch und die Studie wird vielleicht in zwanzig Jahren widerlegt. Und wenn du diese Information nicht gehabt hättest, dann hättest du es vielleicht getan, weil du gar nicht daran gezweifelt hättest. Wir schränken uns oft in unserer Kreativität ein, wenn wir uns von außen vorgeben lassen, wie etwas funktioniert. Wenn wir ein Curry kochen wollen, suchen wir im Internet ein Rezept und kaufen genau das ein, was uns das Rezept vorgibt, anstatt in unseren Kühlschrank und unsere Schränke zu schauen, was da vorhanden ist und was gut passen könnte. Oder im Supermarkt das zu kaufen, was uns gerade anlacht und worauf wir Lust hätten. Und dann zu probieren und das Gericht durch weitere Zutaten oder Gewürze zu ergänzen, wenn wir das Gefühl haben, dass noch etwas fehlt. Oder wenn wir ein kaputtes Kleidungsstück reparieren, einen Traum deuten, einen Entschuldigungsbrief schreiben oder unser Wohnzimmer neugestalten wollen, dann schauen wir oft zuvor im Internet nach. Diese Informationen geben uns dann bereits einen Rahmen vor, an dem wir uns orientieren. Wir tun dann mehr oder weniger das, was dort beschrieben wird, anstatt selbst zu überlegen und vielleicht auf kreative Ideen zu kommen. Du kannst dir als Übung einmal vornehmen, bei kleineren Problemen nicht im Internet nachzuschauen, sondern zu überlegen, ob du selbst auf eine Lösung kommst!

Wenn du betreffend Dingen, die du unbedingt tun möchtest oder solltest besonders anfällig für all die Impulse bist, die aus deiner Umgebung kommen, dann kann es hilfreich sein, irgendwo eine Liste zu haben, auf welcher du all diese Dinge festhältst. In dem Moment, in dem du dies niedergeschrieben hast, weißt du, dass du es nicht vergessen wirst und kannst es für den Moment loslassen, denn vermutlich hast du gerade genügend andere Ziele, welche du aktuell verfolgst. Du kannst ab und zu einmal die Liste anschauen und vielleicht pickst du dir irgendwann einmal ein neues Ziel oder eine neue Aktivität von dieser Liste heraus und widmest dem deine Aufmerksamkeit. Aber viele Punkte auf dieser Liste wirst du nie näher verfolgen und das ist auch gut so. Denn in unserer Welt der unbegrenzten Möglichkeiten können wir das auswählen, was uns am Allermeisten erfüllt und müssen nicht alles weiterverfolgen, was toll und interessant klingt!

Schreib-Aufgabe:

Was nimmst du dir vor betreffend deines Umgangs mit Informationen? An welchen Stellen erlaubst du dir zukünftig eine Auszeit von den vielen Informationen und wo schaust du zukünftig bewusster, welche Art von Informationen du empfangen möchtest und welche nicht?

Entspannung durch Langsamkeit

Wenn du dein Leben so führst, dass du von einem Termin zum nächsten rennst und ständig in Gedanken schon die nächsten Punkte auf deiner To-Do Liste organisierst, dann kann es hilfreich sein, ab und zu bewusst in eine Langsamkeit zu wechseln. Je langsamer du etwas machst, desto bewusster nimmst du es wahr und du erlaubst dir dabei, wirklich zu fühlen, was es gerade zu fühlen gibt in deinem Leben. Wenn du beispielsweise einmal den Fußweg zum Bahnhof ganz langsam und bewusst gehst, dann hörst du plötzlich die Vögel zwitschern, nimmst die Unebenheiten wahr auf dem Weg, siehst wie schön der Baum aussieht, an dem du sonst immer vorbeiläufst, schaust dem Mann in die Augen, der dir entgegenkommt und fühlst den Wind in deinen Haaren oder die Sonne in deinem Gesicht. Du entspannst dich automatisch und steigst aus dem Muster aus, dass immer alles schnell und effizient sein muss. Du gibst dir Zeit, einmal richtig durchzuatmen. In der letzten Zeit hat sich zunehmend ein Trend in Richtung Langsamkeit entwickelt und immer mehr Menschen glauben, dass ihnen Slow Food oder Slow Sex neue Türen zu einem intensiveren Erleben öffnet. Tatsächlich kannst du diese Verlangsamung auf praktisch alles anwenden, was du tust! Probiere Slow Working, Slow Cooking, Slow Training, Slow Cleaning oder Slow Talking aus! Das Ziel davon ist stets dasselbe, nämlich die vollständige Hingabe und Präsenz an das, was du gerade tust! Dabei kann es natürlich vorkommen, dass es im Kopf weiterhin rattert und du nicht ganz aus dem Effizienz-Gedanken-Karussell aussteigen kannst. Das ist nicht weiter schlimm, dann gehört das eben zu der Übung dazu, dass du dieses Gedanken-Karussell wahrnimmst, es akzeptierst und dann deine Aufmerksamkeit wieder auf die Tätigkeit richtest.

In unserer Gesellschaft ist das so verankert, dass man keine Zeit vertrödeln sollte. Natürlich ist es schade, wenn man seine Zeit einfach verstreichen lässt, ohne etwas Sinnvolles damit anzufangen. Aber etwas langsam zu tun ist nicht dasselbe. Und trödeln kann etwas richtig Schönes sein! Wenn wir an einem Sonntagmorgen lange im Bett liegen bleiben, dann ausgedehnt frühstücken und mit dem Liebsten kuscheln und irgendwann auf die Uhr schauen, dann erschrecken wir, wenn es bereits 17 Uhr ist. Wir verurteilen uns dafür, Zeit vertrödelt zu haben und bewerten das negativ. Dabei war es der schönste Sonntag, den man sich vorstellen kann. Natürlich können wir nicht immer alles langsam machen und nicht jeden Morgen trödeln, aber wir sollten uns abgewöhnen, dies negativ zu beurteilen und es stattdessen zelebrieren! Denn es hilft uns, wieder genießen zu lernen und uns im Moment zu verlieren!

Das Zitat von Mahatma Gandhi bringt es auf den Punkt: *»Es gibt Wichtigeres im Leben, als nur sein Tempo zu beschleunigen.«*

Einfachheit

Wenn du den Wert der Zeit erkennst, beginnst du jeden Moment zu genießen. Genuss kann man in allem finden, selbst in banalen Alltagsdingen. Wir müssen nicht weit suchen, sondern nur genau hinschauen. Genuss und Freude liegt in den Dingen verborgen, die sich direkt vor unserer Nase befinden. Im Wald, am Fluss, in den mit Liebe gekochten Spaghetti bei den Eltern, in den Sonnenstrahlen, in dem Lachen des Kindes aus der Nachbarschaft. Je einfacher wir unser Leben gestalten, desto mehr rücken diese Dinge in unsere Wahrnehmung. Je einfacher wir unser Leben gestalten, desto weniger halten wir uns ständig beschäftigt. Es ist schön ein großes Haus zu haben, aber das gibt ständig zu tun. Es ist schön, einen großen Freundeskreis zu haben, aber man ist ständig auf Achse. Es ist schön, oft und weit weg zu verreisen, aber man muss ständig Koffer packen, sich mit Einreisebestimmungen und notwendigen Impfungen usw. auseinandersetzen. Es ist schön, viele Dinge zu besitzen, aber Wertvolles lassen einige versichern, in ständiger Angst vor Diebstahl. Irgendwann gehen gewisse Dinge eben kaputt, irgendwann gefallen einem andere Sachen nicht mehr, und wenn man umziehen möchte, muss man alles in die Hände nehmen und in Schachteln packen oder überlegen, was man jetzt damit macht. Es ist schön, wann man spannende Zeitungen oder Zeitschriften abonniert hat oder spannende Newsletter, die per E-Mail verschickt werden. Aber je voller unser (reales wie auch virtuelles) Postfach ist, desto mehr halten wir uns mit Dingen beschäftigt, die uns von außen zugeschickt werden und die wir eigentlich in dem Moment nicht aktiv suchen. Es ist schön, viel zu wissen über Ernährung und Training. Aber je mehr wir wissen, desto schwieriger wird es, das alles umzusetzen. Es ist schön, zu vielen Veranstaltungen eingeladen zu werden. Aber es besteht die Gefahr, dass man gar nicht mehr Zeit hat, zur Ruhe zu kommen. Es ist schön, das eigene Gemüse anzubauen. Aber die Pflanzen müssen regelmäßig gegossen werden, man muss sich um Unkraut und Schädlinge kümmern, muss schauen, ob sie zu viel oder zu wenig Sonne haben, usw. Es ist schön ein Haustier zu haben, aber mit dem Haustier kommen Verpflichtungen wie zum Beispiel Pflege und Unterhalt, man muss sich bezüglich der Ferien organisieren oder muss mit ihm zum Tierarzt, wenn es krank ist.

Wenn wir unser Leben einfacher gestalten und uns für wenig Dinge entscheiden, welche uns wichtig sind und auf welche wir uns fokussieren wollen, wenn wir nach dem Motto »weniger ist mehr« leben, erwecken wir das, wofür wir uns wirklich entschieden haben, zum Leben. Denn der bewussten Entscheidung wenden wir uns zu und geben uns selbst die Gelegenheit, dies in allen Facetten zu erleben und zu sehen. Wenn wir alles, was wir tun, mit Liebe tun, dann braucht es keinen aufwändigen Lifestyle. Viele Menschen möchten ständig überall dabei sein und jeden Trend mitmachen. Aber wer nichts verpassen möchte, verpasst am Schluss das Leben selbst! Wenn wir zu viel machen – selbst wenn es lauter tolle Dinge sind – wird es zu einem »Konsumieren« und man kann die einzelnen Sachen gar nicht würdigen. Es ist dann, als würden wir einen Film nach dem anderen schauen, ohne uns dazwischen je die Zeit zu geben, uns über den vergangenen Film zu freuen, ihn Revue passieren zu lassen und darüber nachzudenken.

Auch bei Zeitgeschenken ist weniger oft mehr! Es geht nicht darum, wie viel Zeit ich mit jemandem verbringe, sondern wie präsent ich bin! Es mag sein, dass gewisse Personen diesbezüglich Erwartungen und Wünsche haben, dass sie möglichst viel Zeit mit dir verbringen möchten. Wenn du jedoch einen ganzen Tag mit ihnen verbringst, aber dabei ständig abschweifst, weil du noch viel anderes an dem Tag tun wolltest, dann können sie diesen Tag bestimmt nicht genauso genießen, als hättest du drei Stunden mit ihnen verbracht und dich während dieser Zeit voll und ganz der Begegnung mit der Person gewidmet! Am Schluss ist es das, was sie sich von dir wünschen: Sie möchten, dass du voll und ganz für sie da bist!

Genussfähigkeit

Eines der Hauptprobleme vieler Menschen ist heutzutage, dass sie schlecht genießen können. Sie sind darauf ausgerichtet, effizient zu sein und rennen vom einen zum nächsten, ohne irgendetwas davon zu genießen. Stattdessen verschieben sie den Genuss auf den Zeitpunkt, zu dem sie dann einmal alles erreicht haben, was je nachdem gar nie der Fall ist. Wie geht also Genuss? Die Werbung möchte uns tagtäglich weismachen, was wir brauchen, um genießen zu können, wir brauchen bestimmte Produkte oder einen Urlaub im Luxushotel. Tatsächlich finden wir jedoch Genuss in ganz alltäglichen Dingen, wenn wir uns dieser Erfahrung öffnen. Dazu müssen wir uns jedoch Zeit nehmen und uns erlauben, den Moment zu genießen und mit allen Sinnen wahrzunehmen. Ohne dabei in Gedanken schon beim nächsten Termin zu sein. Es ist also eine Frage der Herangehensweise und nicht eine Frage der Ressourcen. Auch Menschen, die objektiv gesehen ein hartes Leben mit viel Arbeit und wenig Geld haben, können genauso genießen, wie reiche Menschen, die eine Villa besitzen und sich mit vierzig Jahren zur Ruhe setzen, weil sie ausgesorgt haben. Für Genuss braucht es vor allem eines: Den Willen, genießen zu wollen. Eine im Wald gepflückte Beere kann man genauso genießen, wie das vier Gänge Menü im Nobelrestaurant.

Am besten gelingt es uns, Dinge zu genießen, wenn wir zwischenzeitlich auf sie verzichten. Ein Beispiel dafür ist der Sonntagszopf. Wir können diesen nur deshalb am Sonntag so genießen, weil wir das nicht jeden Tag essen. Würden wir von Montag bis Freitag ebenfalls Zopf essen, dann wäre es sicher weiterhin so, dass dieser uns schmeckt, jedoch wäre es dann nichts Besonderes mehr. Und Genuss bedeutet per se, dass wir das, was wir tun, als etwas Besonderes betrachten. Ob wir die Dinge, die wir tun, als etwas Besonderes betrachten, ist eine Lebenseinstellung. Albert Einstein meinte einmal, es gäbe zwei Arten sein Leben zu leben, entweder so, als wäre nichts ein Wunder, oder so, als wäre alles ein Wunder. Es geht also um das Staunen und um die Wertschätzung dessen, was wir erleben dürfen. Tatsächlich kann es sein, dass der Mann, der ohne Besitztum ist und im Wald eine Beere isst, mehr Genuss empfindet als der vermögende Mann, der im Nobelrestaurant die teuersten Speisen von der Karte wählt. Denn vielleicht hat der Mann ohne Besitztum gelernt, die Welt als ein Wunder wahrzunehmen und er freut sich darüber, dass dieser Strauch aus dem Waldboden gewachsen ist, das Sonnenlicht in sich aufgenommen hat und eine perfekte Beere geformt hat, welche genau in dem Moment, als er vorbeikommt, die perfekte Reife erreicht hat. Und er lässt sie sich auf der Zunge zergehen, nimmt den Geschmack und die Konsistenz wahr und lässt sich Zeit, die verschiedenen Aromen herauszuschmecken, welche sich von

Anfang bis Ende des Kauvorgangs entfalten. Während der wohlhabende Mann im Nobelrestaurant es vielleicht als selbstverständlich ansieht, jeden Tag Hummer zu essen und er diesem kaum mehr Beachtung schenkt, während er gleichzeitig die Neuigkeiten in der Zeitung überfliegt und über seinen Messenger die nächsten Meetings koordiniert.

Genuss ist etwas Sinnliches. Genießen können wir, wenn wir all unsere Sinne dazu benutzen und uns öffnen, die Sinneswahrnehmungen auszukosten, anstatt sie uns zu verbieten, wenn sie gemäß unseren Bewertungen nicht sinnvoll sind, in dem Sinne, dass sie keinen offensichtlichen Beitrag zum Erreichen unserer zukünftigen Ziele haben. Als Kinder hatten wir alle den natürlichen Impuls, in jeder Situation nach sinnlichen Wahrnehmungen und nach Genuss zu suchen. Doch irgendwann haben wir uns das abgewöhnt. Oder es wurde uns abgewöhnt. Kindern wird beigebracht, dass sie ruhig dasitzen, nicht mit dem Essen spielen, ihre Kleider nicht dreckig machen und nicht zu übermütig sein sollen. Doch genau solche Dinge sollten wir eigentlich wiederentdecken! Was löst das bei dir aus, wenn du daran denkst, wie das wäre, in Pfützen zu springen, dich im Schlamm zu wälzen, eine Torte von Hand zu essen, während der Arbeit zu singen, Schnee zu essen oder nach dem Essen den Teller auszulecken? Der italienische Dichter Giovanni Boccaccio meinte zum Thema Genuss: *Es ist besser zu genießen und zu bereuen, als zu bereuen, dass man nicht genossen hat*. Du kannst dich nachher noch immer darüber ärgern, dass du jetzt nasse Schuhe hast, nachdem du in die Pfütze gesprungen bist. Natürlich musst du nicht in Pfützen springen oder dich im Schlamm wälzen, wenn das nichts ist, was dir zusagt. Die Frage ist: Würdest du es dir erlauben, wenn du Lust dazu hättest?

Schreib-Aufgabe:

Erstelle eine Liste von Dingen, welche dir potenziell Genuss verschaffen und überlege dir, wie sehr du diese tatsächlich genießt. Du kannst dazu eine Skala von 1 bis 10 benutzen, um den tatsächlichen Genuss abzubilden. Vermutlich liegst du nicht überall bei 9 oder 10. Überlege dir somit, wo und auf welche Art und Weise du mehr Genuss in dein Leben einbauen möchtest.

Bewusstheit und Achtsamkeit

Wenn wir uns in Achtsamkeit üben, dann pflegen wir automatisch einen bewussteren Umgang mit der uns zur Verfügung stehenden Zeit. Achtsamkeit bedeutet, dass wir nicht in automatischen Denk- und Verhaltensmustern auf das Leben reagieren, sondern bewusst wahrnehmen, was in uns und um uns herum geschieht und wir entsprechend bewusster unsere Erlebnisse gestalten. Achtsamkeit und Bewusstheit sind wichtige Grundlagen für den Lebendigkeitszustand.

Du kannst einen achtsamen und bewussten Umgang mit allem pflegen, was dich umgibt, mit deinen Gegenständen, deinen Mitmenschen, deinen Gedanken und Gefühlen. Du kannst üben, alles bewusst wahrzunehmen, in all seinen Facetten, dem was passiert deine gesamte Aufmerksamkeit und Wertschätzung schenken.

Mini-Meditation:

Ein achtsamer, bewusster Umgang mit deinen Gedanken: Schließe deine Augen und tue einfach mal gar nichts. Es wird nicht lange dauern, da werden die ersten Gedanken auftauchen. Übe dich darin, dich in diese Gedanken nicht verstricken zu lassen, sondern sei dieser Teil von dir, der beobachtet, was da passiert. Beobachte, wie Gedanken kommen und gehen. Sei neugierig und lass die Gedanken einfach ihre Dynamiken entfalten. Erinnere dich dabei immer wieder daran, dass du nicht mit deinen Gedanken mitgehen möchtest, sondern dass du einfach einmal Zuschauer sein möchtest, um bewusst mitzubekommen, was da in deiner Gedankenwelt passiert.

Ein Beispiel, wie du Achtsamkeit und Bewusstheit in deinem Alltag üben kannst, ist das Essen: Versuche einmal, Essen nicht einfach als Nahrungsaufnahme zu sehen, welche bestenfalls noch mit etwas Genuss verbunden ist, sondern erlebe das Essen mit all deinen Sinnen. Schenke dem Essen deine gesamte Aufmerksamkeit und nimm all die verschiedenen Geschmäcker, Gerüche, Texturen wahr, schau dir die Farben und Formen des Essens an. Genieße jeden Löffel davon und führe jeden einzelnen Schritt bewusst aus, vom Anrichten, zum Aufspießen mit der Gabel, zum Öffnen des Mundes, zum Kauen, bis zum Hinunterschlucken. Und vielleicht spürst du danach, wie das Essen deine Speiseröhre hinuntergleitet. Sei dir, währenddessen über all die Nährstoffe bewusst, welche du deinem Körper über dein Essen zuführst und welche dafür sorgen, dass das Wunderwerk, das dein Körper darstellt, so gut funktionieren kann. Sei dir bewusst, wo das Essen herkommt und wie diese Nahrungsmittel gewachsen sind. Wie aus einem Samenkorn eine Pflanze gewachsen ist, wie irgendjemand ihr Wasser gegeben und sie gepflegt hat oder wie der Regen dafür sorgte, dass sie hydriert wurde. Wie die Pflanze die Energie des Sonnenlichts in sich aufgenommen hat und schließlich Früchte trug. Wie verschiedene Menschen in verschiedenen Handlungsschritten dafür gesorgt haben, dass diese Pflanze jetzt auf deinem Teller liegt, indem sie sie geerntet, transportiert, sortiert, gewaschen, verarbeitet, verpackt und verkauft haben. Und wie du selbst möglicherweise am Schluss dieses Nahrungsmittel gekauft, im Rucksack nach Hause getragen, im Kühlschrank gelagert und dann zubereitet hast.

Achtsamkeit bedeutet, im jetzigen Moment voll präsent zu sein! Nicht über die Vergangenheit und das »was wäre gewesen, wenn« nachzudenken und nicht zu überlegen, was du in Zukunft erreichen möchtest und wie du am besten dorthin kommst. Sondern das wahrzunehmen, was JETZT gerade ist. Um es mit den Worten des Musikers Seom zu sagen (aus seinem Song »Spiegelwelt«):

> Such nicht in der Zukunft nach Erlösung und Vergebung.
> Sondern finde sie im Augenblick der jetzigen Begegnung.
> Du brauchst nicht mehr Zeit.
> Alles was du brauchst, ist deine volle Aufmerksamkeit.

Dankbarkeit

Ein sehr einfaches, jedoch sehr wirkungsvolles Tool ist es, eine Dankbarkeitspraxis zu entwickeln. Denn wenn wir dankbar für die Zeit sind, die uns geschenkt ist, dann gehen wir sorgsam und liebevoll damit um. Wenn wir Dankbarkeit trainieren, dann signalisieren wir unserem Gehirn, dass wir bekommen haben, was wir wollen und brauchen. Dadurch entspannen wir uns und unser Gehirn registriert, dass wir erfolgreiche Menschen sind und wir unsere Bedürfnisse befriedigen können. Wir brauchen also nicht im Überlebensmodus zu funktionieren, sondern können in Freiheit leben und den Fokus weg von alltäglichen Banalitäten lenken, hin zu dem, was in unserem Leben zählt! Je mehr du Dankbarkeit übst, desto automatischer wendest du dich im Leben den Dingen zu, die du hast, anstatt nur darauf fokussiert zu sein, was du nicht hast. Du siehst dich somit automatisch als erfolgreicheren und glücklicheren Menschen. Sowohl Zeitgeschenke zu machen als auch welche zu empfangen, geht einfacher für Leute, die eine Dankbarkeitspraxis in ihr Leben integriert haben, denn sie agieren aus einem Gefühl der Wertschätzung heraus, was sowohl das Schenken als auch das Empfangen beinhaltet.

Eine Dankbarkeitspraxis kannst du ganz einfach entwickeln. Am besten machst du ein Ritual daraus, so dass du es mit einer Regelmäßigkeit in deinen Alltag integrierst. Du kannst beispielsweise jeden Abend aufschreiben, wofür du am heutigen Tag dankbar bist. Oder du kannst gemeinsam mit deiner Familie beim Mittagessen austauschen, wofür jedes einzelne Familienmitglied gerade dankbar ist. Oder du wählst jeden Morgen ein neues Hintergrundbild auf deinem Mobiltelefon, welches etwas symbolisiert, wofür du gerade in deinem Leben dankbar bist. Dies sind nur wenige Beispiele, deiner Fantasie sind keine Grenzen gesetzt!

Du kannst Dankbarkeit auch üben, indem du *danke* sagst! Beginn in deinem Alltag darauf zu achten, wo dir Menschen etwas schenken. Ganz egal, was es ist, sei es ein Lächeln, eine freundliche Geste, ihre Präsenz, ihre Liebe oder dass sie dich an ihren Talenten teilhaben lassen. Beginne, dies bewusst wahrzunehmen und sag danke dafür! Danke an die Verkäuferin im Supermarkt, weil sie dich so freundlich bedient hat. Danke an deinen Partner, weil er sich nicht von deiner schlechten Laune heute Morgen hat irritieren lassen. Danke an deinen Vorgesetzten, weil er dir sein Vertrauen schenkt und dir eine heikle Aufgabe anvertraut. Danke an deine Nachbarn, dass sie es akzeptieren, dass du heute Abend eine Party bei dir zuhause veranstaltest, welche sie akustisch mitbekommen. Danke an deine Freundin, weil sie dich mit ihrer fröhlichen Stimmung angesteckt hat. Und so weiter. Wenn du anfängst, danach Ausschau zu halten, dann findest du plötzlich unzählige Gelegenheiten, jemandem zu danken. Du musst es nicht einmal unbedingt laut aussprechen, es reicht, wenn du es innerlich sagst, falls du das Aussprechen nicht immer als passend empfindest.

Schreib-Aufgabe:

Notiere dir, wofür du dankbar in deinem Leben bist! Und wenn du alles aufgelistet hast, schreib auf, welche Dinge schwierig sind oder schwierig für dich in deinem Leben waren. Überlege dir zu jedem dieser Punkte, ob du einen Weg findest, dafür dankbar zu sein. Schreibe dies nieder! Zum Beispiel: Ich bin dankbar, dass ich erlebt habe, wie es sich anfühlt, von anderen ausgenutzt zu werden, weil ich dadurch Mitgefühl für andere Menschen entwickeln konnte, welche dies erleben. Ich bin dankbar für die Erkrankung, welche dafür gesorgt hat, dass ich aus meinem Alltag aussteigen musste und Zeit hatte, alles zu überdenken und zu hinterfragen. Ich bin dankbar dafür, dass ich mir den Erfolg hart erkämpfen musste, denn nur so kann ich stolz sein und das Erreichte wertschätzen, wie das jetzt der Fall ist. Ich bin dankbar, dass ich durch den Tod meiner Mutter erleben durfte, dass Liebe nicht stirbt, sondern weiter existiert. Versuche zu jedem Punkt etwas zu finden, warum du dankbar bist. Vielleicht gelingt es dir nicht auf Anhieb. In dem Fall lasse einfach mal Platz für die Ideen, welche dir vielleicht in den nächsten Tagen kommen. Oder vielleicht erst in einigen Wochen oder Monaten. Oder auch gar nicht. Du musst nichts forcieren.

Neue Gewohnheiten aufbauen

Neue Gewohnheiten brauchen viel Wiederholung, bis sie gefestigt sind! Ganz egal, was du dir jetzt vorgenommen hast, was du aus den Anregungen aus diesem Buch umsetzen und in dein Leben integrieren möchtest, nimm dir nicht zu viel auf einmal vor und sei dafür mit vollem Einsatz dabei! Wenn du dir etwas zur Gewohnheit machen möchtest, dann braucht dies am Anfang etwas Investment, so lange, bis es zu einem automatischen Muster wird und von dem Moment an wie von selbst weiterläuft. Für die ersten ein bis zwei Monate brauchst du jedoch etwas Disziplin und du musst dich gut organisieren. Wie schaffst du es, regelmäßig daran zu denken? Wo kannst du das neue Verhaltensmuster einplanen, so dass es nicht vergessen geht und nicht die Versuchung groß ist, es ab und zu auszulassen?

Halte unbedingt in deinem Zeit-Geschenk-Notizbuch fest, was du von nun an anders machen wirst und wie du das angehst, bzw. welches der erste Schritt ist, den du unmittelbar machen wirst! Lass regelmäßig abends den Tag Revue passieren, um dir ins Bewusstsein zu rufen, wo du in alten Mustern gelandet bist. Oft ist es hilfreich, anderen Menschen davon zu erzählen, dass du gerade eine neue Gewohnheit aufbaust. So entsteht eine Art von sozialem Commitment, weil du damit rechnen musst, dass diese Personen dich wieder darauf ansprechen und nachfragen werden. Aber ganz wichtig ist vor allem: Vergiss vor lauter Disziplin nicht, dass es Freude machen soll! Überlege dir gleich von Anfang an, wie du es so gestalten kannst, dass es für dich zu einer Art Spiel oder zu einer Art Genuss wird, einfach zu etwas, was du gerne tust! Vielleicht reicht es auch schon, dass du dir jedes Mal bewusstmachst, wofür du das tust und du dir damit selbst ein Zeitgeschenk machst!

Umgang mit innerer Unruhe

Wenn man anfängt, sich zu entspannen, dann kann sich dies zunächst unangenehm anfühlen. Es fehlt einem etwas, denn das ständige Rennen hat einem einen Lebensinhalt und ein Gefühl von Sinn im Leben gegeben. Weiter kann es auch sein, dass du mit dem vielen Rennen unbewusst vor gewissen Gefühlen davongelaufen bist, welche du nicht fühlen wolltest. Und wenn du nun aufhörst, wegzulaufen, dann kommen diese an die Oberfläche. Es kann sein, dass du zwischenzeitlich mehr Unruhe verspürst als zuvor. Oder dass sonstige unangenehme Gefühle auftauchen. Dies ist jedoch eine vorübergehende Erscheinung und eigentlich etwas Positives, weil es zeigt, dass du in einen Prozess kommst und Dinge in Bewegung kommen. Du solltest dir darüber nicht den Kopf zerbrechen. Versuche nicht krampfhaft, zu entspannen, denn Entspannung funktioniert eben nicht auf Knopfdruck, wenn wir das gerade so haben möchten. *Erlaube dir stattdessen,* dich zu entspannen. Schaffe das Setting, in dem

Entspannung möglich ist. Und dann lasse deinem Körper und deinem Geist die Zeit, die sie brauchen, um die Entspannung eintreten zu lassen. Wenn du dir erlaubst, zu entspannen, dann hörst du auf, etwas tun zu wollen und Entspannung bedeutet eben gerade, nicht ständig etwas tun zu müssen. Schau die innere Unruhe nicht als etwas an, was du bekämpfen musst. Unangenehme Gefühle behandeln wir am besten so, als wären sie unsere kleinen Kinder: Wir wenden uns ihnen zu, hören zu, was sie uns sagen wollen und zeigen uns verständnisvoll. Erst wenn wir sie angehört haben, und sie uns ihre Nachricht mitteilen konnten, werden sie sich langsam verwandeln. Erkenne die innere Unruhe an, als ein Gefühl, das dich nicht einfach ärgern möchte, sondern das dir etwas zu sagen hat und von dem du etwas lernen kannst!

In unangenehmen Zuständen liegt oft das Geschenk des Gegenteils verborgen. Das beste Beispiel ist die Konfrontation mit der eigenen Sterblichkeit - wenn wir mit dem Tod konfrontiert sind, fangen wir plötzlich an, wirklich zu leben! Genauso kann es sich mit der inneren Unruhe verhalten. Wenn wir diese erleben und uns ihr aussetzen, dann finden wir manchmal über diese Erfahrung zu unserer inneren Ruhe.

Innere Unruhe ist eigentlich nichts anderes als Energie. Du kannst diese Energie entgegennehmen und ins Fließen bringen, beispielsweise durch sportliche Betätigung, durch ein Projekt, für das du motiviert bist oder für kreative Tätigkeiten. Denn die innere Unruhe ist eine Art Schaffensdrang, Energie, welche genutzt werden möchte, um etwas zu erschaffen, was dich erfüllt. Energie, die genutzt werden möchte, um seinen Teil in der Welt beizutragen. Grundsätzlich sind all unsere Emotionen Energie und erst unsere Bewertung macht sie zu angenehmen oder unangenehmen Emotionen. Vielleicht kennst du das Brückenexperiment der Psychologen Donald Dutton und Art Aron. Diese ließen

Probanden über eine wackelige Brücke laufen, wobei eine attraktive Frau mit ihnen einen Fragebogen ausfüllte. Die wackelige Brücke löste eine Anspannung aus, wobei die Männer in der Folge Verliebtheitsgefühle gegenüber der Frau zeigten. Sie schrieben ihren Erregungszustand der Frau zu, anstatt der Brücke und fühlten somit Verliebtheit anstatt Angst. Wir können uns dieses Wissen zunutze machen und die Energie der inneren Anspannung für etwas Positives nutzen! Beispielsweise um Zukunftsszenarien und Visionen im Geist zu entwerfen oder wenn du bereits einen Plan hast, um erste Schritte diesbezüglich zu unternehmen!

Angst vor Kontrollverlust

Wir haben darüber gesprochen, dass wir im Taubheitszustand versuchen, alles zu kontrollieren und wir im Lebendigkeitszustand die Kontrolle ein Stück weit abgeben. Nun, die Kontrolle abzugeben, ist bei vielen Menschen mit Ängsten verbunden. Wir befürchten, dass das Leben und unsere Mitmenschen einfach mit uns machen, was sie wollen, wenn wir nicht ständig krampfhaft versuchen, diese Kontrolle aufrechtzuhalten. In Tat und Wahrheit ist es jedoch genau andersrum und je krampfhafter wir versuchen, die Kontrolle zu behalten, desto mehr fühlen wir uns fremdbestimmt und ausgeliefert. Denn wer krampfhaft versucht, alles zu kontrollieren, ist ständig damit beschäftigt, alle möglichen Gefahren vorherzusehen und abzuwenden und er erschafft sich diese somit teilweise selbst (selbsterfüllende Prophezeiung) bzw. er sieht die Chancen nicht mehr, wenn er seinen Blick nur auf Gefahren richtet. Und wenn wir so viel Energie in dieses Kontrollieren investieren und uns so stark auf Details fokussieren, dann löst es jedes Mal Frust- und Stressgefühle aus, wenn Kleinigkeiten nicht so verlaufen, wie man sich das vorgestellt hat. Dies zu verstehen, ist der erste Schritt. Trotzdem haben jedoch viele Menschen so starke Angst vor einem Kontrollverlust, dass sie diese eingefahrenen Muster nicht so einfach ändern können. Eine Möglichkeit das zu ändern wäre, sich ganz bewusst immer wieder Situationen auszusetzen, in welchen man nicht alles kontrollieren kann, um so zu lernen, dass dies gar nicht schlimm ist. Du könntest zum Beispiel einmal unvorbereitet zu einer Sitzung gehen und dann einfach improvisieren. Oder du könntest bewusst nichts planen für deinen Geburtstag und schauen, was passiert, wenn du es den anderen überlässt, zu entscheiden, ob und wie sie mit dir feiern wollen. Oder du könntest nur mit Handgepäck für zwei Wochen in die Ferien fliegen, somit nicht alles dabeihaben, was du eventuell brauchen könntest und improvisieren, wenn du in eine Situation kommst, in welcher du etwas bräuchtest, was du nicht dabei hast. Du wirst erkennen, dass, je mehr du dich solchen kleinen »Kontrollverlusten« aussetzt, desto lockerer wirst du und desto mehr gewinnst du an Vertrauen, dass die Welt nicht untergeht, wenn nicht alles einwandfrei so klappt, wie du es dir vorstellen würdest. Und dass dein Leben nebenbei freier und ungezwungener wird, wenn du nicht immer alles unter Kontrolle haben musst.

Fast alle Menschen fürchten sich davor, die Kontrolle zu verlieren. Wahrscheinlich haben wir Situationen erlebt, in welchen wir keine Kontrolle mehr hatten und haben uns dabei ausgeliefert und schrecklich gefühlt. Doch egal wie viel du versucht zu kontrollieren, du wirst das Leben nicht kontrollieren können. Egal wie viel du investierst, um die Kontrolle zu behalten, es kann nach wie vor zu Situationen kommen, in welchen du dich ausgeliefert fühlst. Es geht also darum, zu akzeptieren, dass wir nicht alles kontrollieren können. Es geht darum, hinzunehmen, was nicht zu ändern ist und gleichzeitig zu erkennen, an welchen Stellen wir etwas ändern können, was wir nicht hinnehmen wollen!

Mini-Meditation:

Lerne das Gefühl des Kontrollverlustes auszuhalten, um ihm ein Stück weit seine Bedrohlichkeit zu nehmen! Dafür wähle eine Situation aus deiner Vergangenheit, in der du dich ausgeliefert gefühlt hast oder eine zukünftige Situation, bei der du Angst davor hast, ausgeliefert zu sein. (Achtung, wenn du traumatische Erlebnisse in deiner Vergangenheit gemacht hast, dann mach solche Übungen in Absprache mit einer Fachperson, welche sich mit Traumabehandlung auskennt!) Begib dich in deiner Fantasie in diese Situation. Beschwöre das Gefühl des Kontrollverlusts hoch, indem du bewusst auf die Szenen deinen Fokus legst, welche dieses Gefühl auslösen. Halte das Gefühl aus und entspanne dabei deinen Körper und deine Atmung. Sprich dir selbst Mut zu und bestätige dir, dass das nicht dein Untergang ist, dass das Leben weitergeht und du Lösungen - für alles was auch immer passiert - finden wirst. Halte das Gefühl am besten so lange aus, bis es von selbst schwächer wird oder sich verwandelt. Falls du vorher abbrechen möchtest, dann wiederhole die Übung unbedingt weitere Male. So oft, bis du bemerkst, dass das Gefühl sich etwas abschwächt und der Kontrollverlust, der sich vermutlich noch immer unangenehm anfühlt, seine Bedrohlichkeit und seine Macht über dich verliert.

Wenn wir üben, die Kontrolle stückchenweise abzugeben, dann üben wir uns gleichzeitig in Akzeptanz. Wir üben, das anzunehmen, was ist. Natürlich müssen wir bei weitem nicht alles so akzeptieren, wie es ist. Doch gewisse Dinge lassen sich schwer ändern und dann ist es hilfreich, wenn wir die Fähigkeit trainiert haben, die Dinge so zu akzeptieren, wie sie sind. Denn Widerstand ist schlussendlich das, was uns leiden lässt. Es sind nicht die Gefühle an sich, welche Leid erzeugen, sondern unser Widerstand gegen diese Gefühle und der Widerstand gegen gewisse Tatsachen.

Das Schöne ist, wenn wir die Kontrolle etwas abgeben, dann fühlt es sich in der Regel überhaupt nicht wie ein Kontrollverlust an, im Gegenteil! Wir sind dann mehr in einem Zustand des Vertrauens und wenn wir darauf vertrauen, dass es gut kommt, dann kommt es in der Regel gut! Wenn wir nicht mehr so viel Zeit darauf verwenden, alles ins kleinste Detail zu planen und uns gegen jede Eventualität abzusichern und wir unseren Verstand somit nicht immer zumüllen mit tausenden Gedanken, dann ploppen lustigerweise die wichtigen Dinge schon auf, in dem Moment, in dem sie wirklich wichtig sind.

Die Sache mit der Disziplin

Ja, dieses Buch ist ein Statement dafür, dass wir die Dinge mit Freude und Begeisterung tun sollten! Aber damit ist nicht gemeint, dass wir den ganzen Tag nur Schokoladeneis essen und unsere Lieblingsfilme schauen sollten. Denn das würde uns auf Dauer träge und unglücklich machen. Wir sollten uns das Schokoladeneis und den Lieblingsfilm zwischendurch erlauben, aber wichtig ist, dass wir Ziele haben, welche nicht nur mit Entspannung und Genuss zu tun haben. Wir sollten auch Ziele haben, etwas zu erschaffen, etwas Neues zu erleben, etwas zum (besseren) Funktionieren dieser Welt beizutragen und unseren Körper und unseren Geist fit zu halten. Disziplin ist etwas Gutes! Zum Problem wird die Disziplin dann, wenn wir es damit übertreiben. Dann wird aus Disziplin ein hartes Regime, in dem wir uns nicht mehr entfalten können. Stattdessen sollten wir auf eine liebevolle Art Disziplin in unser Leben bringen. Du kannst dir das vorstellen, als wärst du selbst ein liebevoller Elternteil für dich. Der Elternteil weiß, was jetzt gut wäre für das Kind, auch wenn das Kind vielleicht gerade keine Lust dazu hat. Er leitet es voller Mitgefühl dazu an, ohne ihm die Unlustgefühle zu verbieten. Er erklärt ihm geduldig, warum es gewisse Dinge nun tun sollte und versucht, diese Dinge lustvoll zu gestalten, so dass das Kind daran Freude findet. Und wenn jetzt wirklich nicht der Zeitpunkt dafür ist, weil es dem Kind zum Beispiel nicht gut geht, dann lässt er davon ab und wird es dafür am nächsten Tag wieder vorschlagen. Er gestaltet Routinen und Rituale für das Kind, was diesem Halt und Struktur gibt. Genauso können wir mit uns selbst umgehen!

Es ist wichtig, dass wir nicht zu viel von uns selbst erwarten! Also, wenn du von dir selbst die Disziplin erwartest, konsequent jeden Tag die Treppe bis ins 8. Stockwerk und nicht den Lift zu nehmen, jeden zweiten Tag zu joggen und mindestens dreimal pro Woche ins Fitness-Center zu gehen und dann noch jeden Morgen deine Dehnübungen zu machen und dir dabei nie eine Ausnahme erlaubst, dann handelt es sich um ein sehr hartes Regime, das dir wohl kaum guttut und dich in deinem Leben einschränkt. Du kannst dann zum Beispiel nicht spontan die Einladung deiner Freundin entgegennehmen, weil du diese Woche noch nicht dreimal im Fitness-Center warst. Dabei würde es dir vielleicht genau an dem Tag richtig guttun, einen entspannten Abend mit der Freundin zu verbringen. Wenn du jedoch nicht zu viel von dir erwartest und zusätzlich nicht allzu streng mit dir bist und dir in seltenen, gut begründeten Momenten Ausnahmen erlaubst, dann ist Selbstdisziplin eine sehr wertvolle Tugend, die es sich zu erarbeiten lohnt! Wenn du dich für das Zeitgeschenk entscheidest, jeden Morgen einige Kräftigungs- und Dehnübungen zu machen, dann sieh jeden Morgen das Geschenk, das du dir selbst machst! Du drückst damit die Wertschätzung dir selbst gegenüber aus! Du zeigst dir selbst, dass du es dir wert bist, dir diese Zeit zu nehmen und innere Widerstände oder Unlustgefühle zu überwinden, um deinen Körper fit zu halten. Es ist ein Zeichen der Selbstliebe und der Selbstfürsorge! Dieses Gefühl, dass du dir etwas Gutes tust, solltest du in dem Moment aktivieren. Oder du kannst den Gedanken daran aktivieren, wie es sich anfühlt oder anfühlen wird aufgrund der täglichen Übungen, einen fitten, gesunden Körper zu haben. In unserer Gesellschaft ist das Wort Disziplin oft negativ belegt. Wir werden »diszipliniert« und »disziplinieren« uns selbst, indem wir hart zu uns sind, uns zu Dingen zwingen unter der Androhung von Bestrafung beziehungsweise wir bestrafen uns tatsächlich. Hier sollten wir anfangen, umzudenken. Disziplin bedeutet, dass wir uns um die Dinge kümmern, die wir für wichtig halten! Dass wir uns zum Beispiel darum kümmern, dass wir uns in zwanzig Jahren noch fit und gesund fühlen werden, dass wir unseren Job nicht verlieren oder dass wir nicht in einer dreckigen, unordentlichen Wohnung leben müssen. Wir denken bei diesen Handlungen an unser zukünftiges Ich und wollen, dass es diesem gut geht!

Jede Entscheidung für ein Zeitgeschenk ist eine Art Vertrag mit dir selbst. Ein Vertrag, mit dem du dir versprichst, mehr Liebe in dein Leben zu lassen. Sei es Liebe gegenüber dir selbst oder gegenüber anderen Menschen. Erweise dir selbst den Respekt, dich an deine Versprechen zu halten! Oder falls du dies zu irgendeinem Zeitpunkt nicht tun kannst, ändere den Vertrag! Das bedeutet, entscheide dich bewusst dazu, das Zeitgeschenk anzupassen. Vermeide es jedoch, einfach gegen deine eigenen Verträge zu verstoßen, also dich nicht daran zu halten, ohne dir bewusst erneut die Frage zu stellen, welches Zeitgeschenk du machen möchtest, wie du somit deine Zeit und Energie investieren möchtest und was in deinem Leben gerade deine Zuwendung verdient. Wir sollten Abmachungen und Verträge mit uns selbst genauso ernst nehmen, wie Abmachungen und Verträge mit anderen Menschen! Wenn du zum Beispiel deinem Arbeitgeber versprichst, eine gewisse Arbeit bis nächste Woche erledigt zu haben, dann würdest du diesen kontaktieren, wenn du erkennst, dass du das nicht schaffen kannst. Daraufhin würdet ihr gemeinsam die Situation neu beurteilen und zu einer neuen Abmachung gelangen. Du würdest nicht einfach gegen die Abmachung verstoßen, ohne dich zu kümmern, was dein Vorgesetzter jetzt davon hält und was die Konsequenzen für ihn sind. Genau diesen Respekt schuldest du auch dir selbst! Nimm es ernst, wenn die Abmachung mit dir selbst für deine aktuelle Situation doch nicht so perfekt passt! Gib dir in dem Fall die Möglichkeit, das Ganze neu zu beurteilen und dich für einen bewussten Richtungswechsel oder einen Kompromiss zu entscheiden!

Schreib-Aufgabe:

In welchen Bereichen disziplinierst du dich, indem du Anforderungen an dich stellst, diese streng und hart durchziehst und dich damit selbst in eine Art Opferrolle bringst, wenn du dir selbst gehorchen musst? Bei jedem der Bereiche, die dir in den Sinn kommen, schreib auf, warum es dir wichtig ist, so konsequent zu sein! In welcher Hinsicht handelt es sich dabei um ein schönes Ziel, welches Liebe für dich selbst (bzw. gegenüber deinem zukünftigen Ich) oder anderen Menschen ausdrückt? Und welche Möglichkeiten gibt es, zukünftig mehr diese dahintersteckende Liebe spürbar zu machen?

Umgang mit Unverständnis von anderen

In diesem Buch geht es oft darum, sich authentisch zu zeigen, zu seinen Wünschen und Bedürfnissen zu stehen und seine Grenzen zu kommunizieren. Was nun, wenn andere Personen enttäuscht oder wütend darauf reagieren?

In dem Moment, in dem du wahrnimmst, dass die andere Person enttäuscht ist, kannst du dein Mitgefühl aktivieren. Dieser Moment bietet die Chance für echte, tiefe Verbindung, wenn ihr beide bereit seid, über eure wahren Gefühle zu sprechen. Das Problem ist, dass wir oft unsere tiefsten, verletzlichen Gefühle verstecken, überspielen oder übergehen. Oft bemerken wir dies nicht einmal mehr, weil es sich um automatisierte Muster handelt. Doch du kannst beginnen, diese automatischen Muster zu durchbrechen und deine Mitmenschen damit einladen, dies ebenfalls zu tun. Dann teilt dir dein Freund vielleicht mit, dass er sich alleine gelassen fühlt, und du kannst ihm z.B. sagen, wie wichtig dir die Freundschaft zu ihm ist, dass du dich jedoch oft unter Druck fühlst, so zu handeln, wie es seinen Erwartungen entspricht, weil du Angst hast, ihn sonst zu verlieren. Dass es dir aber nicht guttut, wenn du dir selbst diesen Druck aufsetzt. Wenn ihr euch wirklich über eure wahren Gefühle austauscht, dann kann so eine ganz neue Ebene der Beziehung entstehen. In dem Moment, in dem eine Beziehung erschüttert wird, werden ganz viele Gefühle aktiviert, man erinnert sich an das, was man so an der Beziehung schätzt und warum man diese nicht verlieren möchte. Dies kann die Grundlage für einen Neustart darstellen mit mehr Authentizität und mehr Mut, sich abzugrenzen, aber auch mehr Mut, sich gegenseitig mitzuteilen, was einen beschäftigt. Tatsächlich fühlen wir uns nie so verbunden mit anderen Menschen als dann, wenn wir uns trauen, authentisch zu sein, alles zu sagen, was ist und wenn wir dann merken, dass wir noch immer von unserem Gegenüber geliebt werden. Nun ist das jedoch nicht ganz so einfach, wie es im ersten Moment klingt. Denn oft zeigt dir dein Gegenüber nicht direkt das Gefühl, welches durch dein Verhalten ausgelöst wurde, sondern hat ebenfalls gelernt, gewisse Gefühle zu verstecken, indem es quasi ein anderes Gefühl darüberstülpt, welches von ihm einfacher auszuhalten ist oder welches als sozial akzeptierter gilt. Zum Beispiel löst etwas, was du sagst Ängste bei deinem Gegenüber aus, dein Gegenüber reagiert jedoch mit Wut, weil nie gelernt wurde, Ängste auszudrücken oder weil die Erfahrung gemacht wurde, dass man ausgenutzt werden könnte, wenn man zu seinen Ängsten steht. Viele Menschen haben den Automatismus entwickelt, Angstgefühle nicht zuzulassen und zu zeigen, sondern stattdessen mit Wut zu reagieren. Weiter kann es gut sein, dass bei dir oder bei deinem Gegenüber etwas getriggert wird, was nicht mit dem aktuellen

Moment zu tun hat. Der aktuelle Moment ist dann nur ein Auslöser dafür, dass alte Gefühle zum Vorschein kommen. Wenn du zum Beispiel deinem Freund mitteilst, dass du heute einen Abend für dich haben und nicht mit ihm Essen gehen möchtest, dann erinnert ihn das möglicherweise an die schwierige Situation mit seinem Vater, welcher nie für ihn Zeit hatte. In dem Fall wird seine Reaktion viel heftiger ausfallen, als es in der aktuellen Situation adäquat wäre. Die Herausforderung ist somit, zu erkennen, was tatsächlich mit dem aktuellen Moment und dem Gegenüber zu tun hat und welches deine Themen beziehungsweise seine ungeklärten Themen aus der Vergangenheit sind. Versuche, mit den Menschen in deinem Leben auf eine Ebene zu kommen, in welcher ihr einander gegenseitig mitteilen könnt, wie ihr euch fühlt, ohne dies zu bewerten. Am einfachsten geht das, wenn ihr in dem Moment das Gespräch strukturiert. Zunächst bekommt die eine Person Zeit zum Reden und die andere Person hört nur zu, ohne zu werten oder zu kommentieren. Danach werden die Rollen gewechselt. Dabei ist wichtig, dass nur in Ich-Botschaften gesprochen wird und möglichst die Ebene der Gefühle nicht verlassen wird, dass also kein Analysieren und Verantwortlich-machen stattfindet! Es geht darum, dem anderen nicht die Schuld zu geben, sondern den anderen an den eigenen Gefühlen teilhaben zu lassen, sodass dieser Mitgefühl entwickeln kann und nicht in einen Abwehr- und Verteidigungsmodus gehen muss. Dazu beginnt ihr am besten damit, auf der körperlichen Ebene zu spüren, welche Gefühle gerade da sind. Ein Beispiel für eine entsprechende Kommunikation: Mira möchte mit ihrem Partner Patrick einen Film schauen, doch Patrick möchte viel lieber an seinem Projekt arbeiten und entscheidet sich bewusst dafür, sich selbst dieses Zeitgeschenk zu machen und die Konsequenzen in Kauf zu nehmen. Er teilt Mira mit, dass er ein anderes Mal mit ihr einen

Film schauen wird, er sich heute jedoch seinem Projekt widmen möchte. Mira reagiert darauf wütend, denn unbewusst wurden bei ihr die alten Gefühle aktiviert, welche sie erlebte, als sie als kleines Mädchen immer wieder von ihrer älteren Schwester zurückgewiesen wurde, wenn sie mit ihr gemeinsam etwas unternehmen wollte. Durch Miras Wut fühlt sich Patrick zu Unrecht beschuldigt, denn er versteht nicht, warum Mira so heftig reagiert, zumal er gerne ein anderes Mal mit ihr einen Film schauen würde. Er schlägt ihr jedoch vor, sich gemeinsam hinzusetzen und die zuvor beschriebene Gesprächstechnik anzuwenden. Dazu übergibt er zunächst das Wort an Mira und hört nur zu, ohne zu bewerten. Mira spürt in ihren Körper hinein, nimmt bewusst ihre Gefühle wahr und beginnt dann zu sprechen: »Ich spüre so viel Anspannung in meinem Bauch und mein gesamter Körper verkrampft sich in der Situation, in der ich mich zurückgewiesen fühle. Ich fühle mich ungeliebt und allein gelassen und verzweifelt. Und das macht mich wütend, denn das sind schreckliche Gefühle, die ich nicht fühlen möchte.« Durch diese Äußerung gelingt es Patrick sofort, Mitgefühl für Mira zu empfinden. Dies führt nicht dazu, dass er seine Entscheidung ändert, aber es führt dazu, dass er Verständnis für ihre Reaktion entwickelt und er nicht das Bedürfnis hat, die Verbindung zu ihr abzubrechen. Die beiden wechseln die Rollen und auch er nimmt, bevor er zu sprechen beginnt, ganz bewusst seine körperlichen Empfindungen und seine Gefühle wahr. Danach äußert er: »Ich spüre einen Reflex, mich zu schützen und mich abzuwenden, um der Wut nicht ausgesetzt zu sein. Und dann spüre ich selbst eine Wut in mir, die ich sehr gut kenne und die immer dann aktiviert wird, wenn ich mich in der Rolle des Schuldigen befinde. Diese Rolle möchte ich nicht einnehmen, denn das fühlt sich unschön an. Ich möchte nicht derjenige sein, der für das Leid anderer verantwortlich ist. Deshalb habe ich den Reflex, mich abzuwenden oder ebenfalls mit Wut zu reagieren und die Verantwortung von mir wegzuschieben. Und dann spüre ich eine Art Enge in der Brust und die Angst, ich könnte in meiner Freiheit eingeengt werden durch eine Beziehung und durch die Erwartungen und Wünsche, welche Partner in einer Beziehung aneinander haben. Als ich jedoch zuvor dir zugehört habe, habe ich gemerkt, wie sich in mir gerade einiges entspannt und ich weicher werde.« Auf diese Äußerung hin kann auch Mira Verständnis für Patricks Situation aufbringen. Wir können so viel tiefere Verbindungen zu anderen Menschen eingehen, wenn wir offen unsere Gefühle teilen und uns dabei nicht anklagend und beschuldigend verhalten, sondern einander mitteilen, wo wir uns verletzlich oder ängstlich fühlen!

Viele Menschen können einigermaßen damit umgehen, wenn ihr Gegenüber einmal enttäuscht oder traurig reagiert. Wenn uns jedoch Wut oder Verachtung entgegenschlägt, dann wird es richtig schwierig. Aber wenn dein Gegenüber mit Wut oder Verachtung reagiert, dann liegt darunter auch Angst, Schmerz oder Verletzung! Die Person schafft es nur in dem Moment nicht, sich verletzlich zu zeigen, weil sie sich schützen muss. Weil sie sich nicht stark genug fühlt, diese darunterliegenden Gefühle auszuhalten. Also versucht sie, diese an uns abzugeben. Und wir fühlen uns dann genauso verletzt, abgelehnt oder ängstlich durch die Wut oder Verachtung, die wir in dem Moment erleben. Und das ist auch für uns schwer auszuhalten, insbesondere wenn wir so funktionieren, dass wir dem tendenziell aus dem Weg gehen! Somit wäre das Naheliegendste, ebenfalls mit Wut oder Verachtung zu reagieren und so wiederum zu versuchen, diese Gefühle ans Gegenüber zurückzugeben. Du siehst, dass dies kaum zu einer konstruktiven Lösung führen kann. Im besten Fall beruhigen sich beide und entscheiden sich dazu, die Sache zu vergessen. Die

Sache ist aber in Wahrheit nicht vergessen, sondern nur zur Seite gelegt, bis sie das nächste Mal aktiviert wird.

Eigentlich wollen wir alle geliebt werden. Im Verlauf unseres Lebens, insbesondere in den frühen Jahren unseres Lebens, haben wir Strategien erlernt, was wir tun müssen, um geliebt zu werden. Zum Beispiel haben wir gelernt, dass wir von unseren Eltern gelobt werden, wenn wir gewisse Dinge tun. Somit haben wir uns diese Dinge gemerkt und diese öfters getan. Teilweise entsprach das nicht dem, wie wir Leben und Liebe ausdrücken würden, aber solche Verhaltensweisen haben sich mit der Zeit tief in uns verankert. Wir haben diese immer und immer wieder gezeigt, und irgendwann haben wir uns selbst darüber definiert und haben natürlich auch von außen gehört, dass das typisch für uns ist und wurden vielleicht von vielen Leuten dafür gelobt. Vielleicht war uns sogar irgendwo bewusst, dass das eigentlich nicht wir selbst sind, aber wir hatten Angst davor, abgelehnt zu werden, wenn wir unser wahres Selbst zeigen. Und so bauten wir vielleicht Beziehungen auf, welche auf Dingen beruhten, welche uns gar nicht entsprechen und in welchen wir somit nie wahre Tiefe und Nähe erleben konnten, weil wir nie unsere Masken abgelegt haben. Solange wir diese erlernten Strategien anwenden, fühlt es sich nie freudvoll an, zu geben. Dabei hätten wir alle so viel zu geben. Dann nämlich, wenn wir unser Geben in Einklang mit unserer Freude bringen, mit unserem wahren Kern, mit unseren Talenten und Fähigkeiten. Doch wir haben Angst, abgelehnt zu werden und für egoistisch gehalten zu werden, wenn wir das tun, was uns Freude macht. Aber das ist ein Denkfehler. Wir inspirieren und beschenken andere, wenn wir uns mit unserem Kern verbinden. Dann sind wir glücklich und aus diesem Glück heraus wollen wir schenken, im Einklang mit dem, was uns ausmacht. Wir werden echte Liebe und echte Zuneigung erfahren, wenn wir die Person verkörpern, die wir wirklich sind. Auf dem Weg dahin ist es gut möglich, dass uns gewisse Leute plötzlich ablehnen. Diese sind es ja nicht gewohnt, dass wir unser wahres Ich zeigen, sondern haben gedacht, dass wir so sind, wie wir uns an der Oberfläche gezeigt haben. Aber mit der Zeit erkennen sie vielleicht, dass das Neue viel spannender ist! Oder falls sie das nicht erkennen oder nicht erkennen wollen, dann ist es vielleicht an der Zeit, dass wir uns von dieser Freundschaft verabschieden, welche uns möglicherweise schon lange nicht mehr guttut. Dann ziehen wir stattdessen mit unserer Authentizität neue Leute in unser Leben, welche wirklich zu uns passen!

Am Schluss geht alles darauf zurück: Wir alle haben Angst, nicht geliebt zu werden oder abgelehnt zu werden und wir alle haben uns Strategien angeeignet, wie wir versuchen, das zu vermeiden. Aber wenn wir beginnen, diese Strategien zu erkennen und kommunizieren was dahintersteckt, dann ebnen wir den Weg zu einem tieferen Verständnis füreinander.

Klar ist, dass Authentizität keinesfalls der einfachste Weg ist. Es lohnt sich sehr, diesen Weg zu gehen! Wenn du dich dafür entscheidest, dann wirst du neue Freiheiten erlangen und tiefere Beziehungen. Doch dieser Weg führt manchmal über steiniges Gelände! Du musst lernen, unangenehme Gefühle auszuhalten. Deshalb forciere nichts, sondern schau langsam, wann und wo du dich gerade traust, mit dem konfrontiert zu werden, was sich da zeigt. Du brauchst für diesen Weg viel Mitgefühl. Zunächst mit dir selbst und dann mit deinen Mitmenschen. Vielleicht stellt es auch einfach deinen ersten Schritt dar, dieses Mitgefühl zu erlangen, zu kultivieren und zu pflegen!

Mit Liebe schenken

Etwas wahrhaft verschenken kann man nur dann, wenn man es aus Liebe tut. Denn wenn du mit einem wahren Gefühl von Liebe in Verbindung stehst, dann ist jedes Geschenk das Richtige, ganz egal, wie es an den Kriterien anderer gemessen beurteilt wird. In dem Moment, in dem du aus der Liebe heraus etwas schenkst, ist das stets im Einklang mit dir und deinen Wünschen und Bedürfnissen, aber trotzdem nie egoistisch, sondern auf das Wohl aller ausgerichtet. Es geht also darum, immer wieder den Zugang zu der Liebe in dir zu finden. Dazu gehört zunächst die Erkenntnis, dass du die Liebe nie im Außen finden kannst, wenn du sie nicht in dir selbst gefunden hast. In dem Ausmaß jedoch, in dem du die Liebe in dir selbst gefunden hast, kannst du anderen in Liebe begegnen. Am besten übst du deshalb das Zeitschenken zunächst einmal in Situationen, in welchen dir genügend Zeit zur Verfügung steht, eine Entscheidung zu treffen und du nicht sofort reagieren musst. Dann kannst du bewusst überlegen, welches Zeitgeschenk du machen möchtest und inwiefern du damit Liebe ausdrückst. Am besten indem du nicht nur eine logische Erklärung findest dafür, sondern du solltest diese Liebe auch fühlen! Wenn das gerade nicht geht, dann beginne zu experimentieren. Schau, ob du sie fühlen kannst, wenn du dich doch anders entscheidest. Oder brauchst du eine andere Denkweise, wie du mit deinem Geschenk Liebe ausdrückst? Konzentriere dich auf dein Herz und schau, ob es sich eher zusammenzieht oder ob es sich weit und warm anfühlt. Und wenn du gerade die Liebe nicht fühlen kannst, dann ist das nicht schlimm! Liebe kann man eben nicht auf Knopfdruck fühlen. Das bedeutet nicht, dass etwas mit dir nicht stimmt! Im Gegenteil, oft sind gerade die Menschen, die am meisten lieben können, diejenigen, welche am meisten Schutzvorrichtungen um ihr Herz herum aufgebaut haben! Versuche nicht, zwanghaft ein Gefühl von Liebe fühlen zu wollen, denn je mehr du versuchst, das zu forcieren, desto weniger funktioniert es. Wenn du dich entscheidest, den Weg der Liebe zu gehen und dein Herz mehr zu öffnen, dann wird dies passieren, ganz genau in dem Tempo, wie es gut ist für dich! Du kannst dich nicht zwingen, es zu fühlen, aber du kannst in deinen Handlungen und deinem Denken in die Richtung gehen und das Fühlen wird dann folgen. Und wenn du Entscheidungen aus Liebe treffen möchtest, dabei jedoch die Liebe gerade nicht spüren kannst, dann kannst du vorübergehend die anderen Gefühle für die Entscheidung herbeiziehen. Du spürst dann vielleicht vor allem, welche Entscheidung sich hart und wenig liebevoll anfühlen würde und kannst dies als Grundlage nutzen, dich in dem Fall für die Alternative zu entscheiden!

Mini-Meditation:

Du kannst deine Liebe aktivieren, indem du dir bei einer kurzen Meditation vorstellst, du würdest in dein Herz ein- und ausatmen. Atme dabei ruhig, lass zu, dass sich dein Körper und dein Geist entspannen und zur Ruhe kommen. Vielleicht magst du dir ein Gefühl von Liebe in Erinnerung rufen oder magst an einen Menschen oder an ein Tier oder einen Platz in der Natur denken, der dieses Gefühl bei dir auslöst. Oder vielleicht magst du dir dein Herz als eine Art Sonne vorstellen, die ganz hell strahlt.

Um aus Liebe zu handeln, musst du nicht zu einer zweiten Mutter Theresa werden. Nein, du kannst sogar genau das Leben weiterführen, das du jetzt lebst. Es geht nicht darum, welche Entscheidungen wir treffen, sondern darum, *wie* wir diese treffen und wie wir diese gegenüber uns selbst sowie gegenüber anderen kommunizieren. Wenn du dich entscheidest, dir selbst Zeit zu schenken und dafür jemand anderes auf dich verzichten muss, dann ist die entscheidende Frage, ob du in dem Moment dein Herz öffnest, weil du dir ein Geschenk machst, oder ob du dein Herz verschließt, während du dies jemand anderem kommunizierst. Wenn du während dieser Mitteilung in der Liebe bleibst, dann enthält diese keine Ablehnung oder Abweisung. Natürlich kann es von der anderen Person so aufgefasst werden, doch du sendest das nicht aus. Der Buchautor Thaddeus Golas meinte einst dazu: »Was auch immer du tust, liebe dich dafür.« Solange du diese Liebe fühlen kannst, gehst du nicht auf eine Kampf-Ebene, weder mit dir noch mit der anderen Person. Dies hilft in der Folge der anderen Person, ebenfalls in die Liebe zu kommen, auch wenn dies vielleicht nicht immer sofort der Fall ist.

Selbstliebe ist ein großes Thema heutzutage und vielleicht wird es manchmal etwas zu großgeschrieben, so dass vergessen geht, dass es nicht nur darum geht, sich selbst zu lieben, sondern auch darum, dass wir alle gegenseitig voneinander abhängig sind und wir uns ins eigene Fleisch schneiden, wenn wir nur auf uns selbst fokussiert sind. Trotzdem ist es ein sehr wichtiges Thema und auch eines, bei dem viele Menschen Entwicklungsbedarf haben. Grundsätzlich verhält es sich so: Je mehr ich mich selbst liebe, desto mehr bin ich längerfristig in der Lage, diese Liebe mit anderen zu teilen. Wenn ich immer zu wenig habe, ist ja gar nichts da, was ich teilen kann. Es fühlt sich für unsere Mitmenschen ganz anders an, ob wir aus einer inneren Fülle heraus lieben, oder ob wir selbst zu wenig haben, sodass ständig ein Teil von uns aufpasst, dass noch etwas für uns übrigbleibt! Aber manchmal, wenn wir uns zu sehr auf das Thema Selbstliebe fokussieren, gilt auch das Umgekehrte und erst wenn wir *anderen* Liebe schenken, bekommen wir auf diesem Weg den Zugang zu der Liebe zu uns selbst. Schau, was sich gerade leichter anfühlt für dich. Wähle den leichteren Weg, anstatt dich an irgendwelche Konzepte zu halten, welche vorgeben, wie es sein sollte. Oder wähle den Weg, bei dem du spürst, dass dein Herz ja dazu sagt! Du weißt es selbst am besten! Und am Ende ist es nicht so wichtig, denn durch echte Selbstliebe, die nicht dasselbe ist wie rücksichtsloser Egoismus, steigt deine Fähigkeit andere Menschen zu lieben. Und durch echte Liebe zu anderen Menschen, was nicht bedeutet, dass man sich dabei selbst vernachlässigt und eigene Bedürfnisse wegschiebt, steigt deine Fähigkeit, dich selbst zu lieben!

Du kannst mit ganz einfachen Übungen dafür sorgen, dass Liebe zu einem wichtigen Bestandteil deines Lebens wird. Zum Beispiel indem du dir vornimmst, jeden Tag einer Person ein schönes Kompliment zu machen. Oder dir jeden Tag eine Person auszuwählen, für die du Mitgefühl entwickeln möchtest, auch wenn du sie im ersten Moment eurer Begegnung nicht verstehen kannst. Du kannst es dir zur Gewohnheit machen, Dinge, die du nicht mehr wirklich brauchst, an jemanden zu verschenken, der sich darüber freuen könnte. Du kannst jeden Tag mindestens fünf Minuten etwas tun oder an etwas denken, was du liebst. Du kannst dir alle Dinge aufschreiben, die du liebst. Du kannst Liebesbriefe schreiben, an deinen Liebsten oder deine Liebste, aber auch an alle anderen Menschen, die du liebst. Du kannst dich jeden Morgen nach dem Aufwachen im Spiegel betrachten und dir selbst sagen, dass du dich liebst und dir ein ernstgemeintes Kompliment machen. Du kannst einer Person, die du liebst, jeden Tag in einem Satz, der gerade passend ist, mitteilen, warum und wofür du sie liebst. Du kannst beginnen zum Beispiel deinen Körper oder deine Pflanzen liebevoll zu behandeln. Oder dein Essen mit Liebe zuzubereiten. Es können kleine Dinge sein, doch diese bewirken eine Verschiebung der Wahrnehmung, was schlussendlich einen großen Unterschied machen kann!

Wenn wir uns vornehmen, aus Liebe zu handeln, dann machen wir manchmal den Fehler, dass wir dabei nur an die anderen denken und unsere eigenen Bedürfnisse ignorieren oder zur Seite schieben. Und wenn wir dann eines Tages entscheiden, dass damit jetzt einmal Schluss sein soll, dann handeln wir nach dem Grundsatz »ich muss jetzt auch einmal auf mich schauen« und ignorieren dabei teilweise die Bedürfnisse anderer. Aus Liebe heraus zu handeln bedeutet, weder in das eine noch in das andere Extrem zu verfallen, sondern eine gesunde Balance zu finden. Wenn du erkennst, dass das schwierig für dich ist, dann kannst du es dir zur Gewohnheit machen, dich bei all deinen Entscheidungen stets zu fragen: »Ist das ein Ausdruck von Liebe gegenüber mir selbst und meinen Mitmenschen?«

Mini-Meditation:

Ein Gefühl von Liebe ist stets ein Gefühl von Verbundenheit und wir können üben, uns mit allem verbunden zu fühlen, mit unseren Mitmenschen, mit der Natur mit unserer Umgebung! Wähle für diese Mini-Meditation bewusst einen schönen Ort, oder wenn du nach einer Herausforderung suchst, mache sie ganz bewusst an einem unschönen Ort, beziehungsweise irgendwo, wo du dich nicht sehr wohl fühlst und dich irgendetwas stört. Schließe deine Augen und öffne dich für die Umgebung, in der du dich befindest. Lasse zu, dass du mit deiner Umgebung verschmelzen darfst, so weit, wie du dich auf diese Erfahrung gerade einlassen kannst. Lasse alles in dich hineinströmen, was du von deiner Umgebung wahrnimmst. Lasse die Grenzen zwischen dir und deiner Umgebung verschwimmen. Werde weit und breite dich in deiner Vorstellung in die Umgebung aus. Werde zu einem Teil der Umgebung, als wärst du ein Faden, eingewoben in dem Stoff, der deine Umgebung darstellt. Wenn du die unangenehme Umgebung gewählt hast: Lasse ganz bewusst unangenehme Empfindungen in dich hinein und durch dich hindurchströmen und nimm die Widerstände wahr, welche bei dir vielleicht aktiviert werden. Betrachte diese Widerstände ebenfalls als Teil des Gefüges, von dem du Teil bist und lass die damit verbundenen Gefühle einfach durch dich hindurchfließen. Wenn du ein sehr visueller Mensch bist, dann magst du dir vielleicht bildlich vorstellen, wie du mit der Umgebung verschmilzt, oder verwächst. Zum Beispiel indem Wurzeln aus dir hinaus in deine Umgebung hineinwachsen und wie umgekehrt zum Beispiel die Sonnenstrahlen in dich hinein und durch dich hindurchgehen. Du musst das nicht bewusst steuern, sondern kannst einfach schauen, welche Bilder entstehen, wenn du dich auf die Erfahrung einlässt, für diesen Moment mit deiner Umgebung eins zu werden!

Was wenn wir immer wieder in alte Muster hineingeraten?

Wenn wir ein inspirierendes Buch gelesen oder ein inspirierendes Gespräch geführt haben, sind wir oft voller Elan und wollen etwas davon in unserem Leben umsetzen. Doch früher oder später bemerken wir, dass wir in genau dieselben Muster zurückfallen, die wir schon seit jeher kennen. Vielleicht sind es alte Muster in neuer Verpackung, aber grundlegend verändert haben sie sich dadurch nicht. Wenn das passiert, dann liegt es oft daran, dass unbewusste Überzeugungen am Werk sind, welche unser Denken, Fühlen und Verhalten beeinflussen. Es handelt sich um Überzeugungen wie: »Nur wenn ich perfekt bin, werde ich geliebt« oder: »Ich darf im Leben keinen Spaß haben, denn damit provoziere ich andere Menschen«. Vielleicht hast du eine Idee, welche unbewussten Überzeugungen bei dir vorliegen könnten? Oft sind es die Dinge, welche dir in deiner Kindheit von Eltern oder anderen Bezugspersonen vermittelt wurden, sei es auf einer verbalen oder auf einer nonverbalen Ebene. Wenn du an deine Kindheit zurückdenkst, dann findest du wahrscheinlich Erinnerungen an unangenehme Begegnungen. Wenn du dich beispielsweise daran erinnerst, dass du voller Stolz deine Bastelarbeit deinem Vater gezeigt hast und dieser daraufhin meinte, du müsstest dich mehr anstrengen, weil ihm da Fehler auffallen, dann hast du möglicherweise öfters gehört, dass du dich mehr anstrengen musst und hast das schließlich internalisiert. Und daraus ist ein Teil von dir geworden, eine Art innere Stimme, welche ständig kontrolliert, ob du dich genügend anstrengst. Die meisten von uns haben einen inneren Teil, der uns antreibt: Woher kommt dieser Teil? Warum müssen wir z.B. immer etwas leisten, um geliebt zu werden oder warum sind wir überzeugt davon, dass wir Opfer erbringen müssen, um von anderen geliebt zu werden?

Schreib-Aufgabe:

Welche unbewussten inneren Überzeugungen kannst du bei dir identifizieren, welche dich immer wieder daran hindern, in der Freude zu leben? Schreib zu jeder dieser Überzeugungen einen Satz, wie es tatsächlich ist. Also wenn du vermutest, dass eine unbewusste Überzeugung von dir ist, dass du es nur dann verdienst, etwas zu bekommen, wenn du mindestens so viel gegeben hast, dann suche eine neue Formulierung, welche sich für dich stimmig anfühlt; Zum Beispiel: »Ich darf in Freude und Dankbarkeit alles empfangen, was mir jemand schenken möchte. Ich weiß, dass ich ein Geschenk für meine Mitmenschen bin. Das darf ich in Freude leben und zum Ausdruck bringen.« Wichtig ist dabei, dass sich die Aussage stimmig für dich anfühlt! Es sollte sich nicht so anfühlen, als wäre das etwas, was du gerne glauben würdest, jedoch noch nicht glauben kannst! Feile so lange an der Formulierung, bis sie für dich stimmt! Schreibe danach all deine neuen Überzeugungen auf kleine Zettel und hänge sie in deiner Wohnung auf. Nun gehe fortan, oder zumindest für ein oder zwei Monate jeden Morgen als erstes deine neuen Überzeugungen durch. Sprich sie am besten laut aus und bleib so lange bei jedem Zettel, bis du das, was du aussprichst auch wirklich fühlen kannst!

Um etwas loszulassen, muss man es zuerst annehmen und integrieren. Danach kann man es dem Prozess der Verwandlung übergeben. Das heißt, wir müssen zuerst hinschauen, bevor wir alte Wunden heilen können. Und die alten Wunden sind in der Regel verantwortlich für unsere unbewussten Glaubenssätze, so wie in dem oben erwähnten Beispiel mit dem Kommentar des Vaters zu der Bastelarbeit. Natürlich wissen wir nicht immer, woher eine

Überzeugung kommt und das ist auch nicht so wichtig. Wir können das Gefühl trotzdem betrachten und annehmen. Und damit eine neue Verarbeitung dieses Gefühls anstoßen. Um dir ein Bild an die Hand zu geben, welches das einfacher verstehen lässt, stell dir vor, du hast eine Schürfung am Bein. Also eine körperliche Wunde, welche in diesem Beispiel stellvertretend für eine seelische Wunde steht. Aus irgendeinem Grund entscheidest du dich, diese Verletzung zu ignorieren. Sie ist jedoch nach wie vor da. Und weil du dich ihr nicht zugewendet hast, dich nicht darum gekümmert hast, die Wunde zu säubern und zu desinfizieren, entzündet sie sich. Das ist jetzt das Letzte, was du brauchen kannst, du wolltest sie doch ignorieren. Du ziehst eine lange Hose an, so dass man die Wunde nicht mehr sieht. Doch die Wunde eitert und beginnt zu stinken. Also klebst du ein luftdichtes Pflaster drauf. Jetzt ist der Geruch nicht mehr wahrnehmbar. Doch ab und zu schmerzt es dich beim Gehen. Dann nimmst du Schmerzmittel ein. Somit spürst du nichts mehr davon. Doch die Wunde ist noch immer da und sie beeinflusst unser Verhalten! Sie schränkt uns in unserer Freiheit ein, denn wir müssen jetzt immer schauen, dass wir Schmerzmittel dabeihaben und dass wir nirgends hingehen, wo wir keine lange Hose tragen können. Stattdessen könnten wir uns entscheiden, uns jetzt dieser Wunde zuzuwenden, sie zu säubern und dann verheilen zu lassen. Aber weil das im ersten Moment ziemlich schmerzhaft wäre, versuchen wir das zu vermeiden, solange es geht. So ähnlich ist das mit alten Gefühlen, die uns weiter beeinflussen und uns in unserer Freiheit einschränken. Wir haben oft genauso Strategien entwickelt, wie Pflaster darauf zu kleben oder Schmerzmittel zu nehmen. Beispiele für solche Strategien sind: Gewissen Situationen oder Menschen aus dem Weg zu gehen, gewisse Themen nicht anzuschneiden, Konflikten aus dem Weg zu gehen oder unsere

»Schmerzmittel« sind manchmal Substanzen, wie zum Beispiel Alkohol. Genauso wie bei den körperlichen Verletzungen können wir uns auch hier dafür entscheiden, uns den Gefühlen zuzuwenden, anstatt sie ständig wegzudrücken. Das kann ziemlich schmerzhaft sein, aber es lohnt sich! Wenn du dich diesem Prozess mit Hingabe widmest, dann kommst du irgendwann zu einem Punkt, bei dem du bereit bist, dankbar für die Wunde von damals zu sein und alles, was du durch sie lernen und erfahren durftest! Du kannst dem Ganzen dann einen Sinn geben und kannst es als Teil deines erfüllten und vielseitigen Lebens annehmen!

Mini-Meditation:

Wähle eine unbewusste Überzeugung, von der du denkst, dass diese bei dir vorliegt. Zum Beispiel die Überzeugung, dass du dir die Liebe und Anerkennung anderer Menschen hart erarbeiten musst. Setze die Intention, für eine bestimmte Zeit, beispielsweise für zehn Minuten, dich dieser Überzeugung und den damit verbundenen Gefühlen voll hinzugeben. Also für einmal nicht zu sagen: »Nein, diese Überzeugung ist schlecht, ich möchte diese nicht haben«, sondern dich damit zu konfrontieren, dass diese sowieso irgendwo in dir abgelegt ist. Sage die Überzeugung laut oder in deinem Kopf mehrmals zu dir selbst und schau, was passiert. Nimm alle Gefühle an, die hochkommen. Und wenn du Widerstand bemerkst, diese Gefühle zu fühlen oder dich in diesen Satz hineinzufühlen, dann nimm auch den Widerstand an. Dieser zeigt dir, dass du im Moment gerade noch nicht bereit bist, das vollständig zu fühlen und das wird seine Gründe haben. Es ist also überhaupt nichts falsch und es geht vielen Menschen so, dass sie zunächst einmal diesen Widerstand fühlen. Doch den Widerstand zu fühlen ist bereits der erste Schritt. Denn zuvor wusstest du ja noch nicht einmal, dass da ein Widerstand ist! Bestätige dir immer wieder selbst, dass dir nichts passieren kann, es sind nur deine eigenen Gefühle, die du spürst. Deine eigenen Gefühle, welche sowieso in dir drinstecken! Und mach dir immer wieder bewusst, dass das Hinschauen und Annehmen dieser Gefühle nicht bedeutet, dass du diese jetzt einlädst, dein Leben zu dominieren! Sondern, dass du dich entscheidest, sie bewusst zu fühlen, um dich danach bewusst entscheiden zu können, zukünftig andere Gefühle zu kultivieren! Bedanke dich bei allen Gefühlen und allen Widerständen, die sich dir in dieser Mini-Meditation zeigen! Bedanke dich bei ihnen dafür, dass sie dich etwas lehren und dir helfen, Dinge zu verstehen und einen Schritt weiterzukommen!

Zum Loslassen verinnerlichter Glaubenssätze, welche dazu führen, dass wir immer wieder in dasselbe alte Fahrwasser gelangen, sind Rituale oft sehr hilfreich. Der Psychologe und medizinische Anthropologe Alberto Villoldo, welcher sich intensiv mit dem Thema Schamanismus auseinandergesetzt hat, sagt, dass Rituale und Bilder die Sprache der Seele sind. Tatsächlich können Rituale Menschen auf einer tiefen Ebene bewegen, weil sie nicht auf der Ebene des Verstandes ansetzen. Weiter integrieren wir dabei unseren Körper und gehen in die Handlung, was einen Impuls für Veränderung setzt. Bei Ritualen sind deinen Ideen und deiner Kreativität keine Grenzen gesetzt! Zur Inspiration hier einige Ideen, gepaart jedoch mit der Einladung, dir deine eigenen Rituale auszudenken, welche genau für dich stimmig sind!

All die unbewussten Überzeugungen und Handlungsweisen, welche uns das Leben schwermachen, sind ursprünglich von uns selbst erschaffen worden, um uns zu helfen! Diese waren zum damaligen Zeitpunkt sinnvolle Überlebensstrategien. Wenn wir zum Beispiel in einer Familie aufgewachsen sind, in welcher schulische und sportliche Leistungen wichtig waren, dann hat es zu dem Zeitpunkt Sinn gemacht, dass wir uns darauf konzentrierten, gute Leistungen zu erbringen, denn damit haben wir uns die Liebe und Anerkennung unserer Eltern gesichert. Aber dann hat sich diese Überzeugung möglicherweise verselbstständigt und wir hatten plötzlich in allen Situationen des Lebens immer das Gefühl, dass wir Leistung erbringen müssen, um geliebt zu werden. In dem Moment ist uns die Überzeugung nicht mehr dienlich. Trotzdem können wir Freundschaft schließen, mit dieser Überzeugung, indem wir sie dafür anerkennen, dass sie nur Gutes im Sinn hatte! Wir können Freundschaft mit dem Teil schließen, der in diesem Beispiel dafür gesorgt hat, dass wir uns immer für gute Leistungen anstrengen. Du kannst diesem Teil einen Namen geben und dir vorstellen, wie dieser wohl aussieht. Und du kannst mit ihm kommunizieren. Zum Beispiel indem du ihm einen Brief schreibst, in welchem du dich bei ihm bedankst und ihm sagst, dass er sich jetzt langsam zur Ruhe setzen darf. Oder wenn du gerne zeichnest, kannst du dich der Sache gestalterisch nähern. Fertige eine Zeichnung an davon, wie der Teil aktuell aussieht und vielleicht auch wie er dich beeinflusst. Und dann denke dir eine Geschichte aus, was nun mit dem Teil passieren könnte, wie er sich zum Beispiel langsam verwandeln könnte. Dazu kannst du zum Beispiel im Comic-Stil je ein Kästchen pro Szene gestalten. Du kannst auch eine Art Abschiedsritual machen für einen Teil, den du nicht mehr brauchst. Zum Beispiel kannst du dazu einen Gegenstand aus der Natur nehmen, der diesen Teil repräsentiert, kannst vielleicht diesen beschriften und dann in einem persönlichen kleinen Ritual diesen Gegenstand in einen Fluss oder ein Feuer werfen. Dabei kannst du ihm sagen, dass du ihn nicht mehr brauchst und dass du ihn jetzt loslässt, sodass er sich verwandeln darf. Verabschiede dich auf eine wertschätzende Art und Weise. Es kann sein, dass du einen inneren Widerstand verspürst, gewisse Überzeugungen loszulassen. Dann arbeite mit diesem Widerstand! Wenn du zum Beispiel einen Gegenstand ausgewählt hast, dich aber innerlich etwas darin hindert, diesen in den Fluss zu werfen, dann schau, ob du ihn vielleicht in der Nähe des Flusses an einem geschützten Ort deponieren kannst. Und vielleicht bist du in einigen Tagen bereit, ihn ganz loszulassen. Oder vielleicht musst du ihn zunächst mit nach Hause nehmen und ihn noch eine Zeitlang anschauen oder musst noch etwas mit ihm machen. Experimentiere einfach, was sich richtig anfühlt! Und wenn du den Gegenstand schließlich dem Fluss oder dem Feuer übergeben hast, akzeptiere, dass er sich nicht gleich in Luft auflöst. Wenn der Fluss den Gegenstand von dir weggetragen hat, dann ist der Gegenstand zwar bereits etwas auf Distanz von dir, aber bis die Natur diesen in seine Bestandteile aufgelöst und etwas Neues daraus gemacht hat, wird noch einige Zeit in Anspruch nehmen. Oder wenn das Feuer deinen Gegenstand verbrannt hat, dann ist nach wie vor die Asche da und diese wird sich nicht sofort zersetzen. Doch du hast einen Prozess in Gang gesetzt dadurch, dass du den Gegenstand den Flammen übergeben hast! Wenn du ab und zu wieder in alte Verhaltensmuster zurückgeworfen wirst, sieh dies als Chance, jetzt ein neues Verhalten zu üben und zu festigen. Denn solange nicht etwas Neues den Platz des Alten ausgefüllt hat, ist da noch viel Platz für das Alte, sich wieder einzunisten. Aber je mehr du das Neue nährst, desto weniger Platz bleibt für das Alte!

Wenn wir automatische Denkmuster ändern möchten, dann können uns Warum-Fragen extrem helfen. Und zwar nicht die Warum-Fragen, die viele von uns kennen, wie: »Warum musste das bloß passieren?« oder »Warum habe ich dort bloß so und nicht anders reagiert?« Menschen, die sich diese Warum-Fragen stellen, beeinflussen damit ihre Denkmuster, indem sie ständig in ihrem Gehirn Informationen aktivieren, welche wenig hilfreich für ihr Weiterkommen sind. Aber dasselbe kannst du dir zunutze machen, wenn du andere Arten von Warum-Fragen stellst, wie zum Beispiel: »Warum bin ich überzeugt, dass ich das schaffen kann?« oder »Warum kann ich glücklich in diesem Moment sein?«

Wichtig ist, dass du nicht aufgibst, wenn sich eine Art »Erstverschlechterung« zeigt, während du beginnst, Dinge zu verändern! Das gehört zum Prozess dazu, beziehungsweise zeigt eben gerade, *dass* du in einen Prozess eingestiegen bist und sich etwas zu bewegen beginnt! Und grundsätzlich ist es so bei Veränderungen, dass die Kurve nie einfach gerade nach oben zeigt. Meistens geht es drei Schritte vor und dann zwei zurück. Auf diese Art haben wir immer wieder Zeit, zu reflektieren, wo wir wirklich hingehen möchten! Und uns darüber klar zu werden, dass wir wirklich vorwärts und nicht mehr zurückgehen möchten! Und wenn du mal irgendwo anstehst und nicht weiterkommst, dann lohnt es sich vielleicht, einfach den Fokus von deinem Problem oder dem gesamten festgefahrenen Bereich für eine bestimmte Zeit wegzulenken. Oft lösen sich die Probleme von allein, wenn wir sie einfach einmal in Ruhe lassen und ihnen Zeit geben, sich um sich selbst zu kümmern.

5. Das Problem erkannt

Erinnerst du dich an Luisa? Die Frau, die schon vor dem Klingeln ihres Weckers mit dem Stress konfrontiert wurde, den sie sich selbst bereitet hat? Nun, Luisa hat in der Zwischenzeit einiges gelernt und ist nicht mehr dieselbe:

Wie so oft wacht Luisa schon einiges vor dem Klingeln des Weckers auf. Wow, wie toll, denkt sie. Sie hat noch ein bisschen Zeit, bis sie aufstehen muss! Eigentlich wollte sie ja schauen, dass sie jede Nacht auf ihre acht Stunden Schlaf kommt, aber wenn ihr Körper das gerade nicht braucht, dann hat sie eben mehr Zeit für anderes! Sie entscheidet, sich diese Zeit zu schenken, um noch ausführlicher als sonst am Morgen nach dem Aufwachen ihre Ziele zu visualisieren. Heute darf sie ja diese Präsentation halten. Luisa schließt noch einmal die Augen und stellt sich vor, wie sie selbstbewusst vor den Leuten stehen und ihre Thesen vertreten wird. Das fühlt sich gut an und sie bemerkt, dass etwas Nervosität, aber auch Vorfreude aufkommt. Beim gedanklichen Durchgehen kommt ihr die Idee, dass sie bei der einen Grafik zur besseren Verständlichkeit noch einen Kommentar anfügen könnte. Ja, vielleicht kommt ihr das dann im Verlauf des Tages noch in den Sinn und sie wird es ergänzen. Oder sonst können die Leute ja fragen, wenn sie es nicht auf Anhieb verstehen. Als sie so ein richtig gutes Gefühl verspürt im Hinblick auf die kommende Präsentation und ihr Wecker noch immer nicht geklingelt hat, entscheidet sie sich dafür, aufzustehen, denn sie weiß, dass sie sich sowieso nicht zum Schlafen zwingen kann. Und vielleicht sollte sie diese Idee mit den acht Stunden Schlaf einfach verwerfen und stattdessen darauf hören, wie viel Schlaf ihr Körper wirklich braucht, anstatt blind der Studie zu vertrauen, wonach Menschen mit acht Stunden Schlaf leistungsfähiger seien. Es ist doch schön, wenn sie weniger Schlaf braucht als andere und somit mehr Zeit für anderes hat. Luisa klopft sich innerlich auf die Schulter dafür, dass sie das erkannt hat und sie immer besser darin wird, solche Ideen loszulassen. Auch wenn der Artikel mit der Studie zum Thema Schlaf überzeugend geklungen hatte. Sie ist halt nach wie vor anfällig für Versprechungen, noch effizienter und noch leistungsfähiger zu sein. Aber dass dieses Denken sie nicht glücklich macht, weiß sie unterdessen. Stattdessen hat sie sich in der letzten Zeit darin geübt, mehr im Moment zu leben, weniger Projekte gleichzeitig zu haben und mehr Genussmomente in ihr Leben einzubauen. Sie kann das noch nicht immer gleich gut umsetzen, aber es fühlt sich nach dem richtigen Weg an. Manchmal muss sie lachen, wenn sie in die alten Verhaltensmuster gerät und erkennt, wie absurd diese eigentlich sind, wie schwer es ihr aber trotzdem fällt, sie aufzugeben.

Luisa begibt sich in die Küche um sich um ihr Frühstück zu kümmern. Auf dem Weg zur Küche fällt ihr Blick auf die Zwergpalme, an der sie vor Kurzem Schädlinge festgestellt hat. Sie hat sofort den Impuls, die Pflanze nach Schädlingen abzusuchen, welche möglicherweise die biologischen Schädlingsbekämpfungsmittel überlebt haben könnten. Doch sie weiß genau, was dabei herauskommt, denn sie hatte schon gestern dreimal etwa eine halbe Stunde damit verbracht, Schädlinge zu suchen und diese mit ihren Fingern zu zerquetschen. Danach hatte sie jeweils das Gefühl, dass nun alle weg seien. Doch wenige Stunden später hatte sie erneut zahlreiche dieser kleinen Tierchen an der Pflanze gefunden. Wenn sie ehrlich zu sich selbst ist, dann muss sie sich wohl einfach eingestehen, dass sie diese Situation jetzt nicht in dem Moment unter Kontrolle bekommen kann und sie das unangenehme Gefühl aushalten muss, dass sich diese Tierchen weiter vermehren, bis sie eine Lösung gefunden hat. Am Abend wird sie ihre Freundin Tanja treffen. Tanja kennt sich gut aus mit Pflanzen und wird ihr sicher einen Tipp geben können. Was lohnt es sich da, jetzt erneut eine halbe Stunde damit zu verbringen, sich aufzuregen, dass nach wie vor Schädlinge an der Pflanze zu sehen sind! Und im schlimmsten Fall wird sie halt ihr Projekt, die Wohnung zu begrünen aufgeben. Das war eine schöne Idee, aber sie hat nun einmal keinen grünen Daumen und eigentlich kann sie stattdessen die Natur im Park genießen, welcher sich gleich um die Ecke befindet. Das führt zu weitaus weniger Stress für sie. Der Gedanke, ihr Projekt vielleicht bald zu beerdigen, macht Luisa traurig, denn sie mag ihre Pflanzen. Doch wer weiß, vielleicht hilft ihr Tanja dabei, ganz einfache Lösungen zu finden. Luisa bemerkt, wie ihr Verstand gerade anfangen möchte, einen super durchdachten Plan zu haben. »Zuerst tue ich das und wenn das nicht funktioniert, tue ich das nächste und wenn das nicht funktioniert, kann ich noch immer das und sonst, …« Da wäre sie also wieder in dem altbekannten Denkmuster angelangt … Sie entscheidet sich bewusst, diese Gedanken jetzt nicht weiter zu denken und nicht zu versuchen, eine Illusion von Kontrolle über die Situation für sich zu erschaffen. Stattdessen möchte sie akzeptieren, dass sie nicht alles kontrollieren kann, dass sie aber schon einen guten Weg für sich finden wird. Und wo dieser Weg hinführt, das wird sich zeigen!

Nun befindet sich Luisa also in ihrer Küche und stellt die Kaffeemaschine ein. Während die Anzeige der Maschine noch rot blinkt, kommt Luisa in den Sinn, dass sie doch schnell die Kräftigungsübung machen könnte, die sie gestern auf YouTube gesehen hatte. Anstatt zu warten, bis die Maschine endlich bereit ist. Die Fitnesstrainerin in dem Video hatte erklärt, dass man mit der

Übung ein knackiges Hinterteil bekommen könne. »Ach, wirklich?«, denkt Luisa innerlich, »Muss ich mich jetzt tatsächlich schon wenige Sekunden nach dem Aufstehen von einer inneren Stimme anpeitschen lassen, die immer das Gefühl hat, ich sollte noch besser, noch schöner, noch erfolgreicher werden?« Doch diese Stimme, die sie da antreibt, hat ziemlich gute Argumente: »Sonst würdest du ja nur hier herumstehen, mit der Kräftigungsübung könntest du doch die Zeit sinnvoll nutzen!« und »Von nichts kommt nichts! Man muss halt schon etwas dafür tun, wenn man fit bleiben und gut aussehen möchte!«, meint die Stimme und Luisa ist kurz davor, dieser recht zu geben. Doch sie sieht, wie ein Sonnenstrahl den Weg durch das Fenster in ihre Küche findet und dieser hilft ihr gerade, in dem Moment den Weg zu gehen, den sie sich vorgenommen hat. Das funktioniert noch nicht immer, aber heute gelingt es ihr ihrer inneren Stimme zu entgegnen, dass Genuss genauso wichtig ist, wie Effizienz und Erfolg! Sie wird diese Stimme jetzt für den Moment ignorieren und sich nicht auf ein Streitgespräch mit ihr einlassen. Sie stellt sich ans Fenster und schließt für einen Moment die Augen, während sie die Wärme und das Licht des Sonnenstrahls auf ihrem Gesicht wahrnimmt. Sie atmet tief ein und ein Glücksgefühl durchströmt sie. Wie schön das Leben doch sein kann, wenn man sich erlaubt, diese Schönheit zu erkennen! Es ist noch ungewohnt für sie, sich einfach die Zeit zu nehmen für solche Dinge, aber je mehr sie sich erlaubt, sich Zeit zu nehmen, desto mehr erkennt sie, dass sie tatsächlich Zeit *hat*! So lange hat sie sich immer eingeredet, keine Zeit zu haben und hat dabei selbst dafür gesorgt, dass sie keine Zeit hat. Sie hat immer nur ihren Blick auf das gerichtet, was sie noch tun sollte und sich dabei immer neue Dinge gesucht, die sie tun sollte. Unterdessen lenkt sie ihre Wahrnehmung lieber auf die Tatsache, dass sie tatsächlich Zeit hat, welche sie frei gestalten kann. Und dass sie sich dazu entscheiden kann, weniger Projekte zu haben und stattdessen das, was sie tut, mit voller Präsenz zu tun. Die Anzeige der Kaffeemaschine ist unterdessen grün und Luisa drückt auf die Taste für einen Café Lungo. Das heiße Getränk fließt in die Tasse und dabei breitet sich in der Küche dieser Kaffee-Geruch aus, den sie so liebt. Luisa schließt noch einmal die Augen, um sich vollständig auf diesen Geruch zu konzentrieren, ihn förmlich aufzusaugen. Mmmmh, das erinnert sie an die schönen Ferien in Italien vor zwei Jahren. Sofort ist das Bild von dem Café da, in dem sie gemeinsam mit ihrem Freund jeden Morgen Kaffee getrunken hat und wie sie gemeinsam die laute, hektische Atmosphäre genossen haben, zumal sie selbst gerade gar nichts zu tun gehabt hatten und nur das bunte Treiben beobachten konnten. Luisa nimmt den Kaffeerahm aus dem Kühlschrank und dabei erinnert sie sich daran, wie sie als Kind jeweils voller Hingabe kleine Herzchen aus Rahm in den Kaffee ihrer Mutter gezeichnet hat. Das waren ihre kleinen Liebeserklärungen an die Mutter. Sie lächelt bei der Erinnerung. Eigentlich könnte sie ja heute sich selbst so eine Liebeserklärung machen! Sie zeichnet mit dem Kaffeerahm ein großes Herz in den Kaffee und nimmt sich einen Moment Zeit, dieses zu betrachten und auf sich wirken zu lassen. Dann nimmt sie einen kleinen Schluck und richtet dabei ihre ganze Aufmerksamkeit auf diese Sinnesempfindung. Wie sehr sie diese Kaffeesorte liebt! Sie hatte sich durch all die verschiedenen Sorten durchprobiert und das ist derjenige, der ihr einfach mit Abstand am besten schmeckt.

Luisa holt den gestern Abend vorbereiteten, fett- und zuckerfreien Frühstücksbrei aus dem Kühlschrank, rüstet dazu noch einen Apfel, den sie in Stücke schneidet und darüber verteilt. Jeweils unter der Woche ist das ihr Frühstück. Sie hat sich entschlossen, sich selbst und ihrem Körper dieses Geschenk zu machen, denn wie sie in einem Video gesehen hatte, wird dadurch sowohl die körperliche als auch die mentale Leistungsfähigkeit gesteigert, weil der Körper weniger durch die Fettverdauung belastet wird. Sie hat das Gefühl, sich seither wirklich fitter und wacher zu fühlen und dafür verzichtet sie gerne fünf Tage pro Woche auf ihre hochkalorische Frühstücksbowl mit Erdnussbutter, Bananen und Kakao-Knusperflocken. Diese wird sie sich dann dafür am Wochenende gönnen und dann so richtig ausgiebig genießen!

Luisa wirft einen Blick auf ihr Mobiltelefon. Sechzehn neue Nachrichten. Sie wird diese kurz durchschauen, bevor sie sich gemütlich zum Frühstücken an den Tisch setzt. Eine der Nachrichten ist von einer Freundin, die gerade in einer Beziehungskrise steckt. Ach, die Arme. Sie erhofft sich sicher eine baldige Antwort von Luisa. Doch Luisa hat Hunger und ein Blick auf die Uhr zeigt, dass es knapp werden könnte, jetzt ausführlich darauf zu antworten. Das schlechte Gewissen zeigt sich sofort und in Luisas Kopf tauchen Bilder und Gefühle auf, wie es der Freundin wohl geht, wenn sie ihr nicht sofort antwortet. »Sie wird sich sicher denken, dass sie mir nicht wichtig genug ist und wird enttäuscht von mir sein!«

Dieser Gedanke lässt Luisas Bedürfnis danach, sich sofort bei der Freundin zu melden, stärker werden. Weil die Situation ziemlich viel Anspannung in ihr auslöst, atmet sie einmal tief durch. Dann überlegt sie, eine bewusste Entscheidung für ein Zeitgeschenk zu treffen: Entweder sich selbst gönnen, in Ruhe zu frühstücken oder sich mit der Freundin solidarisch zeigen. Beides gleichzeitig würde jetzt zu viel Hektik in ihren Morgen bringen und am Schluss würde ihr wahrscheinlich die Frühstückschale auf den Teppich fallen und während sie daran wäre, den Teppich zu säubern, würde die Zeit immer knapper werden, sodass sie am Schluss den Bus verpassen und zu spät zur Arbeit erscheinen würde. »Ich habe im Schrank zwei Getreideriegel«, denkt Luisa. »Diese könnte ich im Bus zur Arbeit verzehren, anstelle meines regulären Frühstücks. Ich kann hier auch einmal eine Ausnahme machen.« Sie überlegt sich, ob sie dies nun nur tun möchte, um zu verhindern, dass ihre Freundin sauer auf sie ist. Aber nein, sie spürt, es ist ihr im Moment wirklich ein Bedürfnis, der Freundin diese Zeit zu schenken! Sie verzichtet dafür gerne auf ihr Frühstücksritual! Somit setzt sich Luisa aufs bequeme Sofa und nimmt sich Zeit, eine einfühlsame Nachricht an die Freundin zu schicken. Die Freundin wird diese wohl gerade noch sehen, bevor sie mit der Arbeit beginnt und hoffentlich macht es ihren Tag etwas erträglicher, zu wissen, dass jemand da ist, der an sie denkt und mit ihr mitfühlt!

Als Luisa die Nachricht an die Freundin abgeschickt hat, kommt ihr in den Sinn, dass sie vorher die Nachricht von den Kollegen gelesen hat, mit denen sie zum Mittagessen verabredet ist. Das Restaurant, das sie ausgewählt haben, hat keine freien Plätze für heute und es werden Alternativen gesucht. Mit den bisher vorgeschlagenen Alternativen ist niemand so richtig glücklich. Ach, vor Kurzem hatte sie doch etwas gehört von einem neuen Restaurant, das sicher allen gefallen würde. Wie blöd, dass sie den Namen des Restaurants vergessen hat. Ein Blick auf die Uhr zeigt, dass sie jetzt duschen und sich bereitmachen sollte, damit sie nicht am Ende den Bus verpasst. Die Kollegen werden das Problem auch ohne ihre Hilfe lösen und auf irgendeine Idee kommen! Das ist doch einmal mehr das alte Muster, sich immer verantwortlich zu fühlen. Damit hat sie schon viele Aufgaben an sich gerissen, die genauso auch andere hätten erledigen können! Es ist an der Zeit, neue Wege zu gehen und darauf zu vertrauen, dass andere genauso die Fähigkeit haben, Probleme zu lösen!

Luisa steigt unter die Dusche, rasiert die Beine und wäscht sich die Haare. Sie hat in der letzten Zeit gelernt, die Zeit unter der Dusche zu schätzen. Das ist Zeit, in welcher sie sich ganz um sich selbst kümmert. Zeit, in der sie sich liebevoll ihrem Körper zuwendet und sie die Sinnesempfindung des warmen Wassers auf der Haut genießt. Manchmal hört sie dazu ihre Lieblingsmusik und singt laut mit. Heute ist ihr eher nach einem ruhigen Start in den Tag. Einen kurzen Moment schweifen ihre Gedanken zu ihrer Präsentation ab. Sie könnte doch die Zeit unter der Dusche nutzen, um diese im Kopf noch einmal durchzugehen. »Ach, Luisa, es könnte immer alles noch perfekter sein!«, sagt sie innerlich zu sich selbst und seufzt. Sie ist die Präsentation gestern schon dreimal durchgegangen. Sie ermahnt sich, zu ihrem Körper und der Wahrnehmung des heißen Wassers, das über ihren Kopf, ihren Oberkörper, ihre Beine entlang nach unten fließt zurückzukommen. »Es ist gut genug«, sagt sie leise zu sich selbst. Sie lächelt, denn es ist ein Erfolgserlebnis, wenn sie es schafft, sich selbst zu bestätigen, dass das, was sie tut, gut genug ist. Lange genug hat sie sich ständig kritisiert und hat nur perfekt für gut genug gehalten. Heute ist ihr bewusst, dass sie mit ihrem Hang zur Perfektion vor allem sich selbst massiv unter Druck gesetzt hat und dass sie auf andere unnahbar erschien. Ja, gewisse Leute sind ihr sogar aus dem Weg gegangen, weil sie sich den Gefühlen nicht aussetzen wollten, sich so unperfekt neben ihr zu fühlen. Oder weil sie sie für abgehoben hielten. Gut, dass sie sich entschlossen hat, zu sehen, dass es auch dann noch meistens überdurchschnittlich ist, wenn sie es einfach nur *gut* macht! Und sollte jemand bei ihrer Präsentation doofe Fragen stellen, so wie das letzte Mal der Chef aus dem anderen Team, dann kann sie einfach offen sagen, dass sie darauf jetzt keine Antwort weiß, da es sich nicht um ihren Kernbereich handelt. Vielleicht kann sie das Wort an jemand anderen übergeben. Luisa lenkt ihre Aufmerksamkeit zurück zum aktuellen Moment, zu ihrem Körper und zu dem Geruch des Duschgels. Das riecht so frisch nach Zitrone und Pfefferminze, dass es ihr hilft, so richtig wach zu werden und einen klaren Kopf zu bekommen. Sie seift jedes einzelne Körperteil sorgsam ein und ist dabei voller Dankbarkeit für ihren schönen, gesunden Körper. Was für ein Wunderwerk dies doch ist und wie perfekt alles zusammenspielt, dass sie sich solch guter Gesundheit erfreuen darf!

Beim Blick auf die Shampoo-Flasche fällt Luisa ein, dass sie vor Kurzem einen Artikel darüber gelesen hatte, welche Inhaltsstoffe von Shampoos schlecht für die Haut sind. Sie wollte doch schon lange einmal schauen, ob ihr Shampoo solche Stoffe enthält. Ach, das würde jetzt Hektik in ihren Morgen bringen, doch sie könnte das heute Abend nachschauen. Zur Erinnerung legt sie die Flasche ins Waschbecken. Wenn sie diese heute Abend dort entdeckt, dann wird sie daran denken.

Nachdem sich Luisa abgetrocknet hat, öffnet sie den Kleiderschrank. Soll sie nun wirklich die dunkelblaue Hose anziehen? Beinah hätte sie diese in die Altkleidersammlung gegeben, weil sie diese schon ewig nicht mehr angezogen hatte. Aber dann hatte sie ihr doch irgendwie noch gefallen. So wirklich Lust, diese anzuziehen hat sie nicht, aber sie hat mit sich selbst abgemacht, dass sie sie auch wirklich anziehen muss, wenn sie sie behält. Das wurde im Aufräum-Podcast so empfohlen, um nur noch Dinge zu Hause zu haben, die man wirklich benutzt. Sie zieht die Hose an und macht sich klar, dass sie sich darin nicht wirklich wohl fühlt.

»Also, beenden wir dieses hin und her!«, denkt sie, denn sie kennt das nur zu gut von sich, dass ihr gewisse Kleidungsstücke dann immer wieder in die Hände fallen, und jedes Mal findet sie doch noch ein Argument, diese zu behalten, zieht sie aber nie wieder an. Sie wird die Hose gleich mitnehmen und auf dem Weg zur Busstation in den Container der Altkleidersammlung werfen! Somit erspart sie sich zukünftiges hin und her überlegen. Am Schluss zieht sie ja sowieso immer ihre Lieblingskleider an. In dem Fall heute die in zwei verschiedenen Weißtönen gestreifte Bluse und ihre Lieblingshose.

Jetzt sollte Luisa noch ihre Haare föhnen. Währenddessen kann sie sich ja Gedanken machen dazu, was sie ihrer Schwester zum Geburtstag schenken soll. Der Geburtstag ist schon in drei Tagen und sie hat noch immer kein Geschenk und in den nächsten Tagen steht so viel auf dem Programm, dass sie kaum dazu kommt, dies zu organisieren. Dabei hat die Schwester ihr zu ihrem Geburtstag so ein tolles Geschenk gemacht. Da muss sie sich jetzt unbedingt auch etwas Originelles ausdenken! Luisa denkt aber nun, dass sie sich dahingehend unter Druck setzt. Sowieso sind die Geburtstagsgeschenke zwischen ihr und der Schwester zu einer Art Wettkampf ausgeartet, wer die originellere Idee hat. So fühlt sich das jedenfalls für sie an und während es am Anfang Spaß gemacht hatte, findet sie es Jahr für Jahr schwieriger, das zu toppen. Das Schenken ist eher zu einem Stressfaktor geworden als zu einem verbindenden Akt. Dabei wäre doch genau das das Ziel. Eigentlich hätte sie dieses Jahr viel mehr Lust, etwas zu tun, was eben die Verbindung zur Schwester stärkt. Sie könnte ihr eine gemeinsame Unternehmung schenken! Wäre die Schwester wohl enttäuscht, wenn sie nichts Materielles von ihr erhalten würde und sie ihre Tradition, sich etwas Spezielles füreinander auszudenken damit durchbricht? Luisa entscheidet sich, dieses Thema einfach offen anzusprechen. Sie wird sich in der Mittagspause einen Moment Zeit nehmen, die Schwester anzurufen und ihr ehrlich mitzuteilen, wie es ihr geht. Dass sie es unterdessen eher als Belastung empfindet, auf Knopfdruck eine originelle Idee haben zu müssen und dass sie am liebsten eine neue Tradition einführen würde. Wer weiß, vielleicht geht es der Schwester ja sogar genau gleich! Oder sie findet die Idee, gemeinsame Erlebnisse zu schenken, auch schön!

Luisa schminkt sich und verlässt dann die Wohnung. Auf dem Weg zur Bushaltestelle fällt ihr ein, dass sie die Laufschuhe zuhause vergessen hat. Einen Moment lang regt sie sich auf und verfällt in ein altes Muster der Selbstabwertung: »Wie blöd bin ich denn, meine Laufschuhe zu vergessen?! Ich wollte doch konsequent sein und jeden Abend den Weg nach Hause als Lauftraining nutzen, anstatt mich einfach in den Bus zu setzen. Jetzt vergesse ich die Schuhe zuhause und so beginnen dann die guten Vorsätze langsam zu bröseln. Am Schluss wird mein Leben so, dass ich nur herumsitze und von Jahr zu Jahr zwei, drei Kilo zunehme. Diese Entwicklung hat ja schon angefangen. Ich bin deutlich dicker als noch vor zehn Jahren ... Wenn ich jetzt losrenne ... Schaffe ich es vielleicht noch kurz nach Hause zu gehen und die Schuhe zu holen, bis der Bus kommt?« Dann macht sich Luisa klar, dass sie schon wieder von dem Teil in ihr tyrannisiert wird, welcher sie ständig zu mehr Leistung antreiben möchte. Auch wenn sie sich schon vor einiger Zeit entschlossen hat, diesem Teil nicht mehr die Macht zu geben, über ihr Leben zu bestimmen, so meldet er sich doch öfters zu Wort. Luisa weiß unterdessen, dass es nichts bringt, diesen Teil zu bekämpfen und Widerstand gegen ihn zu leisten. Sie möchte sich nicht mehr von ihm dominieren lassen, aber er wird sie trotzdem weiter begleiten. Auch den Ärger, den sie in dem Moment empfindet, weil die Dinge sich gerade nicht wie geplant entwickeln, wird sie jetzt nicht wegdrücken, sondern sie nimmt sich einen Moment Zeit, diesen zu fühlen. Mit voller Wucht kickt sie die leere Getränkeflasche von sich weg, welche auf der Straße liegt und flucht so laut, dass sich der

Mann auf der anderen Straßenseite umdreht, um zu schauen, was los ist. Das bringt sie einen Moment zum Lächeln. Danach wendet sie sich ihren Gedanken zu. Ja, manchmal geht eben etwas schief im Leben. Und das löst im ersten Moment Ärger aus! Nach einigen tiefen Atemzügen spürt sie, wie der Ärger sich langsam verabschiedet. Und Luisa hat in der Zwischenzeit andere Persönlichkeitsanteile in sich gestärkt! In ihrem inneren Dialog übergibt sie somit bewusst das Wort dem Gelassenheits-Anteil in sich und erinnert sich daran, dass sie diesen am leichtesten ins Boot holen kann, wenn sie mit ihrem Körper eine gelassene Haltung einnimmt. Sie entspannt die Schultern und den Kiefer, beides Stellen, welche sie automatisch anspannt, sobald sie in eine Stresssituation kommt. Danach beruhigt sie ihre Atmung, welche sofort oberflächlich wird, wenn sie sich unter Druck setzt. Gut, da ist er, der Gelassenheits-Anteil in ihr: »Ärgerlich, dass ich die Schuhe zuhause vergessen habe, aber ich werde Morgen wieder daran denken, sie mitzunehmen! Und ich wollte doch nicht mehr so verbissen sein! Es ist noch immer eine gute Bilanz, wenn ich an vier Tagen in der Woche nach Hause jogge! Und ich hatte doch schon lange die Idee, dass ich meine Arbeitskollegin fragen könnte, ob sie mit mir einen Spaziergang nach Hause machen möchte! Wir wohnen ja in der Nähe voneinander und es wäre schön, wenn wir abseits vom Arbeitsplatz etwas Zeit hätten, uns miteinander zu unterhalten!«

Luisa erreicht pünktlich die Haltestelle und steigt in den Bus. Sie setzt sich hin und weil ihr Magen bereits knurrt, freut sie sich jetzt auf die Getreideriegel. Sie nimmt einen herzhaften Bissen davon und kaut bedächtig die süße Masse, die sich zwischen den Zähnen befindet. Mmmh, die Kombination aus Haferflocken, Nüssen, Bananen und Schokolade schmeckt einfach himmlisch! »Das habe ich mir jetzt verdient!«, denkt sie und freut sich über die vielen kleinen Zeitgeschenke, die sie heute Morgen bereits gemacht hat! Sie hat sich selbst die Zeit geschenkt, sich am Morgen als erstes emotional auf eine gelungene Präsentation einzustellen, hat sich die Zeit geschenkt unter der Dusche und die Zeit, die Sonnenstrahlen und den Kaffee zu genießen. Und sie hat der Freundin Zeit geschenkt, indem sie ihr eine einfühlsame, von Herzen kommende Nachricht geschickt hat. Und hat sich entschlossen, der Schwester ein Erlebnis schenken zu wollen, bei dem sie gemeinsam Zeit verbringen und ihre Verbindung zueinander stärken. Welche zahlreichen Chancen für Zeitgeschenke der heutige Tag wohl sonst noch mit sich bringt?

Über die Autorin

Regula Meile ist in St. Gallen in der Schweiz aufgewachsen. Schon als kleines Kind hatte sie den Traum, ein Buch zu schreiben, und in ihrem Kopf existierten über die Jahre hinweg unzählige Bücher, welche jedoch nie zu Papier gebracht wurden. Stattdessen studierte sie Psychologie und arbeitete später als Psychologin und Psychotherapeutin in verschiedenen Bereichen, hauptsächlich in der forensischen Psychologie. Neben der psychotherapeutischen Ausbildung besuchte sie Kurse in den Bereichen Achtsamkeit, Meditation und spirituelle Selbstentfaltung. »Verschenke deine Zeit sinnvoll« ist das erste Buch, das sie tatsächlich zu Papier brachte. Es handelt sich dabei um ein Thema, mit dem sie selbst oft zu kämpfen hatte, was sie dazu inspirierte, sich Lösungsansätze dazu auszudenken und diese selbst zu erproben. Mit dem vorliegenden Buch möchte sie diese Lösungsansätze mit Menschen teilen, welche in dem ständigen Kampf gegen die Zeit feststecken. Ihren Ideenreichtum und ihre Lust, bekannte Denkschemata zu verlassen, mit der Welt teilen zu dürfen, empfindet sie als das größte Geschenk, das sie mitunter sich selbst machen kann.

Weitere Ratgeber bei FRANZIUS

TOP-NOVITÄT 2022!

»Nicht offensichtliche Megatrends – Wie man erkennt, was andere übersehen, und die Zukunft vorhersagt«
Deutsche Erstausgabe des Titels »Non Obvious Megatrends: How to See What Others Miss and Predict the Future«
Von Rohit Bhargava
Aus dem Englischen übersetzt von der FRANZIUS Verlag GmbH
A5-Format, ca 300 Seiten
ISBN 978-3-96050-198-5 (Hardcover)
ISBN 978-3-96050-091-9 (Softcover)

Rohit Bhargava ist ein Innovations- und Marketingexperte und der Gründer der Non-Obvious Company. Er verbrachte 15 Jahre als Marketingstratege für Ogilvy und Leo Burnett, ist der Bestsellerautor des Wall Street Journal für sechs Geschäftsbücher und unterrichtet Marketing und Innovation an der Georgetown University.

In den letzten zehn Jahren hat Rohit Bhargavas jährlicher Non-Obvious Trend Report dazu beigetragen, dass über eine Million Leser mehr als 100 Trends entdeckt haben, die unsere Kultur derzeit prägen. Was wäre, wenn auch Sie die Trends vorhersagen könnten, die Ihr Geschäft verändern können?

Diese Sonderausgabe (zum 10-jährigen Jubiläum) bietet einen beispiellosen Blick hinter die Kulissen der Heuhaufen-Methode des Autors, um Trends zu identifizieren und zu lernen, wie Sie Trends selbst kuratieren und vorhersagen können. Sie müssen kein Futurist oder Innovator sein, um zu lernen, wie man wie einer denkt.

Der Schlüssel zum Wachstum Ihres Unternehmens oder zur Förderung Ihrer Karriere in den nächsten zehn Jahren liegt im besseren Verständnis der Gegenwart. Die Zukunft gehört den nicht offensichtlichen Denkern und dieses Buch ist Ihr Leitfaden, um einer zu werden.

Der Autor beschreibt in seinem Buch nicht nur die Trends, sondern auch **die gesellschaftlichen Auswirkungen** sowie die Herausforderungen, die an die Unternehmen und die Mitarbeiter gestellt werden. Und er gibt einen Leitfaden an die Hand, wie Sie auf darauf reagieren und selbst neue Trends entdecken können, bevor andere es tun. Diese Jubiläumsausgabe hat es in sich:

- Der Autor gewährt einen Einblick in die Methodik, die auch für Laien sehr gut nachvollziehbar ist.
- Es warten **10 MEGA-Trends** auf den Leser, die kaum spannender sein könnten.
- Ein Rückblick führt **alle Trends der letzten 10 Jahre** auf und gibt eine Bewertung, wie gut sich die Trendvorhersagen über die Jahre bewährt haben.
- Ein Vorwort über Covid-19 rundet das Bild ab. Denn diese Zeit hat einige der Trends beschleunigt.

Die englische Originalausgabe war **Finalist** bei den "**International Book Awards**" und den "**National Indie Excellence Awards 2019**" und schaffte es auf die Bestseller-Liste der "Washington Post".

»30 Tage, um eine Katze zu werden« von Stéphane Garnier
Mein Übungsbuch, um mich weiterzuentwickeln und zu erstrahlen

»Es ist entschieden, morgen bin ich eine Katze.«

Was wäre, wenn wir zustimmen würden, unseren menschlichen Zustand in Frage zu stellen, um uns – sanft aber überzeugend – katzenhafter zu verhalten? Denn die Katze hat alles verstanden: Sie ist frei, ruhig, aufmerksam, vorsichtig, elegant, charismatisch, unabhängig, stolz, autonom ... So viele beneidenswerte Eigenschaften, die Sie leicht entwickeln können, indem Sie sich täglich von ihr inspirieren lassen.

Dies ist ein praktisches und humorvolles Notizbuch, um uns in die Lage unserer Katzen zu versetzen und unsere Augen für die manchmal sehr oberflächliche Natur unserer eigenen menschlichen Aktivitäten zu öffnen.

ZAHLREICHE PRAKTISCHE ÜBUNGEN, UM DIE LEBENSART DER KATZE ZU BEOBACHTEN, ZU ERWERBEN, VERÄNDERUNGEN ZU AKZEPTIEREN – UM ZU ERSTAHLEN!

Unfassbar schöne Illustration auf jeder Seite runden dieses Werk ab und machen es zu einem Meisterwerk der Lebenskunst.

Wie Stéphane Garnier, Autor des Bestsellers »Acting and Thinking Like a Cat«, schreibt: »Wir wissen: Katzen haben immer Recht!«

Hardcover A5, ca 264 Seiten, ISBN: 978-3-96050-228-9

»200 Ratgeber oder dieser« von Dr. Florian Hartnack

Die Essenz aus über 200 Ratgeber-Bestsellern zu den Themen: Glück, Gelassenheit, Gesundheit, Schlaf, Ernährung, Stress, Bewegung, Zeitmanagement, Kommunikation, Beziehungen, Erziehung und Finanzen. Mit Literaturtipps!
Ihr WEG zu GLÜCK, GESUNDHEIT und ERFOLG beginnt HIERMIT!

Es existieren hunderte Ratgeber mit Tipps für ein gesundes, erfolgreiches und glückliches Leben. Doch welche Tipps sind wirklich neu und relevant? Welche Hinweise sind essenziell? Und muss man wirklich viele Ratgeber lesen? Oder nur diesen einen?

Der Lehrer und Wissenschaftler Dr. Florian Hartnack hat über Jahre hinweg viele erfolgreiche Ratgeber analysiert und die Tipps selbst ausprobiert. In diesem Buch fasst er die Kernaussagen aus über 200 Ratgebern zusammen:

- Gelassenheit und Glück durch Achtsamkeit und Meditation
- Gesundheit: Ernährung, Bewegung, Stressbewältigung und Schlaf
- Erfolg: Effektives Zeitmanagement, Kommunikation und Kompetenz
- Erziehung und Beziehungen: Elternschaft, Liebe, Partnerschaft
- Finanzen: Schritt für Schritt-Anleitung zum finanziellen Erfolg

Dieser Ratgeber enthält geballtes Wissen für alle Lebensbereiche – verständlich geschrieben und sofort umsetzbar.
Selbstverständlich befinden sich im Anhang ein umfangreicher Quellennachweis und weitere Literaturtipps zum Vertiefen der Kenntnisse.
Nehmen Sie Ihr Leben mit Leichtigkeit selber in die Hand. Optimieren Sie sich selber! Und sparen dabei Zeit.
Hardcover A5, ca 200 Seiten ISBN: 978-3-96050-218-0
Softcover A5, ca 200 Seiten, ISBN: 978-3-96050-217-3

»Enneagramm und Hochsensibilität - Die neun Persönlichkeitstypen und ihr Entwicklungspotenzial« von Dr. Marianne Skarics

Das Enneagramm ist ein sehr altes System zur Selbstfindung und zum besseren Verständnis unserer Persönlichkeitsmuster. Es unterscheidet neun grundlegende Charaktertypen und zahlreiche Untertypen. Doch das Enneagramm beschreibt die Persönlichkeitstypen nicht nur, sondern es erklärt, warum wir sind wie wir sind. Es deckt also unsere Motive, Ängste, Grundbedürfnisse und Abwehrmechanismen auf und veranschaulicht unsere Entwicklungsmöglichkeiten. Dem eigenen Enneagrammtyp samt Untertyp auf die Spur zu kommen, bedeutet daher auch, sich selbst und seine Problembereiche besser zu verstehen sowie Wege zur optimalen Entfaltung der Persönlichkeit und des eigenen Potenzials zu erkennen.

Frau Dr. Skarics stellt in diesem Buch das Enneagramm in seiner ganzen Tiefe und Komplexität umfangreich vor, und sie verbindet erstmals dessen neun Persönlichkeitstypen mit der Thematik der Hochsensibilität. Anhand des Enneagramms können die Unterschiede zwischen Hochsensiblen beschrieben und die verschiedenen Ausprägungsarten von Hochsensibilität auf anschauliche Weise erklärt werden. Dadurch ist es möglich, die eigene ganz spezielle Form der Hochsensibilität weitaus tiefgreifender zu verstehen. Zugleich bedeutet dies eine Erweiterung des Enneagrammwissens um die Dimension der Hochsensibilität.

Ein Buch, das viele Aha-Momente beschert und Möglichkeiten zur optimalen Persönlichkeitsentfaltung aufzeigt. Mit zahlreichen Tipps und Übungen für alle Enneagrammtypen sowie Zusatzübungen für die hochsensiblen Vertreter aller Typen stellt es eine wertvolle praktische Lebenshilfe und Anregung zu persönlichem Wachstum dar.

Dr. Marianne Skarics studierte Publizistik- und Kommunikationswissenschaft, Soziologie, Philosophie und Pädagogik an der Universität Wien. Sie ist HSP-Expertin der ersten Stunde und beschäftigt sich seit 20 Jahren mit dem Enneagramm. Drei Bücher sind bereits von ihr erschienen, darunter das sehr erfolgreiche Buch »Sensibel kompetent - Zart besaitet und erfolgreich im Beruf«.

A5-Format, ca 340 Seiten

ISBN: 978-3-96050-215-9 (Hardcover), 978-3-96050-170-1 (Softcover)

»Increase your Energy: Mehr Gesundheit, Erfolg und Glück – Deutsche Erstausgabe« von Frederick Dodson

Der Schwerpunkt dieses Buches liegt auf der Steigerung der eigenen Energie, des Bewusstseins und der eigenen Gesundheit. Es deckt ein breites Spektrum an Themen ab: von Gewichtsabnahme über das Loslassen von Ängsten und Sucht bis hin zu Glückszuständen und darüber hinaus noch vielen mehr. Hier werden zahlreiche Techniken und Prinzipien offengelegt, die in mehr als dreißig Jahren der Bewusstseinsforschung vom international bekannten Autor und Speaker Frederick Dodson erprobt wurden.
- Erreiche die geistige Entspannung, die Überfluss magnetisch anzieht.
- Lerne die Leichtigkeit des Experten, die entspannte Haltung des Milliardärs, die mühelose Ausstrahlung derer, die wissen, dass sie attraktiv sind und die innere Sicherheit derer, die sich in sich selber wohlfühlen.
- Lerne, wie du Furcht und Angst löst.
- Überwinde die Angst vor Zurückweisung, heile das festgefahrene Gefühl von Scham, und Wertlosigkeit und stoppe das Schuldgefühl.
- Lerne die Faktoren kennen, die dein Glücklichsein beeinflussen - und lerne, deine Energiezentren zu aktivieren.
- Lerne die Handlungen zur Selbstermutigung kennen.
- Erfahre, wie du am Morgen frisch und voller Energie sein kannst.
- Lese die Tipps, wie du durch die Veränderung deiner Geisteshaltung nachhaltig abnehmen kannst.
- Finde Antworten auf die Fragen, was dein Leben einzigartig macht und was deine Mission ist

Taschenbuch A5, ca 292 Seiten, ISBN: 978-3-96050-136-7
Aus dem Englischen übersetzt von Petra Liermann

»Magnetic Wealth Attraction – Sei ein Magnet für Wohlstand, Überfluss und Fülle - Deutsche Erstausgabe« von Frederick Dodson

Die Regeln des Reichtums sind seit tausenden von Jahren dieselben. Lerne universelle Denkweisen, die deinen finanziellen Überfluss steigern, unabhängig davon, wer du bist und wo du dich befindest.
Du wirst mit diesem Buch lernen, mehr Vertrauen in deine Fähigkeit zu setzen, deinen Mitmenschen einen einzigartigen Dienst zu erweisen. Ebenso wird dir ein umfassendes Wissen über einfache Geschäftsmodelle, die immer funktionieren, sowie die Fähigkeit, passives Einkommen zu generieren, vermittelt. Du kannst dir die Fähigkeit aneignen, deine Glaubensmuster rund um das Thema Geld für einen lebenslangen Geldfluss grundlegend zu ändern.

Taschenbuch A5, ca 144 Seiten, ISBN: 978-3-96050-180-0
Aus dem Englischen übersetzt von Petra Liermann

Auch als Hörbuch erhältlich!
Hörbuch CD mit mp3-Dateien
Spieldauer 3h26min, Gelesen von Florian Hartnack
ISBN: 978-3-948464-26-4
Als digitales Download bei den großen Online-Portalen wie beispielsweise audible, Weltbild, deezer, Thalia und BookBeat u.v.m. unter der ISBN 978-3-948464257

»Handbuch Kommunikation« von Frederick Dodson

Wie Sie Ihre Ausstrahlung, Stimme und den Wortschatz verbessern sowie Präsenz, Integrität und Authentizität erlangen

Die Kunst der Kommunikation und Ihr Selbstvertrauen stehen in direktem Bezug zu dem, was Sie sagen und tun. Alles ist eine Frage des Bewusstseins und des Energieaustauschs.
Dieses Buch behandelt alles, was Sie über Kommunikation wissen wollten, das nicht in akademischen oder Firmenkursen gelehrt wird, weil das Basiswissen Vorstellungen von »Bewusstsein« und »Energie« verwirft.
- Lernen Sie, positive Schwingungen auszusenden und negative zu neutralisieren.
- Lernen Sie öffentlich und frei zu sprechen
- Stärken Sie Ihre Aura und Präsenz.
- Entwickeln Sie Humor und Integrität, um in Ihrer Präsenz spontan und überzeugend zu sein.

Taschenbuch A5, ca 200 Seiten, ISBN: 978-3-96050-223-4
Aus dem Englischen übersetzt von der Franzius Verlag GmbH

»Mit dem LEADERSHIP-COURSE zu innerer Stärke, Souveränität und positiver Führungskraft« von Frederick Dodson

Dieses Handbuch fasst alle Lehren aus den verschiedenen Leadership-Workshops von Frederick Dodson zusammen. Es ist mit Sicherheit eines der mächtigsten Handbücher zu Führungsqualität, Einfluss, Souveränität und Erschaffung der Realität. Dieses Übungsheft beinhaltet:

* Eine Leistungsskala, anhand derer Sie einen genauen Status-Check machen und herausfinden können, was die nächsten Schritte zu mehr Leistung, Motivation und positiver Führung sind.
* Anleitungen und Übungen, um als Publikumsmagnet von Gruppen, Organisationen und Menschen einem fantastischen Nutzen für sich selbst, andere und die Welt zu generieren.

* Ein Verfahren, um Ihre Stärken zu vergrößern und Ihre Schwächen zu erkennen, zuzugeben und zu überwinden. Kraft wird durch maximale Authentizität erreicht. Der Umgang mit dem, was ist, macht Sie zum Meister der Realität.
* Ein Verfahren, um Ihren Mut zu maximieren. Um vorwärts zu gehen. Dorthin wo “es weh tut" und wohin sich noch niemand zuvor getraut hat. Sie werden nie eine Führungspersönlichkeit sein, wenn Sie nicht lernen, Ihre Komfortzone regelmäßig zu verlassen. Diese Übungen werden Ihnen dabei helfen, genau das konsequent zu tun.
* Ein Verfahren, das Ihnen hilft, Visionen zu entwickeln, die größer sind als Sie selbst. Folge Sie etwas, das größer als Sie selbst ist, dann werden Sie erfolgreich.
* Ein Verfahren zum Aufbau von Integrität, Werten, Tugenden, Charakterstärke und anderen Qualitäten einer positiven Führung. In diesem Abschnitt erfahren Sie, wie Sie mit Integritätsbrüchen, gebrochenen Vereinbarungen und Übertretungen umgehen und Ihre Lebensenergie wiederherstellen.

Einige der Geheimnisse, die Sie in diesem Handbuch lernen, sind verblüffend, aber werden Ihr Leben für immer verändern. Hier nur eines von vielen: Wussten Sie, dass eines der großen Geheimnisse der Führung nicht die Selbstermächtigung, sondern die Ermächtigung anderer ist? Jetzt, wo Sie es gelesen haben, werden Sie vielleicht sagen: "Das macht Sinn!" aber unzählige Bücher und Seminare zum Thema Leadership lehren genau das Gegenteil – nämlich, dass „Self-Empowerment“ die Basis guter Leadership sei. Mit Hilfe dieses Buches werden Sie in der Lage sein, den ganzen Müll, den Sie gelernt haben, wegzuwerfen und Dinge zu lernen, die Sie nicht über Führung kennen, sondern wie es ist, eine Führungskraft zu SEIN!

* Seien Sie nicht länger auf die Zustimmung der Leute angewiesen, sondern tun Sie das Richtige.
* Lassen Sie es für sich und andere in Ordnung sein, wenn Sie "Nein" sagen.
* Hören Sie auf, das Tun (Handeln) und Haben (Besitzen) erfolgreicher Menschen zu imitieren und studieren Sie stattdessen die tiefere Natur dessen, das diese Handlungen und Besitztümer erschafft.

* Lernen Sie, unter schwierigen Umständen ruhig und ausgeglichen zu bleiben.
* Lerne Sie, Ihre Beziehungen zu anderen zu vertiefen.
* Erfahre Sie zweifelsfrei, was Ihr Lebenszweck ist.

Selbst wenn Sie seit Jahrzehnten Bücher über Weiterbildung lesen, wird Sie dieses Buch umhauen. Es enthält neue und überraschende Lektionen, die von der zeitgenössischen Pop- und Motivationspsychologie sowie der New-Age-Literatur ignoriert werden. Niemand möchte Ihnen so etwas erzählen, weil er befürchtet, seinen eigenen Vorteil zu verlieren. Dieses Handbuch ist prägnant in kurze Übungen unterteilt, damit Sie sich auf die Anwendung fokussieren können, anstatt sich auf das Lesen zu konzentrieren.

Taschenbuch A5, ca. 96 Seiten
Aus dem Englischen übersetzt von der Franzius Verlag GmbH
ISBN: 978-3-96050-225-8

»Entzündungen natürlich behandeln – Die grüne Taschenapotheke«
Von Prof. Dr. Nadine Berling

Entzündungen haben verschiedene Gesichter: Sie zeigen sich je nach Ursache lokal begrenzt oder systemisch, akut oder still. Sie können sich von Außen nach Innen heraus äußern oder umgekehrt. Ihre Ursachen reichen von Verletzungen, über Virusinfektionen bis hin zu Allergien und Autoimmunerkrankungen. Entzündungshemmende Naturheilverfahren und Heilpflanzen können den Körper vor Entzündungen schützen oder sie können innere und äußere Brände abmildern. Der Ratgeber "Entzündungen natürlich behandeln" richtet sich an betroffene Laien und Hobby-Heilpflanzenkundler*Innen, die erfahren möchten, was sie bei verschiedensten Entzündungen selber tun können.

Über die Autorin

Dr. Nadine Berling verbindet Ernährungswissenschaften, Medizin und Phytopharmazie. Sie ist Ökotrophologin und promovierte über Heilpflanzen in theoretischer Medizin. Heute arbeitet sie als Autorin und als Ernährungstherapeutin mit Krankenkassenzulassung. Das Thema Entzündung im ganzheitlichen Kontext fasziniert sie schon seit ihrer ersten Berufsausbildung in einer Apotheke.

Die Autorin wurde im April 2021 zum Professor der Ernährungsberatung und Public Nutrition an der APOLLON Hochschule der Gesundheitswirtschaft in Bremen berufen!

ca 132 Seiten, mit 24 schwarz-weiß Fotos
Softcover A5, ISBN: 978-3-96050-210-4
Hardcover A5, ISBN: 978-3-96050-203-6

»Wenn Millennials übernehmen - Bereiten Sie sich auf die amüsant einfache Geschäftswelt der Zukunft vor (Deutsche Erstausgabe)« Von Jamie Notter und Maddie Grant
A5-Format, ca 240 Seiten
Aus dem Englischen übersetzt von der FRANZIUS Verlag GmbH
Hardcover A5, ISBN: 978-3-96050-208-1
Softcover A5, ISBN: 978-3-96050-206-7

»Grenzenlos – Wie man seine Berufung findet und mit drei weiteren essentiellen Faktoren die individuelle Balance schafft, um im völligen Einklang mit dem eigenen Leben zu sein« von Laura Gassner Otting (Deutsche Erstausgabe)
A5-Format, ca. 150 Seiten
Aus dem Englischen übersetzt von der FRANZIUS Verlag GmbH
Hardcover A5, ISBN: 978-3-96050-197-8
Softcover A5, ISBN: 978-3-96050-192-3

»Das Handbuch der ketogenen Ernährung«
von Fabrizio P. Calderaro
Taschenbuch, ca. 220 Seiten, ISBN: 978-3-96050-071-1

»KETOGA - Ketogene Ernährung und Yoga«
von Fabrizio P. Calderaro
Taschenbuch, ca. 348 Seiten, ISBN: 978-3-96050-120-6

»Elternratgeber«
von Yngra Wieland
Kinder selbstbewusst begleiten –
Wie Eltern die »Copy-Paste-Falle« vermeiden

»Weiblichkeit leben«
Zurück in die Steinzeit oder vorwärts in ein neues Leben
von Petra Liermann
Taschenbuch, 116 Seiten, ISBN: 978-3-96050-067-4

»Eine Seele in zwei Körpern«
Der Weg der Dualseelen in eine glückliche Beziehung
von Petra Liermann
Taschenbuch, ca 230 Seiten, ISBN: 978-3-96050-118-3

»Eine glückliche Seele in zwei Körpern«
Dualseele 2.0
von Petra Liermann
Taschenbuch, ca 108 Seiten, ISBN: 978-3-96050-178-7

Novitäten 2021 / 2022 im Franzius Verlag

Romane

»Blutspur 629«, Band 3 der »Rich & Mysterious«-Reihe
Krimi von Neal Skye, ISBN 978-3-96050-214-2

»Shitstorm – Ein Edda-Valby-Krimi«
Schweden-Krimi von Neal Skye, ISBN 978-3-96050-232-6
Erscheint voraussichtlich im Mai 2022

»Die Siegel Asinjas Teil 3: Die Macht der Dämonen«
Fantasy-Roman / Young Adult von Andi LaPatt
ISBN 978-3-96050-212-8

»Fette Sau – Ich bin gegen Mobbing, und Du?«
Roman von Christiane Kromp, ISBN 978-3-96050-201-2

»Nachbeben –
Oder gehört das ganze Leben in die Änderungsschneiderei?«
Roman von Sybille Statz, ISBN 978-3-96050-192-2

»Endstation Himmel«
Roman von Angelika Lorenz, ISBN 978-3-96050-186-2

Kinder- und Jugendbücher

»Acello und das alte Museum«
Band 5 der »Acello«-Reihe
Von Mirjam Wyser, ISBN 978-3-96050-220-3

»Die Kristallkinder und die Suche nach dem Gralskelch«
Band 4 der »Kristallkinder«-Reihe
(mit 12 ganzseitigen Illustrationen von Gabriele Merl)
Von Mirjam Wyser, ISBN 978-3-96050-227-2

»KETOGA - Ketogene Ernährung und Yoga«
von Fabrizio P. Calderaro
Taschenbuch, ca. 348 Seiten, ISBN: 978-3-96050-120-6

»Elternratgeber«
von Yngra Wieland
Kinder selbstbewusst begleiten –
Wie Eltern die »Copy-Paste-Falle« vermeiden

»Weiblichkeit leben«
Zurück in die Steinzeit oder vorwärts in ein neues Leben
von Petra Liermann
Taschenbuch, 116 Seiten, ISBN: 978-3-96050-067-4

»Eine Seele in zwei Körpern«
Der Weg der Dualseelen in eine glückliche Beziehung
von Petra Liermann
Taschenbuch, ca 230 Seiten, ISBN: 978-3-96050-118-3

»Eine glückliche Seele in zwei Körpern«
Dualseele 2.0
von Petra Liermann
Taschenbuch, ca 108 Seiten, ISBN: 978-3-96050-178-7

Novitäten 2021 / 2022 im Franzius Verlag

<u>Romane</u>

»Blutspur 629«, Band 3 der »Rich & Mysterious«-Reihe
Krimi von Neal Skye, ISBN 978-3-96050-214-2

»Shitstorm – Ein Edda-Valby-Krimi«
Schweden-Krimi von Neal Skye, ISBN 978-3-96050-232-6
Erscheint voraussichtlich im Mai 2022

»Die Siegel Asinjas Teil 3: Die Macht der Dämonen«
Fantasy-Roman / Young Adult von Andi LaPatt
ISBN 978-3-96050-212-8

»Fette Sau – Ich bin gegen Mobbing, und Du?«
Roman von Christiane Kromp, ISBN 978-3-96050-201-2

»Nachbeben –
Oder gehört das ganze Leben in die Änderungsschneiderei?«
Roman von Sybille Statz, ISBN 978-3-96050-192-2

»Endstation Himmel«
Roman von Angelika Lorenz, ISBN 978-3-96050-186-2

<u>Kinder- und Jugendbücher</u>

»Acello und das alte Museum«
Band 5 der »Acello«-Reihe
Von Mirjam Wyser, ISBN 978-3-96050-220-3

»Die Kristallkinder und die Suche nach dem Gralskelch«
Band 4 der »Kristallkinder«-Reihe
(mit 12 ganzseitigen Illustrationen von Gabriele Merl)
Von Mirjam Wyser, ISBN 978-3-96050-227-2